个人与团队管理

卢海萍　编著

大连海事大学出版社

图书在版编目(CIP)数据

个人与团队管理 / 卢海萍编著 . — 大连 :
大连海事大学出版社, 2016. 9
ISBN 978-7-5632-3376-2

Ⅰ. ①个… Ⅱ. ①卢… Ⅲ. ①企业管理—组织管理学—高等职业教育—教材 Ⅳ. ①F272. 9

中国版本图书馆 CIP 数据核字(2016)第 216454 号

大连海事大学出版社出版

地址:大连市凌海路1号 邮编:116026 电话:0411-84728394 传真:0411-84727996

http://www.dmupress.com E-mail:cbs@dmupress.com

大连住友彩色印刷有限公司印装 大连海事大学出版社发行

2016 年 9 月第 1 版 2016 年 9 月第 1 次印刷

幅面尺寸:185 mm×260 mm 印张:14.75

字数:361 千 印数:1 ~1800 册

出版人:徐华东

责任编辑:刘长影 责任校对:宋彩霞 杨玮璐

封面设计:张爱妮 版式设计:解瑶瑶

ISBN 978-7-5632-3376-2 定价:38.00 元

前　言

随着社会的发展,管理理论伴随着管理实践的发展而不断地快速发展,不仅管理的理论体系日趋完善,对管理活动基本规律的认识也日趋深入,而且管理流派更呈现出"百花齐放、百家争鸣"之势,新理论、新观点不断推出,以至于管理理论的"丛林"愈发茂密。2014 年 2 月,国务院常务会议通过《关于加快发展现代职业教育的决定》。我国将以建设现代职业教育体系为突破口,对教育机构实施战略性调整,地方本科院校将逐步转型,从教育模式、教育机制到人才培养模式,更加注重与经济发展需要协调一致。为了满足新形势下国家对应用型管理人才的需求,作为长期从事专业教学和具有丰富实践经验的"双师型"教师,本人编写了这本融汇了最新教改理念的应用型教材《个人与团队管理》。

作为一名管理人,必须具备的一种重要的素质,就是自我管理意识。这就是说你要对你自己的各方面认真负责:如何学习,如何认识到你的行为举止、感觉、爱好所产生的影响。同时,作为一名管理人,你所取得的许多工作业绩都源于同他人的合作,因此,发展并保持与团队成员良好的工作关系尤为重要。而为了使个人工作取得良好业绩,你需要与同事、高层管理人以及外部客户和供应商建立良好的关系。也就是说,你既要建立良好的个人关系,还要建立良好的团队关系。成功的工作关系是建立在良好沟通及自信的基础之上的。这就意味着你要理解沟通如何发挥作用,要保持开放的心胸,要自尊自重同时又要尊重他人,并且要不断实践这些技巧。通过在单位或家里花时间去聆听别人的意见,你将逐步做到博采众人之长,最终实现"双赢"的结果,这种结果将促进良好的工作关系,并随之提升团队工作绩效。

《个人与团队管理》一书共分八章,将"知识目标""技能目标""素质目标""学习方法建议"列在每章的最前面,指明该章节中的知识和需要掌握的程度。并在每章开头部分,穿插名人名言,引发读者的思考与共鸣,加深读者对教材内容的理解和记忆。

正文:按照知识目标展开,对理论、方法、技巧等知识给予详细讲述。

案例资料:给出与内容有关的背景材料,引导学员进行讨论,然后解决案例中的实际问题,并给出指导和总结。

训练与练习:紧密结合上下文的知识点,通过思考,然后操作,解决实际的问题,进一步理解并掌握书中的内容。

本章小结:对章节内容进行回顾,强调重点、难点和知识点。

思考与练习:学完章节内容后,验证自己对问题的理解程度,找出没有理解的知识要点,以便更好地掌握所学知识。

阐述以上内容的目的在于:帮助学生掌握科学的管理方法和实际应用技能,提高自我管理和团队建设与管理等方面的能力。同时提供了大量的应用指导和学习训练,能使学生在实际工作中熟练应用这些管理理论和概念。

《个人与团队管理》一书,体现的特色是训练活动多种多样、形式各异:有些以日常工作为基础,需要你将理论应用于实际工作中去;还有一些可能会要求你将管理概念应用到案例研究当中;另外一些活动则要求你对新概念加以思考,检查对新概念的理解是否正确,或者对这些新概念应用于具体环境时的可行性加以评估。这些活动还将为你提供在“安全环境”(培训模拟环境)中应用各种管理技术的宝贵机会。这会使你在将所学知识应用于工作中时充满信心。每个训练活动的开始,都明确列出目标,明确通过实践这一活动能达到什么样的目的。此外还提供活动的背景以及相关文章的链接,这些文章为你提供循序渐进的分阶段指导,并在文章适当的地方留有空白供你标注答案。做完练习后,还可以得到针对你的回答所做出的指导性反馈。这些指导有的较为具体,有的是综合要点的总结。反馈部分建议你与同学进行意见交流,与其他培训者一起探索和分享观点,体现了本书的趣味性及实践性。

本教材适用于高职高专及应用型本科教育层次的邮轮乘务、旅游与饭店管理、市场营销、工商管理、国际经济与贸易、物流管理、电子商务、学前教育等专业的学生使用,同时也可作为企业管理培训人员的辅助培训教材。

由于编写时间仓促,加之编者水平有限,本教材难免有不足之处,恳请专家、学者批评指正。编者邮箱:luhaiping10@ sina. com。编者在本教材编写过程中,参阅了大量的教材、著作,同时,本书的出版也得到了大连海事大学出版社的大力支持,在此一并表示感谢!

编　者

2016 年 7 月 15 日

目　　录

第一章　自我认知

> 自我意识能够帮助我们站在旁观者的角度研究和理解自己，它不仅影响我们自己的行为和态度，还影响我们采取怎样的方式看待他人。
>
> ——斯蒂芬·柯维

知识目标

理解：自我思考，自我思想的寻找，个体知觉。

熟知：认识自我，人性的假设，评估自我的能力。

掌握：自我思考的方法。

技能目标

学生能够利用所学的SWOT分析方法（自我诊断方法）进行自我判断、自我认知。

素质目标

通过本课程的学习，培养学生具有正确的人生观、价值观，能够正确地认识自我、审视自我，以健康的心态去完成自己的工作，具有强烈的责任感和端正的工作态度。

学习方法建议

将所学的思考模式应用到个人生活和工作中，体验其中的变化，进而培养自己的思考习惯。

第一节　自我思考

一、自我思想的寻找

“这是我的观点。”“这是我的看法。”每个人都有自己的思想存在于头脑中，并能够觉察到，甚至有时面对权威的怀疑也不动摇，以至于到顽固的地步，把自己的思想观点看成一种“真理”，拒绝改变它。或许，更多的思想是无法觉察的。但是，它能决定你的态度、行动、经验、智慧以及命运。

有时，人们做了一件事情后，会反复思考事情的经过，并问自己：“我怎么会那么说呢?”“我为什么会那么做呢?”“我当时脑子怎么了?”其实，这都是有原因的，都是受到思想的支配，只是经过多次反复后，已经成了人的习惯，久而久之就麻木了，无法觉察。这也就是为什么人在生气的时候，在做大的决定的时候，别人劝你冷静一下、想一想、慢一点，其实就是在提醒你不能被旧习惯、旧情绪、旧思想、旧态度掌控和支配，造成错误。而当人们有意识地重新思考时，就会惊讶于自己当初的想法和行为。

思想是什么？它其实就是人的想法和看法。思想作为一种意识形态，是有层次和结构的。对世界、对他人和对自我的看法，应该属于“信念”层次，它可能是来自于自己的理解，但更多的是别人传输到我们脑中的、大多数人都说对的一种看法。人们通过自己的感知、分析、判断，在某种理论和文化背景下，对世界、对他人、对自己所形成的不同于一般人的、有创新、较系统的观点，则属于“思想”层次。对世界应该是什么样子的、生活应该是什么样子的、人应该是什么样子的系统假设和情感期待，简单地说就是世界观，它具有强烈的恒定性，以及行为的导向性和实践的约束性，一旦形成，很难改变，属于“信仰”层次。

每个人的头脑中并不是带着一张白纸去认识世界，思想信念具有参与性，它塑造着人们在现实社会中所看到的一切事物。思想信念不断参与塑造和形成自我，并予以定型。所以中国历代的政治家对思想观念和信念信仰的重要作用都有深刻的认识和体会。中国的每一次大的进步，都与思想解放、观念转变相伴随。

为什么人们会选择这种而不是那种思想观念或信仰呢？人在一生中不断地认知世界（外部世界、自我世界）。最难的恐怕就是对自己的自我意识了，不管人们所持有的“思想”是正确的还是不正确的，是真的还是假的，是人们意识到的还是意识不到的，它实际上就是人们所有行为的“指令”和“能量”。当人们头脑中有良好的思想结构时，就容易在实践中获得成功；当人们头脑中的思想结构出现问题时，人们就会相信世界是这个样子的，社会是这个样子的，自己就是这个样子的，这样办事的效率就会大打折扣。由此我们看到，思想不仅是行为的组织者，影响人们的行为方式，而且还通过特定的表现方式影响人们的工作效率。

自我思想的寻找是个人管理的开始，只有寻找到自我的思想源头，才能有针对性地、效果明显地进行思想信念的改造。虽然人的思想信念的改造工作并非如改变人的工作程序那样简单和容易，但是，一旦改变，就会产生最明显和最持久的效果。

二、自我思考的方法

前面讨论了自我思想的寻找，下面介绍几种有效的思考方法，可以帮助你更加有效地认知自我。

1. **左右半脑的思维**

奥恩斯坦在 1972 年提出了左右半脑的思维规律：大脑分为两个半球，即左半球和右半球，两个半球各自作为一个独立的部分与另一部分协调工作，每一部分都控制着身体的不同部分和特定的神经活动——右半球控制身体左半部分的运动以及疼痛和愉悦之类的感觉，而左半球则控制身体右半部分，两个部分似乎分别控制着不同的智力活动（如图 1-1 所示）。

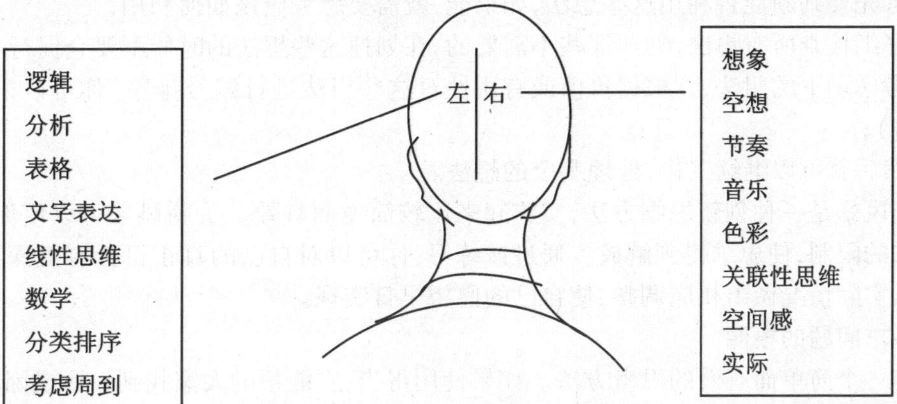

图 1-1 左右脑半球

人脑容量只有一千多毫升，人的一生中会有大量的信息需要人脑进行处理，如何处理得井井有条呢？如果一个人什么都想知道、什么都想看、什么都想做，脑神经系统能否承受得了？做事情还会有效率吗？人的欲望是无限的，但人的生命是有限的，时间是有限的，时间、生命和欲望这三者之间存在矛盾，无奈中我们只能选择某些事情来做。

通过左右半脑的思维规律，我们可以了解自己擅长使用大脑的哪个半球，可以根据自己的情况有计划地开发自己的大脑，有选择和有针对性地思考问题，发挥自己的优势。

2. **个人头脑风暴**

头脑风暴法是指相互交流，在头脑中进行智力碰撞，产生新的智力火花，使讨论不断集中和升华的方法。风暴式思考强调的是集体的思维，目的在于创造一种开放思考的环境，诱发创造性思维的共振和连锁反应，产生更多的创造性思维。

这种方法在很多团队中的使用效果并不理想，而个人头脑风暴的应用却效果明显。究其原因，很多时候是大家对“规则”不明确，有人过早地对提出的看法进行评估和批评，从而扼杀了一些好的想法。个人头脑风暴可以让思想自由翱翔，能够设想出一些无约束的想法，可能比集体头脑风暴更有效。但个人进行头脑风暴的时候会比较困难，通过适当的方法进行调整会变得更容易。

头脑风暴分为两个独立阶段：第一个阶段是提出想法（通常是右脑思考）；第二个阶段是批评、评估并对各种想法进行进一步的精炼（通常是左脑思考）。这两个阶段不能同时进行。

头脑风暴阶段一：此时需要笔和纸，当出现某些想法时可以较为方便地记录下来。

- 尽可能地多提一些想法；
- 让思想自由翱翔，不要怕会有荒谬的想法产生；
- 简要记下这些想法——尽可能快地记下来，这样思路就不会被打断；

- 不要判断、批评或思考(这些都是第二阶段的工作);
- 在已有想法的基础上形成新想法——对上一个想法进行一些修改就可以形成另一个想法;
- 不要踌躇,在这一阶段一定要多提想法;
- 一直到提不出新想法为止。

头脑风暴阶段二:该阶段要挑出需要保留的想法并剔除那些无用的想法。

- 首先要判断能否利用这些想法,如果能,就需要思考应该如何利用;
- 仔细检查所有想法,划掉那些不需要的,在划掉这些想法的时候不要仓促行事;
- 考虑剩下的想法,并根据价值或有用性对这些想法进行编号排序(你可以根据顺序重新写一份);
- 然后就可以继续工作,处理剩余的想法。

头脑风暴是一种创新思维方法,实施起来比较简便而有效。头脑风暴可以使你摆脱传统思维方法的限制,使思维得到解放。通过该练习,你可以对自己的真正目标有更深入的了解,进而根据实际情况做出相应调整,使自己的愿望早日实现。

3. 寻求问题的根源

这是一个简单而有效的思考方法。如果使用得当,它能帮助大家找到问题或困境的根源;如果使用不当,可能会发现又回到了问题的起点或者陷入困境。这种方法通过不断提出新问题并回答问题来找到解决问题的方法,它要求在寻求问题根源的时候多问几次为什么(至少五次)。"问五个为什么"的思考方法既可以解决个人问题,也可以用于集体讨论解决团队问题, 这一方法对于下列几种情况尤其有效:

- 挑战假设;
- 决策;
- 解决问题;
- 从错误中学习;
- 改变系统和程序。

在出现问题的情形下,多问自己几个为什么,这样才能够找到问题的根源。但要注意,在寻求问题根本原因的时候,人们的思考也可能出错。下面的练习介绍了如何使用这种方法。练习的目的是帮助你通过多问自己几个为什么找到问题的真正根源。

训练与练习

如何找到问题的根源

下面就是一个通过多问几个为什么寻求问题根源的例子(如表 1-1 所示)。

表 1-1　找到问题的根源

观点:由于承担工作过多,我过度劳累	
A. 正确的思考方法	B. 错误的思考方法
①为什么? 因为别人都不能做 ②为什么? 因为他们都不知道该怎样做 ③为什么? 因为他们没有被告诉该怎样做 ④为什么? 因为我没有向他们演示 ⑤为什么? 因为我不相信他们	①为什么? 因为别人都不能做 ②为什么? 因为他们都不知道该怎样做 ③为什么? 因为他们不愿意 ④为什么? 因为他们认为很简单 ⑤为什么? 因为我做得太多
结果:找到了问题的根源	结果:没有找到问题的根源

A(表中左栏)的思考方法找到了问题的根源,这样就可以解决问题;而 B(表中右栏)的思考方法却出现了问题,从第三个“为什么”开始,思考出现了偏差。

你可能会用下面的原因来解释:

- 不想真正找出问题的原因;
- 更想证明自己的想法合理;
- 把错误推到别人身上;
- 故意刁难他人。

如果你在追问“为什么”的过程中不从自身寻找原因——像例子中的 B 那样——你就不可能找到问题的真正原因,也就不能顺利解决问题。只要把这种方法坚持贯彻到你的日常工作中,你就一定能够解决许多看起来非常棘手的问题。

第二节　自我认知

一、人性的假设

希腊古城特尔斐的阿波罗神殿上刻有七句名言,其中流传最广、影响最深,以致被认为点燃了古希腊文明火花的却只有一句,那就是“人啊,认识你自己”。苏格拉底将它作为自己思想的主要部分,要求他的学生用毕生精力研读它。我国古代哲人老子也有一句名言:“知人者智,自知者明。”可见,对于人的本性的研究,自古就受到了重视。

对于人的本质属性的根本看法,正是“人性假设”。人性假设问题不但是哲学研究的基本问题,也是管理学研究的重要问题之一,因为人是管理的主要对象。管理中的人性假设,实际上是指对员工的需要及劳动态度,以及应该如何去激励和管理员工的观点和看法。员工的需要是多层次的,包括经济利益、社会交往、自我实现的需要等,究竟哪种需要占主导地位?或者因时、因地而异?员工对工作是持一种主动、积极的态度还是逃避、消极的态度?对这些基本问题,管理者往往持有不同的人性假设,必然产生不同的管理方式。

（一）中国传统的人性假设理论

中国自2000多年前的先秦时代开始，一直对于人性问题有着丰富的论述。最先论及人性问题的是春秋时期的孔子。孔子在《论语·阳货》中提出“性相近也，习相远也”，也就是说，人的本质是相似的，由于所处环境不同，因而有不同的表现，但孔子对人性的善恶问题还没有做出具体说明。

此后，诸子“皆言性有善有恶”（《论衡·本性》），人性问题逐渐成为中国古代思想家们探求的一个中心问题，并形成了各种不同的人性论派别。归结起来，可大致分为四个基本派别，即性善论、性恶论、性无善无不善论、性有善有恶论。这四个派别在先秦时代均已出现，之后历代形形色色的人性论观点都可视为其变式。

中国传统的人性假设如表1-2所示。

表1-2 中国传统的人性假设

理论	性善论（儒家）	性恶论（法家）	性无善无不善论（流水人性）	性有善有恶论
主要观点	人之初，性本善	人之初，性本恶	性无善无不善	人性有善有恶
主要内涵	恻隐之心 羞恶之心 辞让之心 是非之心	目好色， 耳好声， 口好味， 心好利， 骨体肤理好愉逸	性犹湍水也，决诸东方则东流，决诸西方则西流；人性之无分于善不善也，犹水之无分于东西也	举人之善性，养而致之则善长；性恶，养而致之则恶长。如此，则性各有阴阳，善恶在所养焉
代表人物	孟子、黄宗羲、王夫之等	荀子、韩非子、李斯等	告子、苏轼、梁启超等	董仲舒、扬雄、王充、韩愈、司马光等

（二）西方的人性假设理论

西方思想界和经济管理学界对人性假设理论的论述也十分丰富。美国著名的组织行为学家埃德加·沙因（E. H. Schein，又译“雪恩”）在1960年的《组织心理学》一书中，总结并发展了前人的论述，将西方人性假设理论归结为五种，即“经济人”假设、“社会人”假设、“自我实现人”假设、“复杂人”假设、“文化人”假设。

1. “经济人”假设与X理论

“经济人”假设与X理论起源于享乐主义，认为人的行为就是为了获得最大的经济利益，工作的目的是获得经济报酬。

假设的基本观点：

（1）大多数人天生趋于懒惰，尽可能讨厌和逃避工作。

（2）大多数人缺乏进取心，宁愿受人领导，也不愿担负责任。

（3）大多数人以自我为中心而忽视组织目标。

（4）大多数人缺乏理智，易于盲从。

（5）大多数人认为生理和安全需要最为重要，选择获利最大的事情去做。

（6）大多数人习惯于抵抗变革。

2. “社会人”假设与人际关系理论

“社会人”假设认为人们最重视的是工作中与周围人友好相处，物质利益是相对次要的因素。

假设的基本观点：

(1)社交需要是人类行为的基本激励因素，而人际关系是形成人们身份感的基本因素。

(2)从工业革命中延续过来的机械化，其结果是使工作失去了许多内在的意义，这些丧失的意义必须从工作中的社交关系里寻找回来。

(3)与管理部门所采用的奖酬和控制的反应比起来，员工会更易于对同级同事们所组成的群体的社交因素做出反应。

(4)员工对管理部门的反应能达到什么程度，视管理者对下级的归属需要、被人接纳的需要以及身份感的需要满足到什么程度而定。

3. “自我实现人”假设与 Y 理论

“自我实现人”假设认为人都期望发挥自己的潜力，表现自己的才能，只要人的潜能发挥出来，就会产生最大的满足感。

假设的基本观点：

(1)一般人并非天生厌恶工作。

(2)如果员工对工作做出承诺，能够“自我督导”和“自我控制”，将会促使人向组织目标而努力。

(3)人对于目标的承诺，是由于达到目标可以给个人带来某种报酬。对人最有意义的报酬是自我需要及自我实现需要的满足。这种报酬是使人向组织目标努力的动力。

(4)只要情况适当，一般人不仅能学会承担责任，而且能学会争取责任。

(5)大多数人均拥有以高度的想象力、智力和创造力来解决组织中各种问题的能力，而非只有管理层次的核心人物才具有这种能力。

(6)在现代产业活动中，常人的智慧和潜能仅有一部分得到了利用。

4. “复杂人”假设与超 Y 理论（权变理论）

人的需要因自身发展和环境改变而改变，形成错综复杂的动机模式，各不相同，并不存在某种放诸四海而皆准的组织模式，适当的组织模式应根据工作性质和工作人员的特定需要而定。

假设的基本观点：

(1)人类的需要是分成许多类的，并且会随着个体的发展和环境的变化而变化。

(2)由于需要与动机彼此作用并组合成复杂的动机模式，所以满足需要、达成激励目的的方式是复杂多变的。

(3)人们可以在生活和工作情境中学习得到新的需要和动机。人们工作的动机是各种各样的，需要也各不相同，但其主要需要是获得胜任感。胜任感达到了目标后，一个新的、更高的目标就会树立起来。

(4)每个人在不同组织或同一组织的不同工作部门和岗位中可能表现出不同的需要。

(5)人们能够对同一管理方式和策略做出不同的反应，所以没有对任何时代、任何组织和任何个人都适用的唯一正确的管理方式。

（三）中西方人性假设理论的比较及运用

中西方人性假设理论有许多共通之处，比如西方的“自我实现人”假设、Y 理论的基本观点与孟子的“性善论”相类似；西方的“复杂人”假设，近似于我国古代的“性有善有恶论”；现代西方的"经济人"假设、X 理论认为工人天生懒惰、缺乏雄心、不愿负责任的观点与荀子的"性恶论"十分接近。

中西方的人性假设理论的简要比较如表 1-3 所示。

表 1-3 中西方的人性假设理论的简要比较

中国理论	性善论(儒家)	性恶论(法家)	性无善无不善论(流水人性)	性有善有恶论
主要观点	人之初,性本善	人之初,性本恶	性无善无不善	人性有善有恶
西方理论	"社会人"假设(人际关系理论)	"经济人"假设(X 理论)	"自我实现人"假设(Y 理论)	"复杂人"假设(超 Y 理论)
主要观点	社交需要是人的基本需要,物质利益相对次要	人是自私的,以获得最大的经济利益为目的	人都期望实现自我的潜能,能够"自我督导"	人的需要因自身发展和环境改变而错综复杂

二、个体知觉

(一)个体知觉的差异

在现实生活中,人的行为是多种因素共同作用的结果,包括知觉、个性、需要与动机、价值观与态度、群体与组织。其中,知觉是关键的因素,其他因素通过知觉而影响人们对事物的判断,最终影响行为(如图 1-2 所示)。

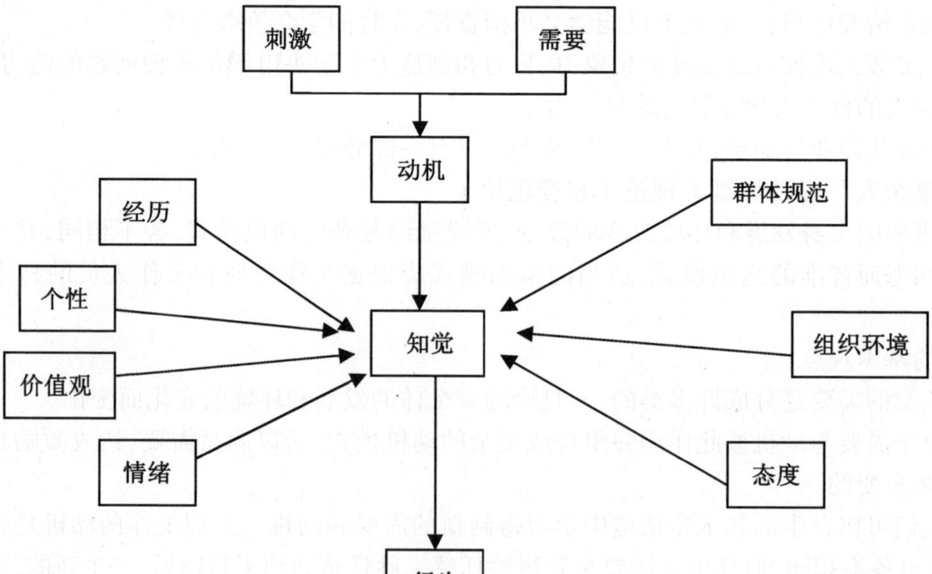

图 1-2 影响行为的诸因素示意图

1. 知觉的定义

知觉是指个体对作用于感觉器官的客观事物整体属性的反应,是对客观事物的意义组织和解释的过程。通俗地讲,知觉过程就是我们对事物的认识过程。

大量的研究证明,不同的个体对于同一事物的认知往往不同。事实上,任何人看到的都不能说是事实，我们只是在解释我们看到的事物，并称之为事实。

2. 知觉的性质

人的知觉过程反映了知觉的特性。人们在现实生活和工作中，在同一时间会受到各种不同的刺激，例如，周围的光线、颜色、温度、声音等。人们对于外界的这些刺激会有目的地进行选择，然后感觉事物的不同属性，并将感觉体验加以组织，再根据经验对这些信息进行理解和解释，最后对刺激做出行为反应，如图 1-3 所示。

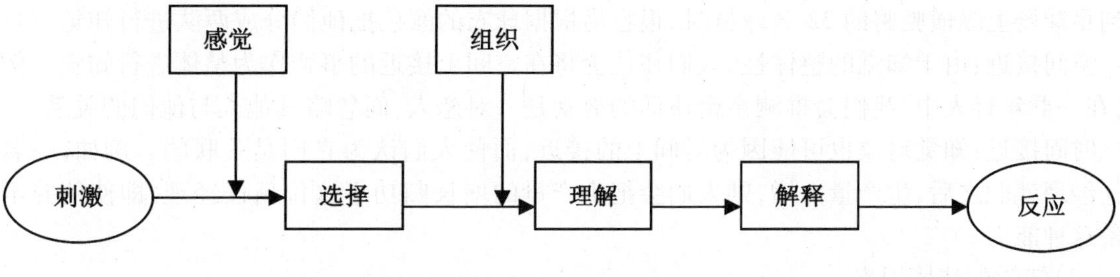

图 1-3　知觉过程

根据知觉过程，我们可以总结出知觉具有选择性、整体性、理解性和恒常性。

(1)选择性

电话铃在响、你的电视在发出噪声、一只狗在外面狂吠、你的计算机正发出一种奇怪的响声、你闻到了调制咖啡的味道，对于这些刺激你会忽略哪些，注意哪些？

知觉的选择，是人们将大部分刺激过滤，以处理最重要的刺激的过程。人们对于外来刺激有选择地进行组织加工的过程，叫作知觉的选择性。

(2)整体性

知觉的对象具有不同的属性，由不同的部分组成，人在知觉的过程中不是把对象感知为个别的孤立部分，而是倾向于把零散的对象知觉作为一个整体，这种特性称为知觉的整体性。

在知觉过程中，人们常常根据自己的知识经验，把直接作用于感官的不完整刺激整合为完整和统一的整体。例如，在昏暗的宿舍走廊里，我们虽然看不清某同学的脸，但仍然能够认出他是谁，这是因为我们对人的特征是从整体上把握的，包括五官与体态。

(3)理解性

个体在知觉事物时，往往结合以前的知识经验予以解释。人们在知觉过程中，不是被动地吸收信息，而是力求对知觉对象做出解释、形成意义，这就是知觉的理解性。

由于知觉者的知识经验、实践经历、个人兴趣爱好、价值观等因素的影响，他们对同一事物可以形成不同的解释、做出不同的判断。知觉的理解性是知觉最重要的性质，它是个体知觉差异存在的主要理由。

(4)恒常性

当知觉条件在一定范围内发生变化时，知觉的影像(大小、形状、颜色、明度)仍然保持不变，我们称这种现象为知觉的恒常性。

例如，我们看到白衬衫的颜色近乎蓝色或是紫色，但是我们依然知道那是一件白色衬衫。

3. 影响知觉的因素

(1)知觉对象的主观因素

当知觉对象具有与众不同的特点时，更容易被察觉。那些体积较大、声响较大、出现运动变化、对比分明的事物,更容易被注意到;相反,体积较小、数量不多、静止不动、含糊不清的事物,则更可能被忽视。例如,服务部门会更多地注意到那些嗓门较大的顾客,并尽最大可能帮助他们解决问题,而安静礼貌的客人更可能被忽视;闪动的霓虹灯、画面不断变换的广告牌更容易被看到并记住。

人们在知觉事物时,往往将那些物理距离近或形态相似的物体作为整体进行知觉。

物理性质相似:在知觉过程中,人们会把物理性质相似的事物联系在一起。例如,当我们看到足球场上纵横驰骋的22名球员时,很容易根据球衣的颜色把他们分成两队进行知觉。

空间接近:由于知觉的整体性,人们往往会将在空间上接近的事物作为整体进行知觉。例如,在一群年轻人中,我们会推测亲密谈话的男女是一对恋人,而忽略其他人与他们的关系。

时间接近:知觉对象也可能因为时间上的接近,而使人们认为它们是关联的。例如,一名新任经理就职之后,生产量大增,则人们会把生产量的增长归功于这位新任经理,即使他并不具备这种能力。

(2)知觉的情境因素

在不同的环境下,知觉者对于同一事物的知觉往往不同。其中,物理环境和社会环境均扮演着重要的角色。

物理环境:不同的物理环境会使知觉者对同一事物的感受大相径庭。例如,在快餐厅听到爵士乐,人们会感到紧张,加快进餐的速度;而在迪厅听到爵士乐,人们会欣然起舞。又如,早上10点接到朋友的一个电话,可能会心情愉悦;但是如果同样的铃声半夜三更响起,就可能引起你的反感与不快了。

社会环境:人们所处社会环境的不同,对于相同事件的知觉也不尽相同。例如,私下指出朋友的缺点与当众严厉地斥责,会使朋友的感受不同。前者可能被理解为友好的帮助,后者可能被理解为恶意的攻击。

(3)知觉者的主观因素

知觉者是指洞察和知觉别人的个体。知觉者的个人特征直接决定着对知觉对象的正确认识。即使面对同样的知觉对象,且在相同的物理和社会环境下,不同的人也会有不同的知觉。这取决于知觉者的需要、兴趣、爱好、知识经验,以及刺激物对个人的重要性等主观因素。例如,媒体和社会对于“超女”的评价就褒贬不一。又如,面对一朵盛开的花,商人会考虑它作为商品的价值,植物学家会归类其科属,而诗人会赞叹其美丽。

不同气质类型的人在知觉的深度和广度上存在着明显的差异。例如,有些人善于从整体上把握事物的本质,而另一些人则在对问题细节的知觉上显示出优势。在阅读文章时,前者容易把握文章的中心,后者善于发现细节上的差异。

(二)社会知觉

社会知觉是指个体对社会环境中的人和群体中的社会现象所产生的知觉判断和初步认识的过程。社会知觉是人的一种基本的心理过程。社会知觉是社会活动的一部分,它涉及对他人的知觉、人际知觉、自我知觉和角色知觉。

1.知觉偏差

由于个体的知觉是多种因素作用的结果,带有主观色彩,因此知觉偏差难以避免。

为了使对人的知觉变得容易,个体往往采用了很多技术手段快速“阅读”他人,及时做出预测和判断。

应注意的是,这类手段可能会使我们的知觉过程出现偏差和失真,我们称其为知觉偏差,主要表现在以下几个方面。

(1)选择性知觉

选择性知觉是指人们在某一具体时刻只是以对象的部分特征作为知觉的内容。我们往往会依个人的兴趣、需要、爱好等主动地选择乃至搜寻对象特征作为知觉内容,而其他内容则退为背景,不能被我们的意识清晰地加工。例如,我们看电视时总是挑自己喜欢的内容看,而那些符合个人趣味的内容似乎也最容易被我们注意。同样,对于朋友,我们往往注意他们的优点、长处,而对与自己关系不好的人,我们往往更留意他们的短处、过失。这也就是为什么有的人为人处世总让人觉得不公平的原因之一。

(2)首因效应

首因效应也称第一印象作用,指的是知觉者最初得到的信息对于知觉的形成具有强烈影响。由于第一印象的缘故,人们常常忽视知觉对象真正的个性及其优缺点,形成错误的判断。例如,经理第一次召见某员工,该员工衣着不整,经理就会认为该员工是不拘礼节、过于随便的人,对他产生不良印象,并一直左右以后对他的判断。

通常,首因效应发生在陌生人之间。认识首因效应还有一项重要意义。在与他人初次接触时,如果希望给对方留下美好的印象,不妨尽量把自己的优点提前显现出来。因为最初提供的记忆最易于记忆,以后不易改变。

(3)近因效应

近因效应是指在知觉过程中,有时最后给人留下的印象最为深刻,往往决定着人们对某人或某事的特征的解释。

近因效应对认知和评价有着较大的影响。例如,一个人多年来总是全勤,只是最近两个月生病没来上班;另一个人是多年的老病号,最近半年才正式上班。在年终评审的时候,人们更可能会把前者视为病号,而把后者视为出勤较好。例如,年终评审时,近因效应起着重要作用,评价者往往会主要评价被评价者近期的工作表现。

(4)晕轮效应

晕轮效应是指在知觉过程中,通过获得知觉对象某一行为特征的印象,而将其扩大成为整体行为特征的认知活动。晕轮效应实质上是一种逻辑推理上的“以点概面”效应,即根据一个人的个别品质做出对其全面的评价。例如,当你觉得一个女同事的性格十分活泼可爱时,也会对她的能力、态度、人品甚至外貌均有较高评价。也就是说,你对“性格活泼可爱”这个特质的评价影响了对她的总体评价。

(5)刻板效应

刻板效应指的是我们对某人进行知觉时,可能会依据一些明显的特性(包括性别、年龄、民族、国籍、职业、所属组织等),先对某人进行归类,再根据这群人已有的固定形象作为判断某人的依据。例如,大家普遍认为英国人持重守旧,美国人进取开放,德国人勤勉严谨;北方人豪爽率直,南方人灵活精明;女人以家庭为重,男人以事业为重;销售人员是积极进取、伶牙俐齿的,财务人员是严谨认真、安静稳重的,广告设计人员是想象丰富、思维前卫的,等等。

(6)投射效应

投射效应指的是人们在判断他人时,总是有意无意地假定别人与我们相似,因而将自己的感受、态度或动机,投射在对于他人的判断上。俗话说的“推己度人”就是这个道理。例如,如果你希望自己的工作富有挑战性,则会假定别人也同样希望如此;如果你是诚实守信之人,则会想当然地认为别人同样是诚实可信的;胆小之人常常也会把别人的行为解释为恐惧和紧张。

(7)期待效应

期待效应是指个人对于自己或对于别人的预期,常常会在以后的行为结果中应验,也称为皮格马利翁效应。

皮格马利翁效应源自古希腊神话故事。说的是雕刻大师皮格马利翁曾经倾注全部心血雕成了一个象牙美女雕像,作品完成之后自己竟爱上了她,对她朝思暮想,希望与她在一起,于是每天对着雕像倾诉衷肠。结果他的诚心感动了天神,神灵赋予雕像以生命,让有情人终成眷属。

2. 知觉偏差的矫正

在知觉过程中,由于人们知觉能力的局限性,知觉偏差是不可避免的。知觉偏差的矫正应该从以下三方面考虑。

(1)尊重个体差异

多数知觉偏差都是知觉者忽视个体差异的结果。例如,刻板效应、期待效应就是由于忽视个体差异,才导致以偏概全、以己度人的结果。所以,正视个体差异,客观地面对个体差异,是避免知觉偏差的基础。

(2)保持认知的客观性

产生知觉偏差的根源,就是知觉过程过于依赖主观判断而忽视客观事实。例如,定型效应和晕轮效应都是知觉者根据经验判断知觉对象所导致的结果。因此,保持知觉过程的客观性是避免知觉偏差的保障。

(3)不断调整自我认知

由于社会知觉对象的复杂性,几乎没有人能够在瞬间对人做出正确的判断。所以社会知觉需要一定的时间,而且常常需要审视最初或以前的判断,不断调整自我认知。

(三)个体解决问题的方式

个体解决问题的方式是指个体在决策过程中收集信息与评价信息的形式。

在现实中,只有一种功能占主导地位,但纯粹的知觉、直觉、思考、情感方式是不存在的,更多的是复合型的个体。

如图1-4所示,如果纵轴代表思考—情感线,横轴代表知觉—直觉线,我们就得出了四种个体解决问题的方式。

1. 知觉—思考型(ST)

知觉—思考型管理者的目标是做好事情。他们注重秩序,喜欢澄清问题,做有把握的事情。知觉—思考型管理者还擅长回忆,善于总结,清楚事情发展的脉络,容易找到事物发展的因果关系及其逻辑。

由于知觉—思考型管理者时间观念强,所以不能容忍延误。他们能够记住和把握事物的细节,在没有确切依据的情况下,又可能会否定新颖的、有创意的办法,所以他们的另一个弱点是过于循规蹈矩。

(1)适合的职业

这些人适合从事会计、生产与质量控制、计算机编程、规划、编辑、设计、统计、证券与金融领域的工作。

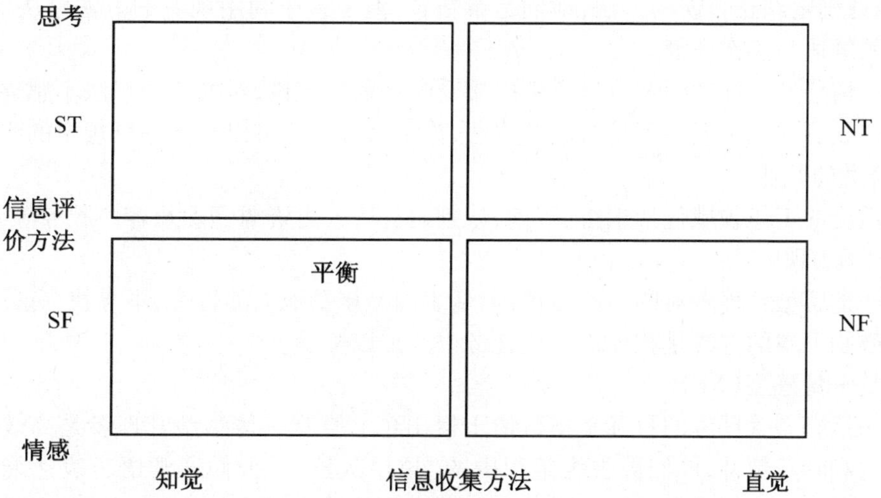

图 1-4 个体解决问题的方式图例

(2)职场表现

知觉—思考型管理者常常忽略有利于工作的人情味,往往人际关系紧张。如事情的进展不尽如人意,他们可能会埋怨他人;他们关心可能出现的不利后果,所以反复分析情况,会浪费一些时间;他们确信应该尽心尽力地工作。

2. **直觉—思考型**(NT)

直觉—思考型管理者通常智商较高,也是技术与行政管理的革新者。他们对新想法做出积极的反应,同时也会坚持做事情的原则。通常,直觉—思考型管理者不主动阐述自己的立场。他们认为自己的立场是显见的,说明是多余的。他们回答问题往往很坦率,常常赞扬别人的智慧、能力与贡献。

直觉—思考型管理者虽然具有相当多的优点,其缺点也是显而易见的。在创造中,直觉—思考型管理者具有非常大的积极性,但在项目立项后,却情愿别人去实施。直觉—思考型管理者往往不愿自己处理复杂事务。由于善于抽象思维,他们往往能在只有数据的情况下开展工作。有时,他们忽略他人情感,强调智力对胜任工作的影响。他们可能在人际关系上有麻烦,因为他们认为每个员工都必须能力强、懂专业。他们常常壮志未酬,拔高对己、对人的标准,并常常难以容忍差错和做出决策之后的反复思考。

(1)适合的职业

他们适合的工作是经济学、贸易学与自然科学等领域的企业家或教师。

(2)职场表现

直觉—思考型管理者可能是业务骨干。他们衡量效益的标准是新产品的开发、市场份额、资产成本、收入与长期利润增长、新市场的开拓以及对环境的适应性。他们不善于表达对别人的建议与贡献的感激之情,可能在人际关系上会遇到麻烦,对别人要求过高。

3. **知觉—情感型**(SF)

知觉—情感型管理者的目的是提供帮助。知觉—情感型管理者强调人际关系,注意处理具体问题的方法。他们谈判起来驾轻就熟,是天生的解决麻烦问题的能手与外交家。他们具有与人合作并使人们相互合作的天赋。知觉—情感型管理者精于分析日常工作体系,发现故障与错误，并确定纠正错误的方法，他们是革新者，但是善于利用现有的方法解决问题。他们关心雇员的舒适与工作环境。

知觉—情感型管理者的缺点是不情愿接受激进的新理论，对抽象的想法不感兴趣。

他们往往会促成别人而不是自己的看法，为了适应环境可以达到违反规定的程度。

(1)合适的职业

他们适合的工作领域包括销售、咨询、谈判、教学、人力资源管理及客户服务等方面。

(2)职场表现

知觉—情感型管理者对同事不做评判，从表面上接受他人的行为，不寻找深层的动机与含意。他们鼓励下属的方式是在他们完成任务以后加以奖励。

4. 直觉—情感型(NF)

直觉—情感型管理者的目标是把事情干得出色。直觉—情感型管理者是高效管理者，具有领袖魅力和献身精神，他们被誉为组织中的“拉拉队长”。他们通常语言表达能力强，待人热情，善于说服他人，是出色的宣传者。他们喜欢创造性地解决问题，常常拒绝传统方法和标准的运作程序而寻求新颖的解决办法。他们在复杂的情况下保持耐心，等待时机以推行其想法，好似化学上的催化剂。

决策基于个人的爱好，善解人意也容易伤害别人，有时会迎合别人而失去自身的价值。他们可能将鼓励员工进步放在第一位，而将完成组织目标放在第二位。

(1)适合的职业

这类人在公共关系方面表现出色，适合的职业包括公共关系、政治、广告、人力资源管理、销售、艺术与教学等。

(2)职场表现

假如直觉—情感型个体在组织中有形式自由的权利，他们会工作得较好；如果他们认为在组织中受到限制，就会反抗；如果受到足够的鼓励，他们会是优秀的管理人员；如未受到足够的赏识，便会效率低下，丧失信心，难以投入，就会寻求组织外的奖赏。

在组织中，管理者应当重视个体解决问题方式之差异的存在，互相尊重、坦诚交流、欣赏差异，使组织形成合力，从而提高组织绩效。

三、认识自我

(一)认识自我的特点

“自我”是在社会关系和社会活动中所形成的每个人的活动、心理、意识及其机体自身的统一体。从广义上说，“自我”既包括了个体的躯体、生理活动、心理活动，也包括所有与个体有关的存在的事物，如个人的事业、成就、名誉、地位、财产、权力等。狭义的“自我”，仅指个体对自己心理活动的认识与控制。

心理学家曾经在企业中做过一个试验，设计了四种情境，让工人解释在每种情境下积极工作或者能坚持工作的动机：第一种情境是给予很高的报酬，但工作比较简单乏味；第二种情境是报酬并不是很高，但工作很有趣味；第三种情境是报酬不高，工作也很乏味；第四种情境是报酬高，工作也很有趣。

在第一种和第二种情境中，绝大多数工人都能解释自己积极工作的原因，指出在第一种情境中之所以积极工作是因为有很高的报酬，在第二种情境中则是因为工作很引人入胜，但在第三种情况下，对于自己仍能坚持或积极工作的原因往往不能做出正确的解释。虽然这一研究主要目的在于研究内在奖励和外在奖励对人的工作积极性的作用，但也表明，认识自我不是件容易的事。

俗话说"人贵有自知之明"，其中也就包含有认识自我的成分，同时也表明，真正做到"有自知之明"并不是一件很容易的事情。

一个人观察别人与观察自己是有区别的。这种区别在于以下几点：

1. 主观性强

自我认识与对其他对象的知觉一样具有主观的特点，自我认识与个体的个性、经验、对自己的悦纳程度、认知能力等有直接关系。例如，一个狂妄自大的人可能对自己的评价过高，一个自卑的人可能低估自己。受主观的影响，自我认识往往与事实有一定的差距。

2. 信心更充足

人们观察自己时所掌握的信息要比观察别人时更多。例如，一个人虽然工作成绩并不显著，但却付出了最大的努力，这在自己看来是心中有数的，但如果别人观察他的行为就不一定能够了解。

3. 更熟悉情况

观察自己与观察别人有熟悉和陌生的区别。对自己行为的认识比对别人更熟悉，这是因为自己对自己的知识、经验和过去的经历要比对别人知道得更多些。

4. 双重角色

观察者与被观察者的区别在于，在认识别人时自己是观察者，别人是被观察者；而在自我认识时，自己既是观察者又是被观察者。

尽管自我认识与对别人的认识有上述区别，但这并不是说自我认识一定比对别人的认识更准确。

（二）认识自我的途径

自我认识的实现往往是通过与他人比较、自我比较和社会评价实现的。

1. 与他人比较

人们的自我认识往往是通过与他人的比较和分析实现的。通过与他人的比较与分析，人们才能对自己的优缺点有清醒的认识，才能客观地评价自己，树立起自信心，找准前进的基点和努力的方向。

例如，学生往往根据自己在班级、年级或学校里取得的学习成绩或其他比赛成绩，确定自己是一个优秀生、中等生还是差生。通过社会交往的反馈了解自己的交往能力与威信，决定控制他人或受他人控制。

2. 自我比较

与自己比较是个体自我认识的途径之一。把自己的过去与现在比较，找出失败和成功的原因，把现在与理想中的未来比较，可以清醒地看到自己的不足和差距。

3. 社会评价

社会评价帮助个体认识自我。个体往往通过他人对自己的评价了解自己。这种社会评价往往会强化或削弱个体的行为，也就是说，个体通过社会评价学习社会行为规范，从自然人向社会人转变。

自我认识对自身的行为有重要的调节作用。正确的自我认识会使一个人在群体中的行为得体，相反，一个缺乏自知之明的人常常会遭到各种不应有的挫折。

如何正确地评价自己？通常来说，有以下几条途径：

(1)选择适当的比较对象

与他人比较是自我认识的途径之一，与谁比较，比较什么就显得格外重要。在与他人的比较过程中往往会出现两种极端的情况。

①以己之短比他人之长。看到自己与他人的差距，是个体进步的基本动力。如果通过自己的努力能够赶上他人，就会使个体产生成就感，有利于个体的进步与发展。然而，如果他人的优点是由于与自己的个性或能力差异的结果，个体难以超越他人，就会使个体有挫折感与自卑感，对行为发展不利。

②以己之长比他人之短。另一种极端的情况就是用自己的优点与他人的短处做比较。用自己的长处与他人的短处比较，可以满足个体的自信心，但是，如果长此以往总是以劣于自己的个体为参照对象，会妨碍个体的进步。

因此选取适当的对象为参照才有利于个体的发展。这就要求个体在选择比较对象时，选择那些优于自己、通过自己的努力能够赶上或超过的对象。

(2)适当的自我期望

适当的自我期望有利于个体的发展与进步。个体往往通过自己现在与过去的比较进行自我认识，通过这种方式，判断自己是否进步。这种判断是以个体期望为尺度，期望值过低，利于进步；期望值过高，容易使个体有挫折感，所以建立适当的期望是个体保持心态健康、积极进取的基础。

(3)正确地对待他人的评价

他人的评价有利于个体自我认识，然而无视他人的评价或过度依赖他人的评价对个体的发展都是不利的。无视他人的评价，会使个体盲目自大或自卑；过度依赖他人的评价，会束缚个体手脚，妨碍个体的进步。

训练与练习

自我认知和对他人的认知

指导：

根据自己的情况，针对表1-4中的每个问题，在“从不”“很少”“有时”或“经常”四个答案中做出相应选择。

表 1-4 自我认知和对他人的认知

考虑自己
1. 你感到被误解吗？ 从不 很少 有时 经常 2. 你是否发现自己认为已经说过但别人表示并没有听到？ 从不 很少 有时 经常 3. 你是否认为没有人了解“真实的你”？ 从不 很少 有时 经常 4. 你确实知道别人怎么看你吗？ 从不 很少 有时 经常 5. 别人对你的看法与你对自己的看法一致吗？ 从不 很少 有时 经常
考虑他人
6. 他人的反应让你吃惊吗？ 从不 很少 有时 经常 7. 他人在介绍自己的时候，你是否并不太在意？ 从不 很少 有时 经常 8. 有关工作的进展情况，你是最后一个知道的吗？ 从不 很少 有时 经常 9. 你能预见到他人会有怎样的反应吗？ 从不 很少 有时 经常 10. 你能正确理解他人的情感吗？ 从不 很少 有时 经常

总结：

考虑自己

- 如果问题 1、2 和 3 你选择了“经常”，问题 4 和问题 5 你选择了“从不”或“很少”，那么你就需要提高你的自我认知水平。
- 如果问题 1、2 和 3 你选择了“从不”或“很少”，问题 4 和 5 你选择了“经常”，则表示自我认知水平较高。
- 如果在某些问题上你选择了“有时”或“很少”的答案，则意味着在这些方面还有进一步提高的空间。

考虑他人

- 如果问题 6、7 和 8 你选择了“经常”，问题 9 和 10 你选择了“从不”或“很少”，则说明需要加强自己对他人情感的认知。
- 如果问题 6、7 和 8 你选择了“从不”或“很少”，问题 9 和 10 你选择了“经常”，则说明对他人情感的认知水平较高。
- 如果在某些问题上你选择了“有时”或“很少”的答案，则意味着在这些方面还有进一步提高的空间。

第三节　自我评估

一、评估自我的能力

(一)能力的定义

能力是个性心理特征的一个重要组成部分,是与顺利地完成某种活动有关的心理特征。它通常是指个体从事一定社会实践活动的本领。

一般人们总以某种活动的效果来考察一个人的能力(不论是思维的或具体操作的)。比如,熟练地进行操作,保质、保量、按期完成生产任务,是操作工人应具备的必要能力;内容新颖、讲解透彻、条理清楚,有效地把知识传授给学生,是教师应该具备的基本能力。

能力的差异主要表现在人们从事活动(职业)所必需的知识、技能和熟练程度的差别上,即在训练条件、所用时间长短相同的情况下,在掌握某种知识、技能过程中所表现出的明显差别——速度的"快慢"、"深浅"的程度、"难易"的程度及"巩固"的程度上。

例如,大家学习条件相同(同一时间、同一教师、同一教室),表现出的学习能力却大为不同:有的接受快些,有的接受慢些;有的理解较深,有的浅尝辄止;在"难易"的程度及知识的"巩固"程度上,也存在明显的差异,并体现在最后考试的测试结果上。

实际上,在现实生活中,一个人完成某一活动或工作,仅靠一种能力是不够的,而是需要多种能力共同发生作用才能成功。因此,心理学上把完成工作和任务所必须具备的各种能力的组合叫作才能。如果一个人在某一方面或某些方面有杰出的才能,就称为天才。

例如,一个人要想顺利完成某项领导工作,就必须具有高度的观察力、判断力,清晰的语言表达能力,丰富的想象力,以及记忆的精确性、思维的敏捷性与批判性、自制力与意志的果断性等。如果一个人具备了以上的能力,并有效地组合在一起,就可以称这个人具备了管理才能;如果显示出超过一般人的杰出才能,就可以称之为"管理天才"。

(二)能力的分类

能力的分类有许多种,下面介绍几种主要的分类。

1. 按能力倾向划分

按能力的倾向划分,有一般能力和特殊能力。

(1)一般能力

一般能力是指在许多活动中表现出来的、带有共同性的基本能力。它适合于各种活动的要求,如记忆力、观察力、逻辑思维能力、抽象概括能力、分析综合能力及语言表达能力等,还包括自学能力、抑制冲动的能力,通常被称作"智力"。

智力,泛指人们运用知识、技能的能力。抽象概括能力是智力的核心部分。

(2)特殊能力

特殊能力是指表现在某种专业活动中的能力,只适合于某种狭窄活动范围的要求,为某些特殊活动所需要,如绘画能力、音乐能力、写作能力、演讲能力、鉴赏能力、说服能力,也包括专业技术能力和具体操作能力等。

一般能力与特殊能力之间应是怎样的关系?我们说,二者的关系应是辩证统一的,即互相表里、互相依存、相互促进和相互转化。

一方面，一般能力在某一方面特殊发展以后，就可能转化为特殊能力。例如，音乐是一种特殊能力，需要曲调感、节奏感及听觉表象能力，而只有听觉和表象这种一般能力在音乐活动中得到强化和高度发展后有了特殊的表现，才能转化为音乐能力。

另一方面，在特殊能力得到发展的同时，也发展了一般能力。如数学能力，是一种特殊能力，掌握了这种能力的人，会在生活中养成严谨、周密的思维习惯，从而使分析、综合等一般能力也得到发展。

2. 按能力与活动的性质划分

按能力与活动的性质划分，有模仿能力和创造能力。

(1)模仿能力

模仿能力是指仿效他人的言行举止而引起的与之相类似的行为活动能力，如临摹、临帖及儿童模仿成人、师长的说话、表情等。

许多学者认为模仿能力是一种本能。班杜拉则认为，模仿不是先天的本能行为，而是在后天的社会化过程中，通过人与人之间相互影响而逐渐获得的。

(2)创造能力

创造能力是指萌生新思想、发现和创造新事物的能力，如科学家有科学创造能力、艺术家有艺术创造能力。

创造能力与智力相关，但二者不能完全等同。据心理学家研究，创造能力与智力并非完全相关。智商低的人很少有高的创造力；智商高的人可能有低的创造力。智商高是创造力的必要条件，对创造活动是必然的，但不是充分条件。智商高的人不一定都有创造力，特殊能力、强烈的动机和坚持性等对创造活动是必要的，但是智商低则会阻碍一个人的创造性。

心理学家研究了创造能力的个性特征。卡特尔等人的研究表明，创造性强的人具有缄默孤独、富有才识、好强固执、严肃审慎、冒险敢为、敏感、感情用事、幻想、坦白直率、自由、当机立断和自立等个性特征。

3. 按能力测验的观点划分

从能力测验的观点看，有实际能力与潜在能力之分。

(1)实际能力

实际能力是指实际作业已能熟练到某种程度而言。它可以通过成就测验来评定，看个人在知识技能方面所达到的成就，从而断定其高低。

(2)潜在能力

潜在能力即潜能，是指人将来有机会学习或接受训练时可能达到的程度。通常采用定向测验来预测或估计个人在接受训练后可能在知识或技能方面达到的程度。

大多数行为科学家都认为，人只发挥了十分之一或者较十分之一更少的潜能。因此，我们应注意发挥每一个人的潜能，这也是“自我实现”的一种管理方式。

(三)能力的形成和发展

能力的形成包括两个方面，即遗传素质和环境教育。人的能力不是凭空产生的，而是与人的先天素质有密切的关联。可以说，素质是能力发展的自然前提，离开这个物质基础就谈不上能力的发展。

素质，一般来说是人的天生禀赋，主要指人的先天解剖特点，包括人的神经系统、脑的特性及感觉器官、运动器官方面的特点(脑容量大、聪明、某种器官发达等)。但它只是能力发展的自然基础,并非能力本身。

那么,决定能力的最关键因素是环境教育,这是靠后天培养起来的。因为刚出生的婴儿,哪怕他是“天才”,充其量也只有能力发展的潜在因素,只有在后天的生活实践中很好地利用了自身的素质,才能把能力显露无遗。

能力可以归结为遗传因素和环境教育共同作用的结果。

与能力的发展联系最紧密的是知识和技能,它们之间既相互联系又相互制约。知识,指人头脑中的经验系统,是对客观事物认识与经验的总和,它以思想内容的形式为人所掌握。技能,指操作系统对具体动作的把握,它以行动的方式为人所掌握(运用知识和经验去完成某一活动的方式)。

可以说,知识是能力形成的理论基础,技能是能力形成的实践基础,二者相辅相成。

一方面,人们掌握知识和技能要以一定的能力为基础。比如,要想学好外语,就要有一定的学习能力,尤其是记忆力。另一方面,知识和技能的掌握又会促进能力的提高,促进能力的发展。比如,掌握了一两门外语,人的交际能力、语言表达能力也会相应提高。

要注意的是,我们不能把能力与知识、技能混同起来,有时知识和能力会出现不平衡的现象,如高知低能、低知高能,还有高技能低能力等。

能力形成,可以表达为

$$\text{智力}+\text{知识}\xrightarrow{\text{实践}}\text{能力}$$

即一个智力正常的人,获取一定的知识后,通过实践这个中间环节,即可转化为能力。

(四)能力的差异

人的能力是有个别差异的,即人和人的能力是不同的。其大体表现为如下三个方面:

1. 能力发展水平的差异

能力发展水平的差异属于量的差异。人们的智力水平是不相同的,一般情况下,智力特别优秀的人和特别差的人是极少数的,大多数人属于中等智力水平。

在全部人口中,智力分布基本上呈常态分布,两头小,中间大,如表1-5所示。

表1-5 智商分布表

智商	名称	占人口总数的比例(%)
130以上	智力超常	1
110~120	智力偏高	19
90~109	智力中常	60
70~89	智力偏低	19
70以下	智力低常	1

智力水平的高低与天资固然有一定联系,但更主要的是教育和社会实践的结果。从个人的角度看,智力发展与个人的兴趣爱好和勤奋努力是分不开的。

2. 能力类型的差异

能力类型的差异属于质的差异。人与人的类型差异主要表现在一般能力方面,即在知觉、记忆、言语和思维等方面表现出来的个性差异。其主要有以下三种情况:

(1)知觉方面的类型差异

①综合型。综合型的人知觉具有概括性和整体性,但分析能力较弱。

②分析型。分析型的人分析能力较强,对事物的细节能清晰地感知,但对事物的整体知觉较差。

③分析综合型。分析综合型的人兼有综合型的人和分析型的人的特点。

(2)记忆方面的类型差异

①视觉型。视觉识记的效果较好,画家多属于这种类型。

②听觉型。听觉识记的效果较好,音乐家多属于这种类型。

③运动型。在有运动觉参加时识记效果较好,运动员多属于这种类型。

④混合型。在适用多种表象时识记效果好,大部分人属于这种类型。

(3)言语和思维方面的类型差异

①生动的思维言语型。这种类型的人在思维和言语中有着丰富的形象和情绪色彩。

②逻辑联系的思维言语型。这种类型的人思维和言语是概括的,逻辑联系占优势。

③中间型。中间型的人具有生动的思维言语型和逻辑联系的思维言语型特点。

这种能力差异实际上表现为质的差别。人们在完成相同的任务时,可以通过不同能力类型的综合去实现。

3. 能力早晚的差异

人的能力成熟具有不平衡性,有些人的优异能力在儿童时期就表现出来,称为“早熟”;有些人的能力发展很慢,甚至到了晚年才能表现出来,常称作“大器晚成”。正如古人所说,“人才早成,亦有晚就”。

古今中外,人才早熟的例子比比皆是,如“初唐四杰”之一的王勃,6 岁善文辞,10 岁能作赋;莫扎特 3 岁发现三度音程,5 岁开始作曲,6 岁登台演奏;英国哲学家约翰·穆勒,3 岁开始学希腊语,8 岁学拉丁语,12 岁便编写了《罗马政治史》;德国科学家高斯,3 岁就能指出父亲计算上的错误,10 岁就能解级数求和的问题。

早熟者固然有得天独厚地展示才能的条件和机会,但也不能说小时候能力出众就一定会成功。王安石在《伤仲永》一文中所指出的“十岁神童,十五才子,二十凡人”,说明了“少时了了,大未必佳”。而爱因斯坦、爱迪生小时候都被视为呆笨或不可教的笨孩子,但他们后来成了大科学家和发明家。

一个人成才(即事业上的成就)与否受到社会环境等多种复杂因素的制约。从古至今,“江郎才尽”的例子比比皆是。而“大器晚成”者,虽然小时候智能平平,但通过发奋努力、厚积薄发,仍能获得成就,显出超人的智慧和能力。

例如,我国医学家李时珍在 61 岁时才完成巨著《本草纲目》;摩尔根发表基因遗传理论时已是 60 岁了;国画大师齐白石 40 岁才表现出绘画才能。

对于大多数人来说,关键还是要抓住成才的最佳年龄——青壮年时期显示才华,获得成功。研究表明,一般人的智力从小渐增到 26 岁左右,然后持续不变,到 35 岁左右达到高峰。创造性最活跃的时期应是 25 ~45 岁。

人才学证明,人才的使用有一个时机问题。美国巴特尔研究所认为,理工技术在 45 岁以前, 每年以 5% 的速度递增,60 岁以后急剧下降(如表 1-6 所示)。

表 1-6　不同学科最佳创造的年龄

学科	最佳创造的年龄(岁)	学科	最佳创造的年龄(岁)
化学	26 ~ 36	声乐	30 ~ 34
数学	30 ~ 34	歌剧	35 ~ 39
物理	30 ~ 34	诗歌	25 ~ 29
实用发明	30 ~ 34	小说	30 ~ 34
生理学	35 ~ 39	哲学	35 ~ 39
心理学	30 ~ 39	绘画	32 ~ 36
医学	30 ~ 39	雕刻	35 ~ 39

二、能力与管理

能力是一个综合概念。从管理的角度看待能力,主要是考虑人们在完成一项工作时,其胜任的程度、解决问题的质量、工作的绩效和负责任的态度,即工作基本能力、工作质量、工作绩效和工作态度。现代管理界常用一个名词——能力主义,即从综合一个人的工作成效来考虑。

王充说"施用累能",即能力是在使用过程中积累起来的;又说"科用累能",即从事各种不同活动、各种不同职业积累各种不同的能力。

外国学者推孟(L. M. Terman)指出,具有完成任务的坚毅精神,自信而有进取心,谨慎和好胜是能力发展的重要条件。

按照人的能力差异进行管理,实质上就是合理分配工作,做到人尽其才、各尽其能。

1. 要根据人的能力结构特点安排工作

前面讲过,每个人的能力结构是不同的,有一般能力与特殊能力之分。因此,在用人的时候,就要先了解其能力的所长之处,合理安排能发挥其专业特长的岗位,做到量才录用。

正确使用人才,不但要注意其一般能力,还要了解他的特殊能力,要用其才,用其所长。不然,一个人再有能力,如果用错了地方,就会使有用之才变成无能之辈。比如,数学家陈景润一开始在中学教书,他的气质和能力结构显然不适应这一岗位,而后调去做数学研究,终于证明了"哥德巴赫猜想"。

2. 要根据人的能力和智力发展水平安排适宜岗位

按照管理的能力原理,在人员的安置和使用上,要尽可能使职工所具有的文化水平、技术水平与实际工作要求相匹配。防止两种现象:大材小用(浪费人才)和小材大用(不能胜任工作)。

国外心理学研究认为,如果个人的能力低于工作的要求,就会产生"无法胜任"之感;而个体能力水平若高于实际工作的要求,则不但浪费人才,而且造成本人不满足现状、工作效率不佳的负面影响。

现代管理比较重视人才的"金字塔"结构:能力高者,任务重,犹如塔尖;能力中等者,分配适当的工作,犹如塔身;能力低下者,仅从事一些较为简单的工作,犹如塔座。任何一个组织,客观上都存在这样三种人。管理者只有使这三部分人紧密配合,才能达到组织目标。

3. 按照人的不同能力水平实施培训教育

管理者还应根据职工智力发展的水平,实施不同的职业教育与训练。属于天才与异常优秀者，应培养其创造能力，使其担任决策层的管理工作；属于中才者，施以职业训练课程，从事普通管理工作；属于中下者，从事一些比较简单的技术工作；属于平庸低下者，只能给其分配一些非技术性工作与生活教育。

一般来讲，属于中才、中下才者占人口的大多数，可以实施普通教育与职业教育；属于天才与低能者占少数，可以实施特殊教育。这样做，才能使社会各部类的人才的兴趣、能力得到发展，最大限度地利用人力资源。

4. 要注重人的实际能力水平

文凭只是接受教育程度的凭证，两个接受同等教育的人，能力水平却不尽相同。所以，文凭并不标志人的能力发展水平，只意味着接受了某种文化知识的训练。没有文凭的人，也有许多是才能的佼佼者，如数学家华罗庚、画家齐白石等。

但现在用人单位仍抱着学历越高、能力越强的观点，反而束缚住了手脚。因为各单位使用高级人才的岗位并不那么多，普通工作又不愿用高级人才任职，甚至出现了博士找工作比一般大学生更难的局面。

三、SWOT 分析方法（自我诊断方法）

SWOT 分析法是一种能够较客观而准确地分析和研究一个单位现实情况的方法。

1. SWOT 的含义

SWOT 四个英文字母代表 Strength，Weakness，Opportunity，Threat。意思分别为：S，强项、优势；W，弱项、劣势；O，机会、机遇；T，威胁、对手。从整体上看，SWOT 可以分为两部分：第一部分为 SW，主要用来分析内部条件；第二部分为 OT，主要用来分析外部条件。另外，每一个单项如 S 又可以分为外部因素和内部因素，这样就可以对情况有一个较完整的概念了。

在发达国家，许多公司、医院、政府机构、工厂、学校，不管是营利单位，还是非营利单位，都非常关注本单位的发展。所以，他们经常用这种方法进行分析、研究，有的一季度一次，有的一年一次，有的甚至一两个月一次。因为他们已经习惯了对目前的情况、存在的问题、条件和环境的变化经常进行了解，以期得到较清晰、连续的跟踪，并根据自己的发展目标，做出一套相适应的计划和规范来保证达到目的。他们非常希望知道本单位的市场、产品、顾客、服务等的定位情况。

比如，在英国留学，许多教师上第一堂课时都会先声明："同学们，不论你们有什么问题，都可以随时问我。这是我办公室和家里的电话。不要怕麻烦或不好意思。"当被问及为什么要这样时，老师说："因为学生就是我的顾客，是这些顾客给我发的工资。我的产品是讲课，产品的质量好坏直接影响到我的顾客。如果他们不愿意听我的课，可能我就不会有工资了。"

又如，在英国的大街上，无论你遇到什么困难，都可以去找警察。而警察也会非常热心和有耐心地问你，他能为你做些什么。这是因为警察非常清楚他们的工资来自纳税人，而大街上的行人就是纳税人，他们的服务对象就是纳税人，他们所提供的合格产品就是为纳税人服务。

从整体上看，利用 SWOT 方法可以从中找出对自己有利的、值得发扬的因素，以及对自己不利的、要避开的东西，发现存在的问题，找出解决办法，并明确以后的发展方向。根据这个分析，可以将问题按轻重缓急分类，明确哪些是目前急需解决的问题，哪些是可以稍微拖后一点的事情，哪些属于战略目标上的障碍，哪些属于战术上的问题，并将这些研究对象列举出来，依照矩阵形式排列，然后用系统分析的方法，把各种因素相互匹配起来加以分析，从中得出一系列相应的结论，而结论通常带有一定的决策性，有利于领导者和管理者做出较正确的决策和规划。

2. SWOT 分析方法运用

SWOT 分析法常常被用于制定发展战略和分析竞争对手情况，在战略分析中，它是最常用的方法之一。进行 SWOT 分析时，主要有以下几个方面的内容：

（1）分析环境因素

运用各种调查研究方法，分析出所处的各种环境因素，即外部环境因素和内部能力因素。外部环境因素包括机会因素和威胁因素，它们是外部环境对发展有直接影响的有利和不利因素，属于客观因素；内部环境因素包括优势因素和弱点因素，它们是发展中自身存在的积极和消极因素，属于主动因素。在调查分析这些因素时，不仅要考虑到历史与现状，而且更要考虑未来发展问题。

- 优势，是内部因素，具体包括有利的竞争态势、良好的形象等。
- 劣势，也是内部因素，具体包括硬件条件差、缺少关键技术、资金短缺、竞争力弱等。
- 机会，是外部因素，具体包括新产品、新市场、新需求、竞争对手失误等。
- 威胁，也是外部因素，具体包括新的竞争对手、替代产品增多、市场紧缩、政策变化、经济衰退、突发事件等。

SWOT 方法的优点在于考虑问题全面，是一种系统思维，而且可以把对问题的“诊断”和“开处方”紧密结合在一起，条理清楚，便于检验。

（2）构造 SWOT 矩阵

将调查得出的各种因素根据轻重缓急或影响程度等排序方式构造 SWOT 矩阵。在此过程中，将那些对发展有直接的、重要的、大量的、迫切的、久远的影响因素优先排列出来，而将那些间接的、次要的、少许的、不急的、短暂的影响因素排列在后面。

（3）制订行动计划

在完成环境因素分析和 SWOT 矩阵的构造后，便可以制订出相应的行动计划。制订计划的基本思路是：发挥优势因素，克服弱点因素；利用机会因素，化解威胁因素；考虑过去，立足当前，着眼未来。运用系统分析的综合分析方法，将排列与考虑的各种环境因素相互匹配起来加以组合，得出一系列未来发展的可选择对策。

案例资料

表 1-7 所示为个人 SWOT 分析案例，是由某通信公司的一位团队领导写的。

表 1-7 个人 SWOT 分析

强项	弱项
与团队保持密切联系 能够应对压力 善于承担责任 积极参与团队的发展	倾向于承担过多工作——无法说“不” 对不能迅速提出新想法的人缺乏耐心
机会	**威胁**
公司在培训上投入巨资并让我们自己决定应该学什么 公司热衷于提高内部人员的能力 我的主管经理希望把她的部分工作委派给我，并增强我的责任心	从事不稳定行业（存在许多倒闭和冗余企业） 和我同级的其他人同样是雄心勃勃，非常希望能利用机会晋级 如果我的主管经理离职，她的继任者可能对帮助我取得进步不感兴趣

训练与练习

个人 SWOT 分析

指导：

利用在本课程收集的所有信息，对自己的工作、职业、生活及大环境进行研究，制定一份个人强项、弱项、机会和威胁（SWOT）的分析报告。

请按所提供表格的恰当位置填写（见表 1-8）：

- 你的强项，能做好的事。
- 你的弱项，做不好的事。然后研究大环境并确定。
- 你的机会。在某些情况下，可以获得机会以便发展、改善绩效和在工作中取得进步。
- 你的威胁，包括公司或经济上出现的变化，这些变化会对个人造成不利影响。

表 1-8 个人 SWOT 分析

强项	弱项
机会	**威胁**

完成上面的表格后，分析并回答下面的问题：

- 你在工作中应该如何充分利用自己的强项？如何进一步发展这些强项？

- 应该做些什么来弥补自己的弱项?

- 从明天开始你怎么改善?

- 针对外部的威胁,你个人可以做些什么来降低威胁的程度?

总结:

这个练习帮助你对自己做了 SWOT 分析,现在你应该很清楚自己工作方面的优势和弱点、工作环境中的机会和威胁。你应该结合自己的情况,做出改进和提高的规划。

本章小结

本章介绍了自我认知和自我评估方面的概念和理论,这些知识是自我生涯规划过程中必须掌握的。通过前面的练习,学生能够对自己的现状和自己的能力水平有所了解,这正是自我生涯规划的起点。

思考与练习

1. 什么是自我认知? 在日常生活中你是怎样了解自己和他人的?

2. 什么是人性假设? 它对你在自我认知上有什么帮助?

3. 什么是个体知觉? 知觉的性质有哪些?

4. 什么是个人 SWOT 分析? 你的强项、弱项、机会和威胁是什么? 个人 SWOT 分析对你有什么帮助?

第二章 自我规划

未来不是不可改变,如果我们知道自己希望有什么样的未来,我们就可以影响未来。

——查尔斯·汉迪

知识目标

理解:目标、个性、气质、性格的含义。

熟知:气质的类型,性格的特征,个性的形成和环境的影响。

掌握:目标设定,SMART目标原则,性格形成的影响因素,性格的类型,个性理论,个性的基本特征。

技能目标

学生能够利用所学的气质与职业的匹配、技能人格与职业的匹配等知识,制定自己的职业生涯规划。

素质目标

通过本课程的学习,学生能够应用自我规划的方法对不同的员工进行不同的职业生涯规划设计。

学习方法建议

通过对目标的了解,学习准确设置个人的目标,并能够结合实际,全面分析影响人的各种因素,运用心理学等相关知识重点介绍个性、气质、性格等特征,并与职业相联系。每个学员结合所学内容,合理进行自己的职业生涯规划设计。

第一节　职业生涯规划

每个人都会有自己的愿望。人在有生之年也许不能使自己的全部愿望都得以实现,但肯定能够实现自己的某些愿望。认真思索与探究自己的雄心壮志与未来希望是一件非常值得做的事。在自己的头脑中形成目标是走向成功的第一步。

目标的建立可以为你提供一个从此起步的平台。同时思考目标的过程还能使人们对自己更加了解,更加确信自己的价值——而这一切都是从生活中学习的第一步,也是自己事业成功的重要一步。

尽管我们自己有时候意识不到,但我们总在被自己的雄心、梦想和期望所激励并推动着。目标决定了我们的生活,决定了我们对自己的看法,如果我们不能持续审视与调整目标,我们就可能被某些观点与假设所误导,从而偏离正确的方向。

案例资料

小王的困惑

小王大学毕业后到某单位工作。在工作中,他与同事们相处得比较和谐,大家都挺认可他。但工作了一段时间后,小王的工作热情开始一点点地下降,每天简单重复的工作使他像当初刚上大学一样变得非常迷茫。他不知道每天上班是为了什么,工作似乎没有任何的动力,不知道该朝哪个方向努力,总觉得现在的工作与自己刚毕业时想象的完全不一样。

上面的案例反映了很多大学毕业生在刚参加工作时所面临的问题。刚参加工作时的热情因为几个月的具体工作而逐渐降温,没有积极性,工作效率不高,在工作中体验不到成就感。其实这是小王在工作中缺乏目标的缘故。

一、什么是目标

有人曾说过:“伟大的目标构成伟大的心灵,伟大的心灵产生惊人的动力,而惊人的动力则可能获得不凡的成就。”不管是基于组织还是个人,目标都有着举足轻重的意义。

目标(objective)是指期望的成果,这些成果可能是个人的、团队的或者是组织努力的结果。

20 世纪,人类在生理学、心理学研究上的一个重大理论成果,就是发现和认识了人的大脑中的网状激活系统。这一重大发现为人类打开视野、提取重要信息、看到更多的可能性提供了科学的生理前提和认知机制,并对人类掌握命运、预测与把握未来具有重要的价值。

网状激活系统是人的脑干部位的一组神经细胞群。这组细胞群在人的生理上发挥着与生俱来的特有功能:它只让我们对那些重要的、有价值的、与目标有关、哪怕细小乏味的信息产生警觉和注意,使其快速、完整地进入我们的意识系统,并进行差别化、有序化的整理,以供我们随时提取使用;而对那些不强烈的、不明显的、与最终目标无关的信息则是不看不听不要。网状激活系统犹如一个高级秘书,在纷繁复杂的资讯海洋中处理着大量的信息。然而,它不会在主人茫然不知的情况下主动工作，而是在主人有明确指令的情况下工作的。这个指令就是我们长久以来谈论的话题——明确的目标和取向。

二、目标的思维模式

当你明确地知道你想要实现的目标时，就具备了成为一个选择性信息的收集者和结果定向者的前提条件，就已经在成功的道路上迈出了重要的一步。因为，网状激活系统会在清晰、明确的目标牵引下，自动处理杂乱无章的信息，以使我们从中筛选更好的条件与方法，制订优化方案，保证其在实践中能够持续地实施和改善，进而最终实现理想、达到目标。千万记住，想成就一番事业，不是先有条件，后有目标，而是先有目标，然后再发现有利于实现目标的条件。

做一件事情，如果没有人、没有钱、没有资源，能够做成吗？其实思维模式作为一种方法论并没有好与坏的区别，只有高效与低效、有效与无效的差异。我们需要一个高效率的思维模式来提高我们事业的效率，提高我们的发展效能，从而提升我们的竞争效能。现在，我们把两种模式对比一下，如图 2-1 所示。

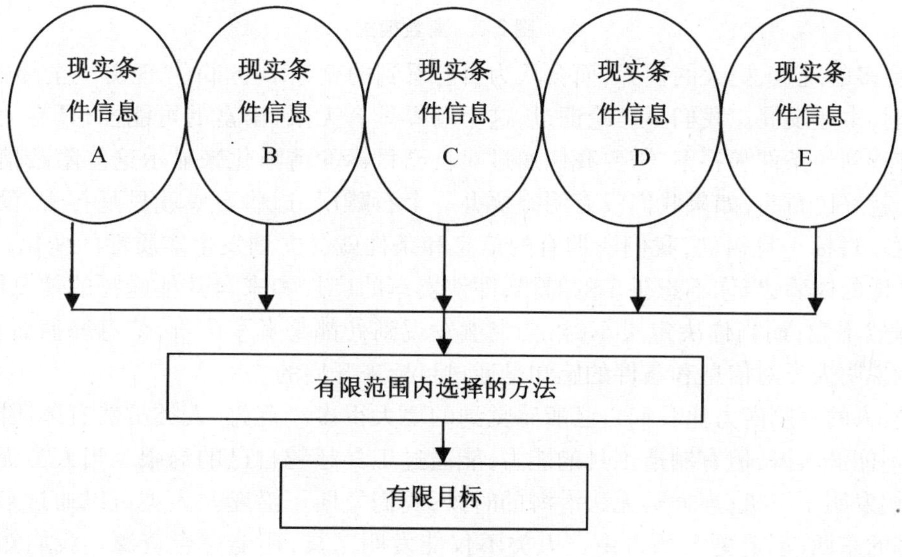

图 2-1 低效模式

1. 先有条件，后有目标

我们曾经说过，人是选择性的认知者、局限性的判断者，是按照他们所认为的“真理”去行事的，所以，人认识客观世界时，总是有限的、局部的、不完整的。因此，当我们发现了 A、B、C 等有限条件的时候，在此基础上形成的目标就成为有限条件下的有限目标了。这样，我们就无法通过更大范围的优化选择来更有效率地做更大、更好的事情。与此相反，如果我们选择先有目标、后有条件的思维方式，可能会得到另外一种意想不到的效果（如图 2-2 所示）。

2. 先有目标，后有条件

在图 2-2 中，我们可以看到，先确立一个目标，根据目标要求，打开网状激活系统，全方位整合资源，我们会发现 A、B、C、D 乃至更多的条件，这样，我们就可以在更大的范围之内进行多重、多向度的比较和筛选，从而得到更好的办法，效率当然就会提高很多。

其实，许多人看到的信息条件，往往在他们自己的局限范围内“画地为牢”，不能超越局

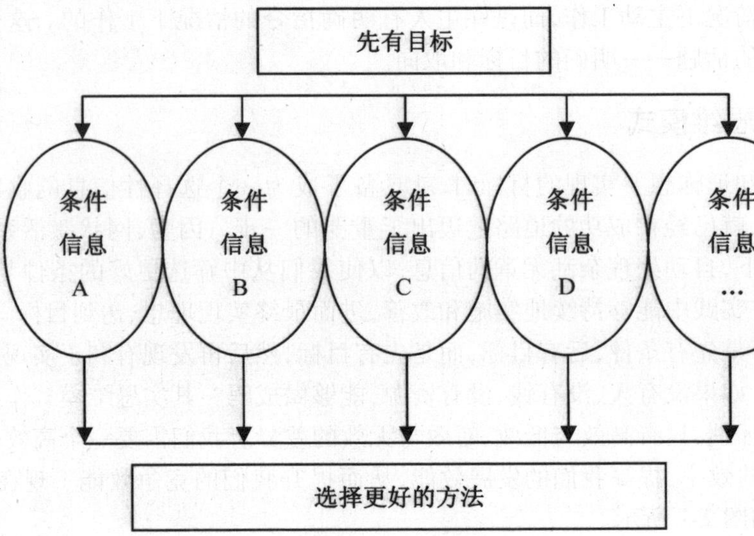

图 2-2　高效模式

限,看到更多的现实、更大的世界,而会认为自己看到的就等于全部的"现实"、全部的"真理",从而影响其事业发展。我们早已论证过,这个世界具有无限、丰富的可能性,具有大量目前我们还没有看到的条件和答案,需要我们通过对自己目标的清晰化来显示这些隐蔽信息和条件的意义。就好比石头,如果我们没有明确要办一个石雕厂,这些石头就只是石头,没有任何意义和价值。目标一旦树立,我们所拥有的信息和条件就会立刻发生实质性的变化。不知你有没有过这样的体验:当你不想买车的时候,即使卖车的广告和来自其他途径的信息铺天盖地,你也会浑然不觉;而当你决定买车时,会突然发现到处都是卖车广告,信息蜂拥而至、扑面而来。这就说明人类对信息和条件的感知是通过目标来开启的。

但是,人的大脑潜力比我们自己所感觉到的要大得多。首先,人类虽然有体质限制,不能飞上天,不能潜入海,但有制造工具的能力,能通过工具超越自己的局限。当人类无法上天的时候,我们发明了飞机;当人类无法潜海的时候,我们发明了潜艇。人类可以通过自己的智慧发明更多的东西,创造更大的自由。人类不仅能发明工具,还能整合资源。我们知道作为个体,自己有不如别人的地方,但我们能够把别人的长处借过来,形成更大、更强的综合优势。这就叫作社会力量的总动员和各种资源的重组。如果读过《三国演义》,我们就会知道,刘备在资源整合,特别是人力资源整合方面的能力是十分突出的,所以他能用诸葛亮。当我们知道人类头脑中的网状激活系统时,如何发挥它的作用,就成为一个重要的问题。这是所有个人人力资源和组织人力资源能够不断深入开发的理论前提和实践依据。

懂得利用网状激活系统,成为一个结果定向者,这是成功者重要的特质。成功的人都是目标定向者。当他们确定自己想要干什么的时候,先不把自己局限在现实已知的条件上,先不问怎么做,而是打开网状激活系统,向多重的选择性和可能性开放,然后在此基础上寻找更好的方案,以激发更大的创造力,取得更高的效率。许多人几乎很少甚至没有有效地使用过自己的网状激活系统。他们也想成功,但是,当他们看到有限的人力、物力和财力时,首先被"现实"吓住了。他们不敢为自己树立想要的未来,原因居然是没有有钱有势的好父母和赏识自己的好领导!他们认为,成功与否所依据的是眼前的条件而不是自己真正所具有的潜力,也不是无限的宇宙世界。他们从来没有真正定下明确的目标，一生被动地应付着生活和生命。其实他们真正的恐惧并非来自对未来的未知，而是自己生理与心理能量的无知，对自然界和社会的无知。这导致他们只是坐等事情发生，而不是促使事情发生。

三、目标设定

成功的人生是一个好的目标体系。成功的人不仅是目标定向者，而且会不断树立自己 人生的格式塔，定下极富挑战性的目标，并对每一个目标都怀有尚未证实的信念。他们相信自己能够学会，相信自己可以成长得比目标还要大。历史上多少成功者的经历证明，目标越大，动力越大。大的目标调动人们大的潜能，小的目标只能调动人们小的潜能。当人们拥有大的志向，正如孔子在《大学》中所说的那样，能够知止一有定一能静一能安一能虑一能得。止是止善止境，是终极目标。欲正其心者，先诚其意，意诚而后心正。人的定力和超凡脱俗状态就这样被挖掘了出来。

目标越大，人们捕捉和搜寻信息的视野就越宽，尽量把握全因素，就是整体的“知力”，它包括所有的力量、影响、利益共同作用的过程，也包括自己对重要事项和关键因素的把握等。这就像人站在地上与站在山顶上或者坐在飞机上的不同一样，因为看事物的高度不一，看的范围就不一样。目标越大，信息取样的范围就越大，关注信息的质量就越高。这样一来，解决问题的方法无疑就越多，做事情的效率就越高。

目标越大，人们内心的承诺就越强，潜能发挥就越多，成功的概率就越大。社会中存在着“责任链”，“责任链”的范围、作用、长短和轻重取决于目标价值的大小。制度和成文规定是有限的，它能确定责任行为，但不能规定责任心、事业心和使命感等内在因素。真正树立大志的优秀的人，能超越环境规则及其导向而选择自己的作用。他们不拒绝环境的激励，但不注重环境的激励。就像《论语·雍也》中孔子赞赏颜回：“子曰：贤哉回也！一箪食，一瓢饮，在陋巷，人不堪其忧，回也不改其乐。贤哉回也！”

目标越大，人们处理问题、解决问题的灵活性就越强，当人们知道他们的大目标在什么地方，就不会为眼前的“芝麻”利益而斤斤计较，也不会为没有取得一点利益而紧张发慌。或许，他们会受到一些电话、邮件、报告、会议、公共活动或娱乐消闲等琐事和忙碌工作的干扰，他们也会遭遇暂时的阻挠而拖延成功的时间，甚至需要迂回和绕道，但他们最终的目标不会迷失。

目标越大，人们对困难和挫败的承受力就越大，承受力越大，弹性就越大，人生的体验也就越丰富，智慧也就越多。人们在自然界发现一种十分有趣的现象：当猛烈的台风呼啸而过时，所有的橡树不是被折断就是被连根拔掉，而所有的竹子，尽管被吹得东倒西歪，但其独具的弹性却使它们存活下来。对苦难和挫败具有承受力和弹性的，结果都像竹子，能够走到底、笑到底。《红岩》中的华子良，为了获得与狱外党组织的联系机会，救出狱中的共产党人，情愿装疯子，忍受常人无法忍受的折磨，这是因为崇高的目标使他具有非凡的意志力。具有远大志向的人从来不把困难和挫败当成磨难和痛苦，而是当成超越和提升的挑战和机会，实现远大目标已经成为他们人生的一大乐趣。

成功的关键在于拥有正确的思维方式。目标在先，打开思路，捕捉信息，寻找方法，优化方案，这就是促使我们成功的正确的思维方式，也是目标的力量所在。因此，我们每个人都要做一个结果定向思维者，都要树立一个远大的人生目标。当目标完全融入我们的生活时，人生的成就就只是时间的问题了。让我们从现在开始，就拟定人生的目标吧！

四、SMART 目标原则

SMART 准则分别由具体化(Specific)、可测量的(Measurable)、可达到的(Attainable)、实际的(Realistic)、有时间规定的(Time-specific)五个英语单词的首字母所组成,是目标管理中一个非常重要的准则。

S(Specific):在设定绩效考核目标的时候,一定要具体,也就是说目标不可以是抽象、模糊的。

M(Measurable):就是目标要可衡量,要量化。

A(Attainable):即设定的目标要高、要有挑战性,但一定是可达成的。

R(Realistic):设定的目标要和该岗位的工作职责相关联。

T(Time-specific):对设定的目标,要规定什么时间内达成。

1. 关于"Specific"原则

有的工作岗位,其任务很好量化,典型的就是销售人员的销售指标,做到了就是做到了,没有做到就是没有做到。而有的岗位,工作任务就不太好量化,比如 R&D(研发部门),但还是要尽量量化。

很多人认为行政工作大多是很琐碎的,似乎很难量化,在实际工作中量化的方式有很多。比如对前台的要求"要接听好电话",这该怎样量化呢?做好此项工作的量化,就要对什么叫"接听好电话"进行再认识。比如对接听速度是有要求的,通常理解为"三声接起",就是一个电话打进来,响到第三声的时候,就要接起来,不可以让它再响下去,以免打电话的人等得太久。

又比如:对前台的一条考核指标是"礼貌专业地接待来访",做到怎样才算礼貌专业呢?有些员工反映,前台接待不够礼貌,有时候来访者在前台站了好几分钟也没有人招呼,但是我们的前台又觉得她已尽力了,这个怎么考核呢?

人们通常认为,前台有时候非常忙,可能正在接一个三言两语打发不了的电话,送快递的又来让她签收,这时候可能就会出现旁边站着的来访者等了几分钟还未被接待的现象。

事实上可以这样:前台应该先抽空请来访者在旁边的沙发坐下稍等,然后继续处理手中的电话,而不是做完手上的事才处理下一件。这才叫专业。

还有,什么叫礼貌?你应该按规定使用规范的接听用语,不可以在前台用"喂"来接听,早上要报"早上好,某某公司",下午要报"下午好,某某公司",说话速度要不快不慢。

所以,没有量化,很难衡量前台到底怎样算接听好电话了,到底是否礼貌接待来访。

2. 关于"Measurable"原则

我们还是通过一个例子来看。比如,电话系统维护商要求保证优质服务,什么是优质服务,很模糊。要具体点,比如保证对紧急情况,正常工作时间 4 小时内响应。那么什么算紧急情况,对此又要具体定义,比如四分之一的内线分机瘫痪等。

如果不规定清楚这些,到时候就会出现大量的棘手问题需要解决。

3. 关于"Attainable"原则

让一个没有什么英文底子的初中毕业生在一年之内达到大学英语四级水平,这不太现实,这样的目标是没有意义的;但是让他在一年内把《新概念英语》第一册学完,就有达成的可能性。他努力地跳起来后能够得到的果子,才是意义所在。

4. 关于"Realistic"原则

如果是工作目标的设定，就要和岗位职责相关联，不要脱离主题。比如一个前台，让她学习英语以便接听电话时能更好适应工作，就很好，但让她去学习六西格玛，就脱离了她的岗位职责范围。

5. 关于"Time-specific"原则

比如你和你的下属都同意，他应该让自己的英语水平达到四级。你平时问他有没有在学，他说一直在学。然而到年底，发现他还在二级、三级上徘徊，违背了"Time-specific"原则。一定要规定好，比如他必须在今年的第三季度通过四级考试。也就是说，要给目标设定一个大家都同意的、合理的完成期限。

基本上，做到这五点，就能知道怎么样是做得好，怎么样是没有做好，怎么样是超越目标，从而使考核者和被考核者能有认同的、清晰的考核标准，可以避免很多人和人之间的矛盾与争执。

依据 SMART 原则，在具体的个人目标设定中，应当从最想做的事入手，写下目标初稿。这样就可以按照 SMART 的原则进行检查和修改：

- 确保目标是明确的而不是模糊的。它精确地描述了想要达到的结果吗？
- 确保目标是可衡量的。它是否说明了自己能做的、能做得更好的和什么时候可以达到目标？（这样就可以检查是否实现了目标。）
- 确保目标是可实现的。必须有决心面对挑战：如果目标轻易就能实现，也就无须付出努力；如果目标的挑战性过高，根本无法实现，那么也就不必去努力。根据时间、工作量及其他条件，衡量这个目标是否可行。
- 确保目标是相关的。它对团队及公司目标有贡献吗？
- 确保目标有时间限制。设置了达到目标的时间吗？完整地写下你的最终目标。

这样制定的目标使你更容易确定目标是否能够达到。在设计目标的时候必须牢记：永远都不要一次设定三个以上的发展目标，一次实现的目标不可能超过三个。

五、职业生涯规划

人生在世，谁都想成就一番事业。在 21 世纪要想成为优秀人才，就必须寻找事业成功的秘密武器。职业生涯规划是事业迅速发展的有效方法。

例如：一个美国小伙子立志做一名优秀的商人。他中学毕业后考入麻省理工学院，并没有去读贸易专业，而是选择了工科中最普通、最基础的专业——机械专业。大学毕业后，这个小伙子没有马上投入商海，而是考入芝加哥大学，攻读为期三年的经济学硕士学位。更出人意料的是，获得硕士学位后，他还是没有从事商业活动，而是考了公务员。在政府部门工作了五年后，他辞职下海经商，去了通用公司。又过了两年，他开办了自己的商贸公司。20 年后，他的公司的资产从最初的 20 万美元发展到 2 亿美元。这个小伙子就是美国知名企业家比尔·拉福。

1994 年 10 月，比尔·拉福率团来中国进行商业考察。在北京长城饭店接受《中国青年报》记者采访时，他谈到他的成功应感激他的父亲的指导，他们共同制定了一个重要的生涯规划，最终这个生涯设计方案使他功成名就。我们来看一下这个成功的简图：

工科学习→工学学士→经济学学习→经济学硕士→政府部门工作→锻炼处世能力，建立广泛的人际关系→大公司工作→熟悉商务环境→开公司→事业成功

第一阶段:工科学习

选择:中学时代,比尔·拉福就立志经商。他的父亲是洛克菲勒集团的一名高级职员,他发现儿子有商业天赋,机敏果断,敢于创新,但经历的磨难太少,没有经验,更缺乏必要的知识。于是,父子俩进行了一次长谈,并描绘出职业生涯的蓝图。因此升学时他没有像其他人一样直接去读贸易专业,而是选择了工科中最基础、最普通的机械制造专业。

评析:做商贸必须具备一定的专业知识。在商品贸易中,工业品占绝对多数,不了解产品的性能、生产制造情况,就很难保证在贸易中得到收益。工科学习不仅是知识技能的培养,而且能帮助建立一套严谨求实的思维体系。清楚的推理分析能力、脚踏实地的工作态度,正是经商所需要的。

收获:比尔·拉福在麻省理工学院的四年,除了本专业,还广泛接触了其他课程,如化工、建筑、电子等,这些知识在他后来的商业活动中发挥了举足轻重的作用。

第二阶段:经济学学习

选择:大学毕业后,比尔·拉福没有立即进入商海而是考入芝加哥大学,开始了为期三年的经济学硕士课程。

评析:在市场经济下,一切经济活动都是通过商业活动来实现的,不了解经济规律,不学习经济学知识,就很难在商场立足。

收获:比尔·拉福掌握了经济学的基本知识,搞清了影响商业活动的众多因素,还认真学习了有关法律和微观经济活动的管理知识。几年下来,他对会计、财务管理也较为精通,在知识上已完全具备了经商的素质。

第三阶段:政府部门工作

选择:比尔·拉福拿到经济学硕士学位后考取了公务员,在政府部门工作了五年。

评析:经商必须有很强的人际交往能力,要想在商业上获得成功,必须深知处世规则,善于与人交往,建立诚信合作关系。这种开拓人际关系的能力只有在社会工作中才能得到提高。

收获:在环境的压迫下比尔·拉福养成了强烈的自我保护意识,由稚嫩的热血青年成长为一名老成、处变不惊的公务员,并结识了各界人士,建立起一套关系网络,为后来的发展提供了大量的信息和便利条件。

第四阶段:通用公司锻炼

选择:五年的政府工作结束之后,比尔·拉福完全具备了成功商人所需的各种素质,于是他辞职下海,去了通用公司。

评价:通过各种学习获得足够的知识,但知识要通过实践的锻炼才能转化为技能。

收获:在著名的通用公司进行锻炼,比尔·拉福不仅为实践所学的理论找到了一个强大的平台,而且学到了丰富的管理经验,完成了原始的资本积累。这也是大学生创业应该借鉴的地方,除了激情还应该考虑到更多的现实。

第五阶段:自创公司,大展拳脚

两年后,他已熟练掌握了商情与商务技巧,便婉言谢绝了通用公司的高薪挽留,开办了拉福商贸公司,开始了梦寐以求的商人生涯,实现多年前的计划。

评析:时机成熟后,应果断决策,切忌浪费时间,应抓住契机实现计划。

收获:比尔·拉福的准备工作,几乎考虑到了每个细节。拉福公司的成长速度出奇的快,20 年后,拉福公司的资产从最初的 20 万美元发展到 2 亿美元,而比尔·拉福本人也成为一个奇迹。

有目标意识的人在工作中会注意搜寻自己所需要的信息,注意发现自己所需要的条件,而没有目标的人就不会注意这些信息和条件。在人生的道路上,即使从事同样的工作,每天收获也不一样,日积月累,差距就会越来越大,两个人的发展速度也会相差甚远。有明确目标的人事业发展就快,没有明确目标的人事业发展就慢。请你想一想,是不是这个道理?

如何确立科学的职业生涯目标,是职业生涯规划的重要内容之一。有人难免会想,道理虽然如此,可是我曾多次树立目标,却没见任何效果,这又如何解释?此种现象出现的原因是虽然你树立了目标,但没重视。因为人的大脑中有一个网状激活系统,它的作用相当于一个过滤器,我们在日常生活和工作中,看到的和听到的信息太多了,如果这些信息都进入大脑,大脑就会爆炸,神经就会错乱。所以,只会有少量的信息进入大脑。

什么信息可以进入大脑,完全由网状激活系统决定。网状激活系统认为,这个信息重要,就让其通过,进入大脑。它认为这个信息不重要,就将信息拒之门外,不让其进入大脑。典型的例子是孩子与母亲,尽管孩子同母亲不在一张床上或不在一间屋子睡觉,但晚上孩子稍微一动,母亲就知道孩子醒了。可是,在同一个晚上,天上飞过飞机,楼下驶过汽车,噪声大得很,孩子的妈妈却照样打呼噜。为什么呢?因为孩子对母亲重要,孩子动,大脑中的网状激活系统马上让信息通过,通知妈妈照顾孩子。外面的噪声不重要,被网状激活系统屏蔽了,所以就听不到。网状激活系统对人生目标具有同样的作用。你只是树立目标,没有强化它,也就不会引起网状激活系统的重视。所以,有关实现目标的信息和条件,你听不到,也看不见。你自己树立的目标,既没有信息,也不具备条件,显然不符合实际,目标自然就会消失。当然,目标也就不会实现。

有人可能会问,我对自己树立的目标高度重视,念念不忘,时时牢记在心,是否就可以实现呢?答案是不一定。因为,目标的确立,不但需要重视,还要讲究科学。目标确立得不科学,再重视,再努力,也实现不了。那么,怎样才算科学呢?这个问题涉及职业生涯的基本内容。

目标的确立,有个幅度问题,幅度太宽,就难以实现。如果有人问你的目标是什么,你回答说"我的目标是成为一名人力资源开发专家"。懂得职业生涯规划技术的人一听,就知道这个目标根本实现不了。为什么呢?因为人力资源开发包括工资、福利、考核、奖惩、培训等,样样精通是根本不可能的。今年搞工资研究,明年搞考核研究,后年搞培训研究,三五年过去了,哪样也不精通,别人懂的你不懂,别人不懂的你也不懂,怎么称得上专家呢?目标太宽了,实现不了。如果将目标定得窄一些,假如你只搞企业工资研究或某一行业的工资研究,用不了几年,就能把这个行业的工资搞得一清二楚,别人说不清楚,你能说清楚,别人拿不出科学的工资改革方案,你能拿得出,你不就成为专家了吗?但说着容易,做到难呀。难就难在一个人要有所为有所不为。要将目标定得窄一些,就得放弃一些其他业务。但多数人往往舍不得,这个也要干,那个也要做。在当今时代,一个人能不能成才,并不完全取决于八小时(工作时间)之内,而是与八小时之外密切相关。在工作时间之内,你的工作职责是什么,就干什么。只要将你的业余时间利用起来,集中精力做某一方面的事情,三五年后你就会干成一件大事,成就一番事业。如果在业余时间也不能将时间集中在某一个较窄的目标上,仍然放不下其他的业务,那就不好办了。对此有个形象的比喻,"爬山何必背着船",这里所谓的"船"就是其他的业务。爬山是你的目标,爬到山顶,目标就实现了。可是你背着船爬山,怎能爬得上去呢?有些大学生毕业后就是背着船爬山,累得呼哧呼哧地一直爬到60岁,奋斗了一生,结果一事无成。正确的做法是,先将船放下,轻装上阵爬山,爬到了山顶,目标实现了,再返回来背上船过河去,你山也爬了,河也过了,两个目标实现了,你的事业就获得很大成功了。这就是科学地确定目标的作用。

职业生涯规划不仅对人生事业的成功有重要作用,而且对一个人的职业稳定性更为重要。由于市场竞争不断加剧,科学技术发展日新月异,使得产业结构在不断进行调整,具体到每一个人就是专业知识的调整、工作技能的变化。如果一个人没有根据科学技术的发展、产业结构的 调整做出相应的反应,采取必要的措施,就有可能面临失业。近 15 年来,美国产生了8000多种新职业,同时有 6000 多种职业消失了。新职业的产生多集中于高科技和信息产业。原来在 6000 多种已经消失的岗位上工作的人,如果没有学习新的工作技能,也只有失业了。

在当今时代,无论你现在做什么,无论你现在的收入高与低,无论你现在有什么学历,在你工作的同时,都必须考虑未来的变化:我现在掌握的工作技能,三五年后是否还有用?我所学的专业知识,三五年后是否还有用武之地?我现在工作的岗位,三五年后是否还存在?如果有问题,就得提前学习新的工作技能,及早采取措施。一旦旧的工作技能落伍了或原来的岗位消失了,马上就可以转入新的岗位继续工作。

训练与练习

对自己现状的评估

指导:

按照表 2-1 列举的生活和工作的有关方面,根据自己实际情况自我评估:1 = 优异;2 = 较好;3 = 较差;4 = 最差。

你还可以延长表格添加任何你认为重要的方面。

表 2-1 你对自己的工作是否满意

工作方面	你的评估
工作满意度	1 2 3 4
工作时间——工作/生活平衡	1 2 3 4
薪水	1 2 3 4
获得认可(感到有价值)	1 2 3 4
地位	1 2 3 4
挑战	1 2 3 4
稳定/安全	1 2 3 4
与他人的关系	1 2 3 4
总分	

总结:

这个练习帮助你思考自己目前的工作状况。你的评估如何?如果以上八个方面你的总分超过 24 分,那么,你确实需要好好思考一下问题出在哪里,怎样才能改善这些状况。

第二节 个性理论

一、什么是个性

1. 心理特征

心理特征即共性与个性的问题，个性是指一个人区别于其他人的独特精神面貌和心理特征。可以说个性对于一个人的活动、生活具有直接的影响，对于一个人的命运、前途起着重要的作用。“个性”一词最初来源于拉丁文，是指舞台上演员所戴的面具，后来指演员，即一个具有特殊性的人。在英文和俄文里，都译为人格或个性。因此，西方常常提到的人格，与我们所说的个性是同一词。

什么是个性呢？较权威的说法是，个性指一个人在先天素质基础上，在其生活、实践活动中经常表现出来的、比较稳定的、带有一定倾向性的个体心理特征的总和。这与个性的基本含义相符。如有的人机敏活泼，有的人含蓄深沉；有的人长于记忆，有的人理解力较强；有的人爱交际，有的人喜欢独处。这都表现出人的个性的差异。心理学与哲学上界定个性是有一定差异的。哲学主要是探讨事物的普遍性与特殊性。

美国著名个性心理学家阿尔波特认为，个性是“决定人的独特行为和思想的个人内部的身心系统的动力系统”。个性不仅指一个人的外在表现，而且指一个人的真实的自我。个性包含心理倾向和心理特征两个部分。

2. 心理倾向和心理特征

心理倾向是指人对社会环境的态度和行为的积极特征，包括需要、动机、理想、信念和世界观。

心理特征是指人的多种心理特点的一种独特结合，包括完成某种活动的潜在可能性的特征，即兴趣和能力；心理活动的动力特征，即气质；对现实环境和完成活动的态度上的特征，即性格。

总之，心理学把个体心理特征的与众不同的所有差异总和称为“个性”。

二、个性的基本特征

人的个性尽管各不相同，但却包含以下三个基本特征。

1. 独特性

独特性，即个性的独特性。有人认为个性是“个人有别于他人的行为”。正如西方一位哲人所说，一棵树上没有两片完全相同的叶子，世界上也不可能有两个完全相同的人。

人与人都存在个别的差异。与别人相比较，每个人在能力、气质上都有差异性，也有其独特的性格和爱好。如有的人对颜色辨别能力强，喜欢绘画；有的人对声音敏感，有较强的音乐感受力，自然就喜欢音乐，但有人偏重声乐，有人偏重器乐。

2. 综合性

综合性，即个性综合了一个人在能力、兴趣、气质、爱好及性格各个方面的特点。比如一位优秀的军事指挥员，在他身上就综合了一个军人所特有的个性，像优秀的指挥才能，对战斗的特殊兴趣和爱好，果断刚毅而又外露、易冲动的性格特点，组成一个军人所特有的职业性格。

3. 稳定性

稳定性，即个性在一个人身上经常表现为比较稳定的东西。如一个性格急的人，自己急，也要求别人急，快人快语，性情急躁，并有不易改变的心理特征，即“秉性难移”。因此，一个人各方面都表现出一种类似的行为，称为性格的稳定性。

个性和行为的关系密切，某种“定型性质的行为”就是一个人个性的反映，比如《三国演义》里的莽张飞、《水浒传》中的“黑旋风”李逵。所以，当我们了解一个人的个性时，不仅可以解释其现在的行为，也可以预见其未来的行为。

个性的稳定性是相对的，不是一成不变的。一个人的个性形成以后，随着社会环境变化和个人的发展以及人际关系的变化，也会发生相应的改变。年轻人的个性更易发生变动，有较大的可塑性。

管理者要善于了解和掌握人的个性特征和心理变化的规律，根据人的心理个别差异采取适当的方法，因人而异，实施管理和培养。

三、个性的形成和环境的影响

个性是怎样形成的呢？是由遗传先天决定的，还是由环境后天决定的？这在学术界一直是个存在争论的话题。其实，个性的形成既有先天的因素，也有后天的因素，它是遗传和环境共同作用的产物。

1. 先天因素

遗传只是为个性的形成和发展提供了某种可能性，但并不起决定的作用，而一个人的个性向什么方向发展、发展到什么水平，是由后天环境，特别是生活条件决定的，尤其是受社会物质生活、文化教育的环境、家庭条件等的影响。

2. 后天因素

个性的形成和发展，虽然会受到一定的先天因素的影响（如耳聋的人很难成为音乐家），但起决定作用的还是后天的因素（像“盲音乐家”）。正如巴尔扎克所言，“逆境是性格的试金石”。

环境对性格的影响是多方面的，有社会大环境的因素，也有家庭、学习、单位小环境的因素，还有个人早年的经历、所受教育的程度及周围人际关系的影响。可以说，人的个性就是在社会关系的交往中逐步磨炼而形成的。

因而我们考察一个人，不仅要发现这个人的个性特征，还要找出形成这种个性的相关因素，才能因势利导，抑制其不良的方面，诱发出个性发展的有利一面。

总之，每个人在他的生活实践中形成不同的个性特征，受环境制约，又表现出能动作用。个性心理特征，指的也是人与人之间在气质、性格、能力上的差异。

案例资料

选派谁参加培训

凯越机械制造有限公司是一家远近闻名的国有控股公司。公司主要经营的产品是电站配套设备，其经营业绩在同行业中历年排在第二位。该公司以前对管理工作比较忽视，尤其是在领导干部任免上缺乏科学的方法，因此导致这几年领导层断档。今年，该公司制订了一套干部培养方案，并在年初着手实施。培养方案实施的第一件事，就是选拔优秀干部参加省里组织的赴国外培训活动。

消息一公布，就有许多干部报名参加选拔。经过初步筛选后，选拔出4名中层干部。但是受省里名额的限制，只能在4人中选拔一名干部去参加培训。人选的最后决定权落在人力资源部王经理的手里，他感到压力很大。这些人都是公司的骨干，平时大家的关系也不错，因此弄不好就会闹出矛盾。他仔细审阅了这些人的材料，在最佳人选问题上还是举棋不定。

张经理，男，1966年出生，1986年入党，1989年参加工作，大学本科学历，参加工作后一直在公司财务部，先后担任财务部出纳、成本会计，财务部助理和财务部副经理，现在担任财务部经理。张经理在公司干得相当出色，晋升速度也很快。员工对张经理的评价是：政治素质较好，严格要求自己，自律意识较强，能够以身作则，对下属要求较严，有时批评人很凶、不讲情面。他本人工作能力较强，工作热情较高，经常加班，在公司中有较高的评价。

李经理，女，1970年出生，1995年来公司工作，本科学历。李经理现任公司人力资源部副经理，过去在一家外资企业工作。她来公司后，一直担任副职。李经理性格活泼，平易近人，能说会道，能充分调动下属的工作积极性，使下属愉快地接受任务，工作上尽职尽责，重视员工的参与管理，听得进不同的意见，在领导班子中有较强的凝聚力和号召力。从能力上看，她在公司女职员中属于女强人，典型的职业女性。

杨经理，男，1971年出生，1994年参加工作，党员，大学本科学历，现任公司营销部副经理。杨经理工作作风泼辣，敢说敢为，工作能力较强，工作思路清晰，事业心、上进心较强，工作热情高。自从在营销部工作后，他一直受到营销总监的器重，而且年轻有为，正是公司求之不得的人才。

项经理，男，1971年出生，1995年参加工作，本科学历。项经理本来是公司办公室副主任，前年才担任公司计划部经理。项经理性格内向，办事干脆，工作做得比较具体，既能把握大局又关注细节，对下属比较关心体贴，也是公司有名的能人之一。

王经理觉得这4个人都是公司的骨干，有条件的话都应该培养，但是名额只有一个，这就使他左右为难了。他想了很久，觉得还是需要跟总经理再商量一下。

（资料来源：卢盛忠. 管理心理学使用案例集萃. 杭州：浙江教育出版社，2003）

不难看出，在人员选拔、培训上了解一个人的个性是多么重要。着重政治条件、文凭、资历的同时，对一个人的个性特征也应该做全面的考察，并作为用人的重要参考依据。

四、个性理论

为了更好地理解个性的实质及其发展变化，对于人的个性的结构、功能、改变以及与外界行为的关系等各方面,还必须进行系统研究。这种系统研究的结果就形成了个性理论。但是直到现在,各心理学派对于个性理论的解释还很不一致。因此,我们只介绍其中最主要的或影响最大的几种理论。

(一)特质论或特性论

特质论就是从人的心理特性来研究人的个性。这种理论的代表人物主要有阿尔波特、艾森克和卡特尔等。

阿尔波特认为,个性必须要有能够进行测定的因素,这种因素就是特性,各种特性组合起来就构成人的个性。所谓特征,就是一种行为的倾向,如有谦虚特性的人,表现为对朋友和气、对父母尊敬、对工作认真等。这些特性是从一个人的行为中抽取出来的,就是从观察一个人的行为中看到经常表露出的特点。

艾森克认为,特性表示行为的一种组织层次,超出特性的行为反应或习惯之上。他提出个性特质可以从两个独立的角度来描述:第一,情绪稳定—神经过敏;第二,内向—外向。艾森克指出,这种向度是代表一个连续的尺度,而不是两个极端。个人可以或多或少具有此特性,而不是非情绪稳定即神经过敏,或非内向即外向。

卡特尔认为,个性基本结构的单元是特质。特质表示在不同时间和各种情况之下行为的某种类型和规律性。它表现出特征化的相当持久的行为属性,也代表行为的倾向性。卡特尔还提出,特质有表面特质和根源特质之分,比如,一个学生各门功课考试所得分数就是表面特质,而其智力的好坏才是根源特质。

(二)心理分析论或心理动力论

这种理论的主要代表人物是奥地利的精神病医学家弗洛伊德及其学生荣格和阿德勒。

弗洛伊德理论即老心理分析论。弗洛伊德认为,人的个性是一个整体,在这个整体之内包括彼此关联而相互作用的三个部分。这三个部分分别称为本我、自我和超我。由于这三部分的相互作用而产生的内在动力,支配了个人的所有行为。

1. 本我(或无意识)

弗洛伊德认为,本我是个性结构中最原始的部分,这部分是人生来就有的,包括一些生物性或本能性的冲动(最原始的动机),这种冲动也就是推动个人行为的原始动力,外在的或内在的刺激都可引起这种冲动。由本我支配的行为不受社会规范道德标准的约束。

2. 自我(或潜意识)

随着个体出生后的成长,从本我中逐渐分化出自我。在本我阶段,因为个体的原始冲动使需要得到满足,就必须与周围的现实世界接触、交往,从而形成自我适应现实环境的作用。例如,因饥饿而使本我有原始的求食动机,但何处有食物及如何取得食物等现实问题,必须靠自我与现实接触才能解决。因此,个性的自我部分受“现实原则”所支配。

3. 超我(或有意识)

超我在个性结构中居于可控制地位的最高层,是由于个人在参与社会生活的过程中,把社会规范、道德标准、价值观判断等接受后变为指导自己行动的准则而形成的。平常所说理性的文明都属于超我的范围。

弗洛伊德认为,本我寻求满足,自我考虑到现实环境的限制,超我则按社会规范来衡量是、非、善、恶,并且指出,本我、自我和超我三者不是分立的,乃是彼此相互作用而构成人的个性整体。一个正常的人,他的个性中的三部分经常是彼此平衡而和谐的。本我的冲动与欲望应该在符合现实条件下，为社会规范所允许下，得到适当的满足。

训练与练习

动机测试

动机测试，包括25道题，每道题都与行为和态度有关，仔细阅读每道题目，根据自己的实际情况做出选择：

A. 完全像我　B. 比较像我　C. 不确定　D. 比较不像我　E. 完全不像我

1. 尽可能有效地把每一分钟都用在工作上。
2. 我很少把工作带回家。
3. 每天要做的事情太多了，24小时不够用。
4. 我尽可能减少工作时间。
5. 我经常利用零碎时间工作，例如在等电影开场时记账。
6. 当我把工作交给别人时，总是担心别人是否能胜任。
7. 如果熬夜有助于准时完成工作，我可以彻夜不眠。
8. 对我而言，工作只是生活中极小的部分。
9. 我喜欢同时做很多份工作。
10. 我觉得“多做无益”，因为多做事就显得别人干得少，从而招人怨恨。
11. 我经常周末加班。
12. 如果可能，我根本不想工作。
13. 我的职位可以更上一层楼，但我不想卷入职位竞争中。
14. 我比任何同职位的人做更多的工作。
15. 朋友说我工作太拼命了。
16. 如果打打零工就可以糊口，是最好不过了。
17. 我觉得休假很轻松，我喜欢尽情享受，什么事也不做。
18. 碰到好天气，我会偶尔放下工作，到郊外去玩玩。
19. 我总是有一些杂务、合约等待处理。
20. 一刻不工作就会使我忧心如焚。
21. 我相信“爬得越高，跌得越重”。
22. 我经常设定超出能力所及的工作。
23. 我相信懂得花钱就可以不用辛苦地工作。
24. 我认真工作时，与工作无关的一切就会抛诸脑后，即使是重要的事也不例外。
25. 我认为整天工作的人令人乏味，不把工作看得太重要的人大都比较有趣。

评分标准

第2、4、8、10、12、13、16、17、18、21、23、25题是反向计分，其余为正向计分。

例：$R_1 = A + B\times2 + C\times3 + D\times4 + E\times5$

$R_2 = A\times5 + B\times4 + C\times3 + D\times2 + E$

请统计自己的得分:$R = R_1 + R_2$

25~51分:得分很低,这种人要想成功会面对一种矛盾的困境:既要成功,又不想工作。在工商界里,这些人的态度被视为不正常。如果你得分落在此组,应该确定你是否愿意做些该做的事情去实现自己的目标。害怕成功的感觉可能会使你退缩,对本行不够熟悉也可能会使你兴趣缺乏,没有安全感。除非你克服缺乏动机的缺点,否则成功的机会微乎其微。

52~77分:得分低,与得分很低者问题相近。他们追求成功的驱动力稍高,但还没达到可以为成功而打算加倍努力的程度。得分低者倾向于守株待兔,枯坐等待成功来临,而他们可能是“不识庐山真面目”。

78~96分:得分中等,这种人坚持“有多少做多少”的哲学,不会为了成功而过度努力,但他们会在容易做到的分内尽量去做。得分中等者是实用主义者,顺着情势决定动机强弱程度。如果你计分落在此组,最好想想加强追求成功驱动力的好处,把握机会的人、工作乐观的人和努力的人才是赢家。

97~107分:得分高,得分高者走在成功大道上,他们善于利用对自己有利的情势,并驱动自己去创造机会。得分高者成就心强,并且清楚自己的方向,工作态度积极认真,会做长期计划。他们的自信和经历来自于目标不变,对本行的基本知识有深入的了解。

108分以上:得分很高,得分很高的人要小心了,因为他们已沦为“工作狂”。获得成功并不是他们的问题,因为早有定论,这种人的问题是追求的东西永远不嫌多,并且成癖上瘾。他们追求更多钱、更多权、更多势。如果你得分落在此组,切记,真正的成功在于满足你自己是怎样的一个人,满足你的人际关系。

第三节　气质理论

一、什么是气质

气质是一个相当古老的概念。“气质”一词源于英语 temperament,现代心理学意义上的气质是指人心理活动发生的强度、速度和灵活性上表现出来的个性特征,类似于“脾气”“秉性”“性情”等概念。其主要包括心理过程的强度(情绪的强弱、意志努力的程度等)、速度(知觉的速度、思维的灵活性程度)、稳定性(注意力集中的时间长短等),以及心理活动的指向性(倾向于外部事物还是内部体验)等方面的特点。

案例资料

气质成就美丽

著名的时尚杂志 *EllE* 评出了历史上最美丽的女人。《罗马假日》中的公主、被影迷奉为经典的奥黛丽·赫本艳压群芳,获得76%的选票而位居第一。按照现在人的标准,赫本的身材和容貌并不一定算得上最好,但就是因为她内在的那种超出常人的气质,才让她在美女如云的娱乐界脱颖而出。1953年,一本八卦杂志曾经透露过赫本的三围,这一举动立即遭到了影迷们的耻笑。

1953 年,奥黛丽·赫本主演了《罗马假日》,她一头黑色短发,外貌优美脱俗,体态轻盈苗条,举止高贵,具有一种古典美。在金发性感女郎风行的年代,她一下子吸引了观众的目光。在人们的心目中,赫本永远都是高贵美神的化身。*EllE* 杂志称:"她是落入凡间的天使,她的身上有一种独一无二的美丽。"

(资料来源:卢盛忠.管理心理学使用案例集萃.杭州:浙江教育出版社,2003)

气质无好坏优劣之分,只有心理特征和表现方式的区别。气质不标志着一个人的智力发展水平和道德水平,不决定一个人的社会价值和成就的高低。气质可以影响人的感情和行为,进而影响人的活动效率和对环境的适应。

气质在个体刚刚出生就有所表现,有的新生儿喜吵闹、好动、不认生,有的较平稳、安静、害怕生人。这些差异受胎儿的个体生物组织制约。盖赛尔(A. L. Gesell)观察新生儿在运动中的敏捷性、反应性以及是否容易产生微笑等表现时发现,不同的儿童有个体差异。他把观察的结果分成以下三种类型:

(1)不着急,用心慎重,大体上是平静的,能认真对待生活事态。

(2)急急忙忙,不注意、冷淡、快活、伶俐、心眼快。

(3)不规则,注意不稳定,性情不平稳,才气焕发。

气质的天赋性决定了气质的稳定性的特征,但它并不是绝对不变的,环境、教育、社会、个人主观因素等对气质都有重要影响,气质是可塑的。

二、气质的类型

气质分类的标准有很多种,如根据神经类型的感受性、耐受性,反应的敏捷性、可塑性,情绪的兴奋性和心理活动的倾向性等标准来区分气质。英国心理学者艾森克主张以心理活动的倾向性和情绪的稳定性两个维度来区分气质。但无论按照哪种标准,专家们都倾向于把气质分为四个大的类别,在名称上则沿用了古希腊希波克拉底的说法,即多血质、黏液质、胆汁质和抑郁质。

1. 希波克拉底的 23 种气质说

公元前 5 世纪,古希腊医生希波克拉底(Hippocrates)认为人体内有四种体液:血液(出于心脏)、黏液(生于肝脏)、黄胆汁(生于胃部)、黑胆汁(生于脑部)。他在《论人的本性》一书中认为,这四种体液形成了人的性质,机体的状态决定于这四种体液的比例。根据它们在人体所占比例不同,可划分为四种类型:多血质、黏液质、胆汁质和抑郁质。抑郁患者有过量的黑胆汁;血液激发了乐观的弹奏者进行表演;少女气质冷漠,对情人反应迟缓;太多的黄胆汁使主人怒气冲冲。

这四种气质类型的特征及其适应的职业如表 2-2 所示。

表 2-2 气质类型的主要特征

气质类型	主要特征	适应的职业
多血质	活泼、好动、敏捷、反应迅速、善于与人交往、注意力容易转移、兴趣易于变换、外向	适于从事社交性、文艺性、多样化、要求反应快捷且均衡的工作
黏液质	安静、稳重、反应迟缓、沉默寡言、情绪不易外露、善于忍耐、内向	适于从事有条不紊、刻板平静、重复性强的工作
胆汁质	直率、热情、精力旺盛、易于冲动、刚勇、兴奋、外向	适于从事反应迅速、动作有力、应激性强、风险大、难度高而费力的工作
抑郁质	孤僻、敏感、多疑、行动迟缓、沉默寡言、情绪体验深刻而不易外露、善于体察细节变化、抑郁、内向	适于从事需要兢兢业业、持久、耐心、细致的工作

在现实生活中,具备某种典型气质类型的人只占少数,多数人往往是以某种气质类型为主,兼具其他某种气质特点。

2.《黄帝内经》的气质理论

《黄帝内经》有丰富的有关气质的论述。它认为,气质的产生有先天和后天的因素,男女性别之间存在气质差异,它把人按五行分成木、火、土、金、水五种类型。

木形之人:有才智,好用心机,体力不强,多忧劳于事。

火形之人:行走身摇步急,心性急,有气魄,轻财物;但少信用,多忧虑,判断力敏锐,性情急躁。

土形之人:行步稳重,做事取信于人,安静而不急躁,好帮助别人,不争权势,善与人相处。

金形之人:秉性廉洁,性情急躁,行动猛悍刚强,有管理才能。

水形之人:不恭敬,不畏惧,善于欺诈。

3. 气质的血型说

日本有些学者认为气质与人的血型有关,最先提出气质血型学说的是日本学者古川竹二。古川学说刚一提出就在社会上引起了极大的轰动,但在心理学界并没有引起足够的重视。他依据自己的日常观察和调查研究,于1927年提出了"人因血型不同而具有各自不同的气质;同一血型具有共同的气质"的论断。古川根据血型将人的气质划分为A型、B型、O型和AB型四种,其中:

A型的人内向保守、多疑焦虑、富感情、缺乏果断性、容易灰心丧气等。

B型的人外向积极、善交际、感觉灵敏、轻诺言、好管闲事等。

O型的人胆大、好胜、喜欢指挥别人、自信、意志坚强、积极进取等。

AB型的人兼有A型和B型的特征。

三、气质的生理基础

气质的生理基础十分复杂,苏联心理学家巴甫洛夫发现高级神经活动的基本过程即兴奋过程和抑制过程的相互关系决定了有机体的一切反射过程。兴奋过程和抑制过程有三个基本特性:神经过程的强度、平衡性和灵活性。巴甫洛夫指出,高级神经活动类型与气质类型之间具有一定的关系。依据高级神经系统活动的强度、平衡性和灵活性,可把高级神经系统划分为不可抑制型、活泼型、安静型和弱型,如表 2-3 所示。

表 2-3　高级神经活动类型与气质类型

<table>
<tr><td colspan="3">高级神经活动类型</td><td>气质类型</td></tr>
<tr><td rowspan="3">强型</td><td colspan="2">不平衡型</td><td>胆汁质(不可抑制型)</td></tr>
<tr><td rowspan="2">平衡型</td><td>灵活性高</td><td>多血质(活泼型)</td></tr>
<tr><td>灵活性低</td><td>黏液质(安静型)</td></tr>
<tr><td colspan="3">弱型(抑制型)</td><td>抑郁质(弱型)</td></tr>
</table>

气质类型是指一类人身上共有的、相似的表现为行为特征和心理特性的典型结合。根据构成气质类型的心理特性,可以分析不同气质类型的心理特性,如表 2-4 所示。

表 2-4　气质类型与心理特征

气质类型 / 心理特征	多血质	胆汁质	黏液质	抑郁质
感受性	低	低	低	高
耐受性	较高	较高	高	低
速度与灵活性	快、灵活	快、不灵活	慢、不灵活	慢、不灵活
可塑与稳定性	有可塑性	可塑性小	稳定	刻板性
不随意反应性	强	强	弱	弱
内外向性	外向	外向	内向	内向
情绪兴奋性	高	高	低	体验深
情绪和行为特征	愉快、机敏、不稳定	容易激怒	冷漠	悲观

有的人具有上表中的四种典型特征气质之一,称为“典型型”;有的人近似某一类型,称为“一般型”;有的人具有两种或两种以上类型,称为“混合型”或“中间型”。在人群中,一般型和混合型的人占多数。所以,在测定某一个人的气质时,不要硬性地划入某种典型,而应测定气质特征和神经过程的基本特性。

苏联心理学家达维多娃曾描述了四种基本类型的人在同一情境中的不同行为表现。四个不同气质的人去看戏,都迟到了,但他们有不同的行为表现:多血质的人立即明白,检票员是不会放他进剧场的,但进入楼厅容易,就跑到楼上去了;胆汁质的人和检票员争吵,企图闯入剧院,他辩解说,戏院里的钟快了,他进去看戏并不会影响他人,并且企图推开检票员进入剧院;黏液质的人看到不让他进入剧院,就自我安慰地想,“第一场戏总是不太精彩,我可以在小卖部等一会,在幕间休息时再进去”;抑郁质的人会说,“我运气不好,偶尔看一场戏,就那么倒霉”,接着就回家去了。

训练与练习

气质类型自测

根据你自己的真实情况,对以下各项陈述做出判断,如果某项陈述符合你的情况,回答

“是”，得 1 分；如果某项陈述不符合你的情况，回答“否”，得 0 分。

1. 做任何一件事时，总会把一切可能想到的想到，力求稳妥，从不做没有把握的事情。
2. 遇到可气的事不会怒火万丈，不会一求痛快，把心里的话全说出来。
3. 宁肯一个人干事，不愿很多人在一起。
4. 到一个新环境很快就能适应。
5. 厌恶那些强烈的刺激，如尖叫、噪声、危险镜头等。
6. 和人争论时，总是先发制人，喜欢挑衅。
7. 喜欢安静的环境。
8. 善于和人交往。
9. 欣赏那种可以克制自己感情的人。
10. 生活有规律，按部就班，从不违反作息制度。
11. 在多数情况下情绪是乐观的。
12. 和陌生人在一起时很拘束。
13. 遇到让自己生气的事，能很好地自我克制。
14. 做事总是精力充沛。
15. 遇到困难常常举棋不定，优柔寡断。
16. 在人群中从不觉得过分拘束。
17. 心情好时觉得什么都有趣，心情郁闷时又觉得什么都没意思。
18. 当集中注意力做某事时，别的事物很难使你分心。
19. 理解问题总比别人快。
20. 碰到危险情境就会心惊胆战。
21. 对学习、工作、事业怀有很高的热情。
22. 能够长时间做枯燥、单调的工作。
23. 只喜欢做自己感兴趣的事情。
24. 一件微不足道的事情也能引起情绪波动。
25. 讨厌做那种需要耐心、细致的工作。
26. 与人交往不卑不亢。
27. 喜欢参加热烈的活动。
28. 爱看感情细腻、描写人物内心活动的文学作品。
29. 工作、学习时间长了，常感到厌倦。
30. 讨厌高谈阔论，愿意实际动手干。
31. 喜欢侃侃而谈，讨厌窃窃私语。
32. 别人说我总是闷闷不乐。
33. 遇到问题总是想半天才明白，总是比别人慢半拍。
34. 疲倦时只要短暂的休息就能精神抖擞，重新投入工作。
35. 心中有事从不愿说出来。
36. 认准一个目标就希望尽快实现，不达目的誓不罢休。
37. 学习、工作时间相同，却比别人更疲惫。
38. 做事只逞一时之快，不考虑后果。

39. 老师讲授新知识时,总希望他讲慢些,多重复几遍。
40. 能够很快地忘记那些不愉快的事情。
41. 做作业或完成一种工作总比别人花的时间多。
42. 喜欢运动量大的剧烈体育活动,或参加各种文娱活动。
43. 不能很快地把注意力从一件事转移到另一件事去。
44. 接受一个任务后,希望把它迅速完成。
45. 认为墨守成规比冒风险强些。
46. 能够同时注意数件不同的事情。
47. 当我烦恼的时候,别人很难使我高兴起来。
48. 爱看情节起伏跌宕、激动人心的小说。
49. 对工作抱认真严谨、始终一贯的态度。
50. 和周围的人总是闹别扭。
51. 喜欢复习学过的知识,重复做已经掌握的工作。
52. 希望做变化大、花样多的工作。
53. 小时候会背的诗歌,我似乎比别人记得清楚。
54. 别人说我“出语伤人”,可我并不觉得这样。
55. 在体育活动中,常因反应慢而落后。
56. 头脑机智,反应敏捷。
57. 喜欢有条理而不麻烦的工作。
58. 兴奋的事常使我失眠。
59. 老师讲新概念,常常听不懂,但弄懂后就很难忘记。
60. 假如工作枯燥无味,心情就会觉得十分郁闷。

要求:

1. 将每小题的得分填入表 2-5 相应的栏内。

表 2-5　气质类型自测

胆汁质	题号	2, 6, 9, 14, 17, 21, 27, 31, 36, 38, 42, 48, 50, 54, 58
	得分	
多血质	题号	4, 8, 11, 16, 19, 23, 25, 29, 34, 40, 44, 46, 52, 56, 60
	得分	
黏液质	题号	1, 7, 10, 13, 18, 22, 26, 30, 33, 39, 43, 45, 49, 55, 57
	得分	
抑郁质	题号	3, 5, 12, 15, 20, 24, 28, 32, 35, 37, 41, 47, 51, 53, 59
	得分	

2. 计算每种气质类型的总得分数。

3. 气质的确定标准。

(1)如果某一种气质明显高于其他三种(均高出 4 分以上),则可定为该种气质。如果该种气质得分超过 20 分,则为“典型型”;如果该种得分在 10～20 分,则为“一般型”。

(2)如果两种气质类型得分接近,其差异低于3分,而且又明显高于其他两种,高出4分以上,则为这两种气质的混合型。

(3)如果三种气质得分均高于第四种,或者接近,则为三种气质的混合型。可能有13种气质类型:①胆汁;②多血;③黏液;④抑郁;⑤胆汁—多血;⑥多血—黏液;⑦黏液—抑郁;⑧胆汁—抑郁;⑨胆汁—多血—黏液;⑩多血—黏液—抑郁;⑪胆汁—多血—抑郁;⑫胆汁—黏液—抑郁;⑬胆汁—多血—黏液—抑郁。

第四节 性格理论

一、什么是性格

“性格”一词源于英语 character,指一个人在生活过程中形成的对现实稳定的态度以及习惯行为方式。性格是具有核心意义的个性心理特征,最能表征一个人的个性差异,我们平时所说的个性主要是指人的性格。

性格是人对现实的态度和行为方式中稳定的心理特征,与一个人的理想、信念、人生观和世界观等高层次的心理成分相联系,所以它在个性发展中发挥核心作用。性格是个体的本质属性,有好坏之分,始终有道德评价的意义。我国古代春秋战国时期就有关于性善恶之争,孟子的性善论、荀子的性恶论、庄子的性无善恶论至今对后人仍有启示作用。

二、性格的特征

人的性格很复杂,包含着许多方面。性格特征就是性格的各个不同方面的特征,它主要由四个部分组成。

1. 性格的态度特征

性格的态度特征指一个人在处理各种社会关系方面所表现出来的性格特征。如对社会、集体和他人的态度有忠心或背叛、自私或利他、正直或虚伪等;对工作和学习的态度有勤劳、懒惰、认真或粗心等;对自己的态度有自尊或自卑、谦虚或骄傲等。

2. 性格的意志特征

性格的意志特征指自觉地调节自己的行为克服前进困难时所表现出来的性格特征。具体表现为意志的自觉性(目的性或盲目性)、自制力(自制力或冲动性)、坚定性(有恒心或虎头蛇尾)、果断性(勇敢或胆小)等方面。

3. 性格的情绪特征

性格的情绪特征指人们在情绪的强度(热情奔放)、持续性(乐观开朗)、稳定性(情绪波动)及主导心境 (多愁善感)等方面所表现出来的性格特征。

4. 性格的理智特征

性格的理智特征指人在感觉和知觉(如主动感知与被动感知)、记忆(如直观记忆型和逻辑记忆型)、想象(如幻想家与现实主义者)、抽象思维(如肤浅型与深刻型)等认知过程中所表现出来的性格特征。

三、性格形成的影响因素

在性格的形成和发展的问题上,历史上曾出现过两种对立的观点——遗传决定论和环境决定论。现在一般认为性格是遗传因素和环境因素相互作用的结果。遗传是性格形成的自然基础和发展的潜在因素,而环境因素特别是教育在性格的形成和发展中起决定作用。

关于后天环境对性格的影响,有“江山易改,秉性难移”的不变观点,以及“近朱者赤,近墨者黑”的可塑观点。性格不是与生俱来的,也不是一朝一夕形成的,是在主客体的相互作用过程中伴随着世界观的确立形成的。

研究表明,人的早期经历对性格的形成十分重要,弗洛伊德特别重视童年经历对性格形成的意义。但是,性格的最终形成要到青年期乃至成年期,而且虽然性格会保持相当稳定,但还是会随着今后的个人经历而发生变化。

1. 生理性因素

生理性因素包括遗传、体格、体形、性别以及肌肉与神经系统、体内各腺体的发育水平等。例如:体格健壮者性格外向、较活跃、有进取心;体格弱小者性格内向、沉静、胆小。男性好强、争胜、有表现欲;女性温柔、体贴、心思缜密。

案例资料

性格与星座有关吗?

星座真能划定人的性格、预测人生祸福吗?要搞清这个问题,先要了解星座是怎么来的。远古时期,先民们早已把目光投向浩渺无际的茫茫宇宙,探索自然奥秘。古人发现,太阳在星空中移动,并在一年中走过的路线竟有4个与人类生活息息相关的特征点,这就是后来定名的春分、夏至、秋分和冬至。

春分和秋分时,白天和黑夜等长;夏至和冬至时,北半球白天和黑夜最短。怎样才能让人们永远记住这些特征点(日点)的位置呢?古人便用星座作为太阳运动的空中路标,同时取个象征性的名字。据考证,公元前5500年,人类首次命名了双子、处女、人马和双鱼4个星座,分别表述上述4个日点。双子指一个男孩和一个女孩,被视为太阳的子女、人类的祖先、延续生命的源泉,用双子星座象征春天。女人是生命的象征,以女人命名的处女座代表夏天的到来。秋天星座是人马座,射日的猎手象征滋生万物的太阳将消退。当太阳西落、走向黑暗时,阴间水患的化身——双鱼便成了冬天的星座名。

3000年后,古天文学家发现,春夏秋冬各日点已与原来确定的星座位置偏差很大。这是近代天文学家所熟知的“岁差”现象造成的。于是,古人又引入了4个星座,分别取名为金牛、狮子、天蝎、宝瓶。金牛是古代东方庙宇的饰物,是男性能力的象征,代表春天。狮子象征威严,表示夏天太阳最高。天蝎完成传宗接代后便自杀身亡,表示秋天太阳消退。宝瓶和双鱼一样同水灾有关系,表示冬天走向阴界。

在创立上述8个星座后,公元前1000多年,天文学家又提出新创意,干脆让太阳路线上星座与同一年的月份相等,使每个月都有一个星座对应。于是,又增补了最后4个星座。白羊座表示春天,巨蟹座表示夏天,天秤座表示秋天,摩羯(一种鱼尾山羊)座表示冬天。至此,持续4500年形成的12星座便充满太阳路线上的圆形天空。1928年,国际天文联合会公布了星座的方案,也就是说全世界已经根据星座图统一将天空划分为88个区域。

同样的星空,不同的民族有不同的划分星座的方法,西方人划分了几十个星座,而中国人划分了306个星座。古人把星座与神话故事结合起来,就使天文学变得饶有兴趣,并且普及民间。古巴比伦人规定,人出生的那天,太阳在哪个星座里运行,他的命运就属于哪个星座,人就有了星座的"标签"。用12星座划定人的性格、预测人生祸福,当然是无稽之谈。

[资料来源:阎星,之珩,泉水.星座,真的能划定命运吗?青少年科技博览(中学版),2006]

2. 环境因素

环境因素包括自然环境、社会文化、经济因素、政治因素、社会生活条件以及教育等,它们是个性发展的重要条件。

(1)家庭。家庭被称为"制造人类性格的工厂",是培育个体性格的摇篮。研究表明,小学生的自尊心与家庭的贫富和社会地位无关,而与父母的教养态度和方法有关,自尊心强的男孩,其家庭气氛是民主的。而母亲对孩子的影响作用更大,母爱是儿童性格健康发展的必要条件,缺乏母爱的儿童会形成不合群、孤僻、任性和冷漠的不良性格。母亲的态度与孩子性格的关系如表2-6所示。

表2-6 母亲的态度与孩子性格的关系

母亲的态度	孩子的性格
支配	服从、无主动性、消极、依赖、温和
照管过度	幼稚、依赖、神经质、被动、胆怯
保护	缺乏社会性、深思、亲切、非神经质、情绪稳定
溺爱	任性、反抗、幼稚、神经质
顺应	无责任心、不服从、攻击性、粗暴
忽视	冷酷、攻击、情绪不稳定、创造性强、社会性
拒绝	神经质、反社会、粗暴、企图引人注意、冷淡
残酷	执拗、冷酷、神经质、逃避、独立
民主	独立、爽直、协作、亲切、社交
专制	依赖、反抗、情绪不稳定、自我中心、大胆

(2)学校教育。学校教育如课堂教学、班级集体、同学交往、教师等对人的性格形成和发展有重要意义。每个学生在班级中都会处于一定的地位,扮演某种角色,担任班干部和受到老师重视的学生会更倾向于形成积极的性格。班风、校风、教师的管教方式也会对学生的性格造成影响,如表2-7所示。

表2-7 教师的管教方式与学生的性格特征

教师的管教方式	学生的性格特征
民主的	情绪稳定、积极、友好、有领导能力
专制的	情绪紧张、冷漠或带有攻击性
放任的	无组织、无纪律

(3)社会文化。社会文化决定性格发展的大方向。如传统的中国文化讲究要面子,北方

人直率，南方人热情。职业也会对人的性格发展产生影响，如警察的性格特征是严肃沉稳，医生的性格特征是镇静和不动声色，政治家不怕挫折，科学家好奇钻研，律师重视公平，会计谨慎、严谨、刻板，等等。

案例资料

“孟母三迁”的启示

孟子小的时候，他的母亲非常注意他的教育问题，曾经为了选择居住的人际环境，连续搬家三次。

汉朝刘向的《烈女传》中有这段记载：孟母带着幼年的孟子，起初住在一个墓地附近。孟子看见人家哭哭啼啼地埋葬死人，他也学着玩。

孟母说：“我的孩子住在这里不合适。”于是，就立刻搬家，搬到了集市附近。孟子看见商人自吹自夸地卖东西赚钱，孟子又学着玩。

孟母说：“我的孩子住在这里也不合适。”于是，就又立刻搬家，搬到了学堂附近。这时，孟子喜欢上了学习并且要求上学。孟母说：“这里才是适宜我的孩子居住的地方！”于是就在那里居住下来。

四、性格的类型

性格的类型是指一类人身上共有的性格特征的独特结合，主要的类型划分为以下几种。

1. 内向型与外向型

瑞士心理学家荣格(C. G. Jung)根据心理能量活动的方向是倾向于外部还是内部世界，把人的性格分为内向型和外向型。外向型的心理能量流向客观外部世界的表象中，表现为感情外露，活泼开朗，对周围一切事物都很感兴趣，喜欢与他人交往。内向型的心理能量流向主体的心理过程，表现为冷漠、少言，全神贯注于自己的内心体验，不喜欢与社会交往。所以，内向型适合稳定的、少变化的、重复性的工作，外向型适合变化大、活动性和社交性的工作，如表2-8所示。

表 2-8 内向型与外向型的特点

孤独型	沉默、寡言、谨慎、消极、孤独	社交型	善于沟通、热情、对周围一切感兴趣
思考型	善于思考、深入钻研、提纲挈领	运动型	好运动、动手能力强、肢体协调能力强
丧失自信型	自卑感、自责、自罪感	过于自信型	自信、不善于听取他人意见或言论，做事武断
不安型	规矩、清高、小心	乐天型	活泼、开朗
冷静型	小心谨慎、沉着稳重	感情型	感情外露、做事冲动

荣格还认为，人的心理机能分为感觉、思维、情感和直觉四种基本机能，感觉告诉我们存在某种东西，思维告诉我们它是什么，情感告诉我们它是否令人满意，直觉让我们在缺乏事实信息的情况下判断它来去的方向。按照两种性格类型与四种机能的组合，荣格划分的性格的八

种机能类型是外倾思维型、内倾思维型、外倾情感型、内倾情感型、外倾感觉型、内倾感觉型、外倾直觉型和内倾直觉型。这一理论忽略了人的社会性。

2. 独立依存类型

美国心理学家威特金(H. A. Witkin)认为,存在两种信息加工方式的人,依存型的人以外在参照(客观事物)作为信息加工的依据,比较容易受当时环境中的其他事物的影响,很难从视野中离析出知觉单元;独立型的人则相反,倾向于更多地利用内在参照(主体感觉),如表2-9所示。

表 2-9　依存型与独立型的表现

依存型的人	独立型的人
容易受当时环境中的其他事物(包括知觉者本身的状况)的影响,很难离析出知觉单元	很少受当时的情绪影响,易于离析出直觉单元
倾向于以外在参照(客观事物)作为信息加工的依据	倾向于更多地利用内在参照(主体感觉)
独立性差,容易受暗示	有较大的独立性,不易受暗示
很难找出问题的关键和重新组织材料	容易找出问题的关键和重新组织材料
更多地利用外在参照(如社会参照)来确定自己的态度和行为,其行为是社会定向的	更多地利用内在参照,其行为是非社会定向的,比较独立、自信、自尊心强
社会敏感性强,容易注意他人提供的社会线索,容易受他人的影响	社会敏感性差,不大注意他人提供的社会线索,比较独立、自信、自尊心强
注意他人参与的人际关系	喜欢孤独的非人际情境
对他人有兴趣	关心抽象的概念和理论
善于并爱好社交,社会工作能力较强	不大善于社交
对认知改组不感兴趣,偏爱人际关系的科学	偏爱需要认知改组技能的、与人联系较少的学科(如自然科学)

3. 文化—社会类型

美国心理学家奥尔波特(G. W. Allport)根据人的社会意识倾向,把人的性格分为理论型、经济型、审美型、社会型、权力型(政治型)和宗教型。

理论型:以追求真理为生活目的,对实用和功利缺乏兴趣。其精神生活的主要活动是认识而非情感。

经济型:以获取利益为生活目的,以经济的观点看待一切事物,强调有效和实用,而非理论和道义。

审美型:以追求美为生活目的,重视外形与和谐匀称的价值,不关心实际生活。

社会型:以关爱他人为生活目的,强调对人的热爱,有献身精神。

权力型(政治型):以追求权力为生活目的,重视拥有权力和影响力,喜欢自己做主,并支配别人。

宗教型:以爱人爱物为生活目的,富于同情心,关心对宇宙整体的理解和体验。

4. A 型人格与 B 型人格

有些人喜欢从事高强度的竞争活动,长期有时间上的紧迫感,总是不断驱动自己在最短的时间内干最多的事情,并对妨碍自己努力的其他人或事进行攻击。这种人格特点是 A 型人格

(Type A Personality)。在今天竞争激烈的工作学习环境中,这种特点受到高度推崇。与A型人格相反的是B型人格,两者的主要表现如表2-10所示。

表2-10 A型人格与B型人格的表现

A型人格	B型人格
运动、走路、吃饭的节奏很快	从来不曾有时间上的紧迫感以及其他类似的不适感
对很多事情的进展速度不耐烦	认为没有必要讨论自己的成就和业绩,除非环境要求如此
总是试图做两件以上的事,无法处理休闲时光	充分享受娱乐和休闲,而不是不惜一切代价实现自己的最佳水平
着迷于数字,其成功是以每件事情中自己获益多少来衡量的	充分放松而不感到内疚

在组织中,具有A型性格和B型性格的人谁最容易成功?A型人长期处于焦虑之中,对数量的追求高于对质量的追求,他们常常是速度很快、效率很高的工人和最优秀的销售员,也适合自己创业当经理。而B型人常常在大公司中占据高层职位,因为领导的职位常常轮到那些睿智而非匆忙、机敏而非敌意、有创造性而非仅有好胜心的人。所以B型人常负责制定战略,A型人常负责具体实施。

训练与练习

你是A型人格吗?

在下面各种特质中,你认为哪个数字最符合你的行为特点的程度?

1. 不在意约会时间	1 2 3 4 5 6 7 8	从不迟到
2. 无争强好胜心	1 2 3 4 5 6 7 8	争强好胜
3. 从不感觉仓促	1 2 3 4 5 6 7 8	总是匆匆忙忙
4. 一时只做一事	1 2 3 4 5 6 7 8	同时要做好多事
5. 做事节奏缓慢	1 2 3 4 5 6 7 8	节奏极快(吃饭走路等)
6. 表达情感	1 2 3 4 5 6 7 8	抑制情感
7. 有许多爱好	1 2 3 4 5 6 7 8	除工作之外没有其他爱好

评分标准:

累加7个问题的总分,然后乘以3。分数高于120分,表明你是极端的A型人格。分数低于90分,表明你是极端的B型人格。

分数	人格类型
120以上	A^+
106~119	A
100~105	A^-
90~99	B
90以下	B^+

第五节 职业的匹配

一、气质与职业的匹配

某种气质特征为一个人从事某种职业提供了有利条件,可以根据人的气质特征来调动人的积极性,合理用人。一般来说,持久细致的工作适合于黏液质和抑郁质,而要求迅速而灵活反应的工作适于多血质和胆汁质。具体来说,胆汁质的人适于应急性强、冒险性较大的工作,如抢险、救护等;多血质的人适于社交性、多变性的工作,如销售、采购、后勤、公关、谈判等;黏液质的人适于原则性强的工作,如人事、调查、保管等;抑郁质的人适于平静、刻板、需要按部就班的工作,如会计、统计等。

但由于气质的各种特征之间可以相互补偿,所以某种气质类型对工作效率的影响并不显著。中国科学院对优秀纺织女工的研究表明,在看管多台机床的女工中,黏液质女工注意的稳定性弥补了从机床之间转移的灵活性不足造成的困难;活泼型女工注意力容易转移弥补了注意力容易分散的缺陷。

一些特殊的职业,如运动员、飞行员、观测员等,对人的气质特征提出了特定的要求,如飞行员的情绪稳定性很重要,外向的人不适于担任观测工作。所以,从事这些工作的人员必须经严格的气质特征的选择和培训。气质和工作性质相匹配可以提高工作效率。

二、人格与职业的匹配

美国学者约翰·霍兰德(John. L. Holland)是著名的职业指导专家,他提出人格—职业匹配理论(Personality-job Fit Theory)。他认为员工对工作的满意度和流动的倾向性,取决于个体的人格特点与职业环境的匹配程度。他划分了以下六种人格类型,如表 2-11 所示。

表 2-11 人格类型与其特点

类型	人格特点	偏好	职业
现实型	害羞、真诚、持久、稳定、顺从、实际	需要技能、力量、协调性的体力活动	机械师、工人
研究型	分析、创造、好奇、独立	需要思考、组织和理论的活动	数学家、生物家
社会型	社会、友好、合作、理解	能帮助和提高别人的活动	记者、老师
传统型	顺从、高效、实际、缺乏想象力、缺乏灵活性	规范、有序、清楚明确的活动	会计、出纳
企业型	自信、进取、精力充沛、盛气凌人	能够影响他人和获得权利的语言活动	法官、企业主
艺术型	富于想象力、无序、杂乱、理想、情绪化、不实际	需创造性表达的模糊且无规则可循的活动	作家、音乐家

六种人格类型可以用一个六角图表示(如图 2-3 所示)。

在性格类型与职业类型的匹配上,有以下三种情况:

1. 协调

大多数的人可以划为某一种性格类型,如果某人性格类型与职业类型一致,则协调。

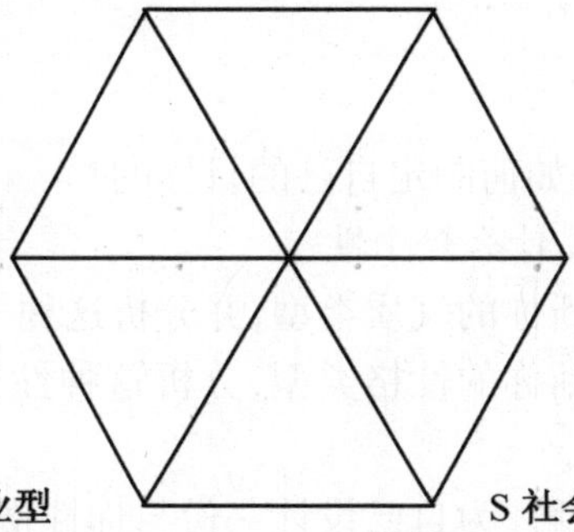

图 2-3　六种人格的关系

2. 亚协调

每一种性格类型又有两种相近的性格类型，如果某人性格类型与职业类型相近，则为亚协调。图 2-3 中邻近角表示的是相近的性格类型。

3. 不协调

如果某人性格类型与职业类型相排斥，则不协调。图 2-3 中对角线上表示的是相反的性格类型。

训练与练习

管理技能训练

指导：

分析自己的个性，并通过霍兰德职业偏爱测验法测试自己适合从事哪类职业，为自己的职业生涯做个规划。

总结：

通过霍兰德职业偏爱测验法，可以帮助你发现和确定自己的职业兴趣和能力特长，从而更好地做出求职择业的决策。如果你已经考虑好或选择好了自己的职业，霍兰德职业偏爱测验法可向你展示其他合适的职业。

本章小结

先讲述了个人的目标，继而进一步介绍了如何利用 SMART 目标原则设置个人的精确目标。讲述了与个人职业生涯规划有关的个性、气质、性格与职业规划的关系，这些是职业生涯规划中的基本内容。

思考与练习

1. 目标的含义是什么？你是如何制定自己的目标的?

2. SMART 目标原则是什么？什么是个性?

3. 根据所学的气质理论,判断你的气质类型,并分析这种气质类型的特点。

4. 根据所学的性格理论,判断你的性格类型,分析这种性格类型的特点,并思考为什么会形成这种性格。

5. 请根据你对自己个性的了解,为自己设计一份与你性格相匹配的职业生涯规划。

第三章　自我发展

> 播种一种思想，收获一种行动；
> 播种一种行动，收获一种习惯；
> 播种一种习惯，收获一种品质；
> 播种一种品质，收获一种命运。
>
> ——西方格言

知识目标

理解：持续上升的学习周期及人际关系概述。
熟知：在工作中寻求学习机会及人际吸引的表现。
掌握：学习和发展的障碍与人际关系的作用。

技能目标

学生能够运用所学的基本知识及影响人际关系的不良心理，去建立良好的人际关系。

素质目标

通过本课程的学习，帮助学生提高自己的学习能力，开阔自己的心胸，克服自私的心理，以乐观的态度妥善处理好人际交往，更好地提升自我。

学习方法建议

通过个人的学习，提高自身发展前景，进而尝试运用所学的知识来改善自己的人际关系。

第一节　学习中进步

一、持续上升的学习周期

一般情况下，人们都是从实践和经验中学习。人类就是在不断的学习中发展进化、繁衍生息的。当然，实践并不是学习的全部，伴随实践的智力活动也是同等重要的。下面给出的学习周期示意图，说明了人们从经验中学习所要经过的阶段（如图 3-1 所示）。

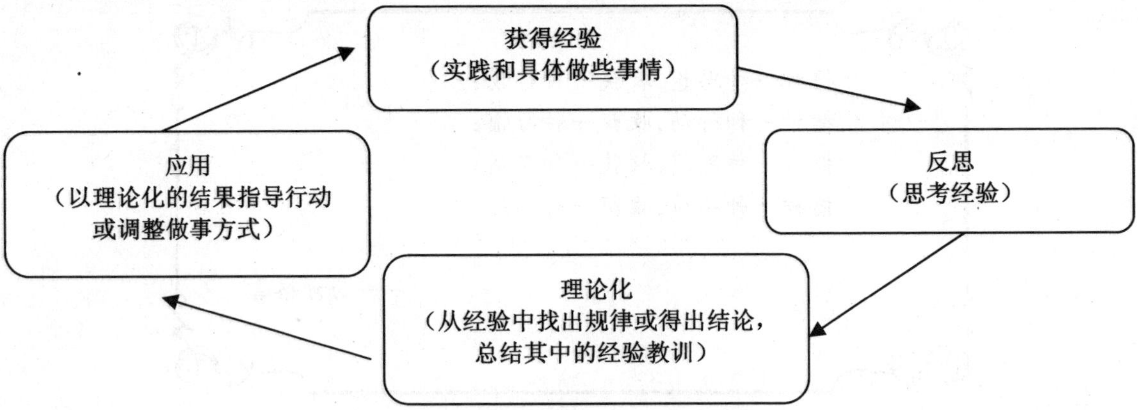

图 3-1　学习周期示意图

学习周期中，每个单独的阶段都不能称为完整的学习过程，每个阶段都需要自然而然地过渡到下一个阶段，所有阶段都同等重要，一起构成完整的学习过程。不过，人们可以根据自身的环境、习惯和喜好从周期的任意一个阶段开始学习。

例如：

①从获得经验开始学习

首先，可能会发现自己正在实践一些从未做过的事情（如写报告），然后根据刚做过的（或者正在做的）事情进行反思。接下来，分析对这件事情的看法、它的难易程度、它是否能利用以前的经验等，随后，将经验应用于相同或类似的情况中。

②从反思阶段开始学习

首先，要总结从经验中获得的知识，并对这些经验进行研究；然后，将所有信息汇总，从中得出结论，接下来决定应该怎样应用自己的知识进行实践。

③从理论化阶段开始

首先，从书本或课程中得到相关知识；然后，决定怎样应用理论进行实践，并对实践过程做出反思。

④从应用阶段开始

首先，从实际出发考虑应该怎样做；然后，对实践进行总结和反思；最后，进行理论化思考并得出结论。

不同的人可能选择不同的阶段开始学习，实际上从哪个阶段开始都可以，只要对学习周期的所有阶段同样重视，都可以获得好的学习效果。下面的练习要求你思考自己的学习习惯，分析自己的学习特点。

1. 获得经验的学习

拥有很多经验,个人的学习才更加有效,因此第一步是经验的积累(也叫获取)。其实在日常生活工作中大家都有自己的学习方法和系统。例如每个人都有一个人际圈子,通过这个圈子可以获得在书本上和其他渠道获得不到的知识。而个人经验积累的方法可以粗略地分为以下几个途径:

(1)学习与培训:没有参加工作的学生其主要任务是学习,公司组织的企业内部培训也是一种学习,这种学习对一个人的发展与未来很有价值,因此大家应该珍惜这种机会。除了这种正规的学习机会外,在这个知识经济时代,每个人都应该通过不断的学习来充实和提高自己,从而增强自己的竞争力。在这种学习中,个人主要学到的是各种显性的经验(理论)。

(2)人际网络:每个人的人际网络都是个人积累经验的一个重要途径。不论现在的媒体如何发达,这一切都无法替代你在人际交往中的经验积累,而且人际交往中可以学到很多书本上、学习软件中学不到的经验知识——隐性知识。你的人际圈子越广,交往的人员的素质越高,你学到的经验可能就越多。人际网络的获得和维持都不容易,但建立后,往往是你可以获得最直接、最深入学习的重要源泉。因此我们的建议是:扩大你的交往圈子,以"柏拉图"为友,多与朋友交往,多沟通、讨论,提高自己。

(3)我的媒体:无论你干哪一行,都会有相关的媒体,你应该注重从这些媒体中学习。例如你做销售,那么你应该关注销售方面的媒体,而你做的是快速消费品的销售,你同时就应该关注快速消费品领域和销售方面的媒体有什么新的动向、新的方法,并通过媒体学习这些东西。你应该结合自己的工作建立自己的"我的媒体",长期关注,从而可以用从媒体得来的信息分析你的工作,必将会对自己的知识结构和进步起到作用。当然目前的媒体良莠不齐,你必须拥有自己的判断力去鉴别。

(4)互联网:互联网是人类最伟大的发明之一,同时也是人们进行学习的一个重要工具,能充分利用互联网的强大功能进行学习是现代人的一个重要标志。互联网上的知识多如牛毛,如果想利用互联网进行学习,你必须善用搜索引擎工具。你大概会说:搜索引擎我还不会用吗,我每天都用Google。但我还是劝你拿出点时间来好好学习搜索引擎的功能,因为Google的使用也有很多技巧,为什么你想搜索的内容与你实际搜索的内容有那么多差距,为什么有的人搜到的信息你却找不到,为什么找同样的东西你比别人用的时间要长,等等。充分利用你IE的收藏夹,做好分类(这很重要,分类的具体操作以后的文章会专门论述),并定期备份你的收藏夹。

2. 反思自己的行为

反思是从经验中学习的关键。反思同理论学习和实践应用相结合,组成完整的学习过程。尽管反思非常重要,但在日常的繁杂工作中,反思却往往被忽略。反思对团队和个人同等重要,尤其对团队领导者来说,为团队创造反思的机会十分重要。

人们可以通过不同的方式进行反思,并不一定都需要一个人坐下来沉思。积极的反思方式包括与他人讨论、头脑风暴、绘制脑图等,还有一种反思方式就是进行逻辑思考。

反思不仅仅是花上几分钟时间想想某件事情,也不仅仅是换一种方法去做某件事。要让反思发挥作用,需要做到以下几点:

- 对学习进行理性和实际的思考;

- 认识到情感和直觉的重要性；
- 思考表象后面的真实含义；
- 与他人讨论和交换意见；
- 通过主观努力，积极实践。

如果对某件事感到不确定或担忧，不要回避，应该运用各种反思手段，寻找到问题的根源，并彻底解决问题。下面的一些建议可以帮助你在工作中更好地运用反思：

- 坚持对工作进行回顾并总结——不要一直忙个不停，要留一些思考的时间；
- 在思考问题的过程中尽量遵循逻辑；
- 与他人一同反思——留出时间与团队、同事或主管经理一同讨论；
- 利用前面介绍的思维技巧考虑问题，例如运用头脑风暴的方法；
- 运用批评性的观点思考问题。

二、随时陪伴的学习机会

学习是一个含义非常广泛的词。工作中的学习对个人能力的提高和团队绩效的提高非常重要。这些学习机会包括：

1. 正式学习机会：

- 脱产培训；
- 工作现场培训；
- 计算机培训；
- 开放式或远程学习；
- 示范/演示。

2. 非正式学习机会：

- 观察学习——在一旁观察别人的工作情况；
- 岗位轮换——与他人交换岗位并彼此承担对方的实际工作内容；
- 训练与指导——在任务或项目中进行一对一的指导和支持；
- 与“专家”接触（一种非正式的训练）——与一位更有经验的同事和专家通过观察、提问和试验进行学习。

三、在工作中寻求学习机会

前面阐述了实践和经验的学习。现在你应当回顾过去自己是怎样学习的，可能会发现一些发生在非正式场合的学习效果比正式学习环境中的更好。另外，可能有时培训中所学到的知识当时并未得到应用，过了一段时间之后，才知道应该怎样利用这些知识。下面的案例资料就说明了这样的道理。

案例资料

培训之后

几个月之前，我曾参加过一次培训，学习如何主持会议以及如何使会议更为有效。尽管我喜欢那些课程，但却觉得对我的工作实践没有用处。

就在上个月，我作为陪审团主席参加了一个很棘手的案件审理工作，在审理过程中，证人的证词相互矛盾，陪审团成员意见不统一。

我的职责之一是主持陪审团的讨论。在陪审团的房间中，我过去参加过的培训课程突然出现在脑海里。结果，在陪审团讨论的两天中，我几乎用遍了在那次培训中学到的各种技巧。从此以后，我一直在工作中使用这些方法，这个课程对我来说简直太重要了。

生活和工作中充满各种经验，因此总是存在着学习和发展的机会。人们可能比较习惯于利用正式的形式来学习，但是要想通过学习获得发展，就必须抓住各种机会来学习，并积极地在实际中运用学习成果。大家可以利用各种机会，也可以自己创造机会。这些机会可以帮助你发展技能并充实知识，所以我们必须保持警觉并做好充分准备以便抓住这些机会。

以发展自我相关联的活动在大多数情况下是积极的、主动的，为弥补差距而做的训练可能是消极的，会降低人的斗志。正式的绩效总结和评估可能会将注意力集中在个体的薄弱环节，其中有一些也许并不是个人希望发展的领域。但是如果个体现状与绩效要求之间存在巨大差距，那么显然这些薄弱环节必须加以改善。不过对个人来说最重要的还是先将精力集中在你自信能够做好的方面。

在工作中寻求学习机会是比较重要的，可以利用自己的长处，或者在特定领域寻求发展（而不是弥补差距）。如果抢先一步采取主动，就能够为自己创造机会。在发展中最好同时兼顾自己的兴趣和希望做的事情，而不是被一些无关紧要的事情所淹没。兴趣是最好的老师，只要有兴趣、有动力，努力后就能成功。

四、学习和发展的障碍

人们经常用一些借口来逃避学习，这些借口一般包括下面几种：

- 太忙；
- 参加过的课程都没什么意思；
- 所学的东西和我无关；
- 也许马上就会成为多余的人，我没有必要再学习了；
- 我讨厌学习，我天生就不是学习的料；
- 我已经够好的了，不用再学习；
- 我无论做什么都改变不了周围的环境。

上面的这些说法很常见，你可能会发现自己有时候也有以上的某些想法。究其根本原因，可以说概括了大多数人在学习和发展中的障碍，包括：

- 缺少时间；
- 缺乏自信；
- 太忙，无暇考虑未来；
- 不良的学习经历；
- 工作无稳定感；
- 对学习效果有疑虑；
- 习惯以往的方式——惧怕新的方式。

上面总结了学习中的障碍和原因，其中一些对某些人来说可能是实际情况，也有一些是逃避学习的借口,下面将逐项来做分析。

1. 缺少时间

如果自己确实想做些什么,就会努力去争取时间,如果真腾不出时间,原因可能有:

(1)自己的组织能力较差。这就需要改善自己的组织能力,为有效地开展工作留出用于发展的时间。

(2)由于工作负担太重,无法把握学习和发展的机会,可以与主管经理谈谈这件事并找出实际的解决方案,如果公司致力于员工的发展,这件事就会得到认真对待。

(3)并非缺乏时间,而是个人问题。

2. 缺乏自信

每个人都会以不同的方式、不同的速度进行学习。你需要根据自己的实际情况决定自己的学习方式,寻找到适合自己的方式,取得成功经验以建立自信。

3. 太忙,无暇考虑未来

现在获得的技能和知识也许会立即生效,也许会在不久的将来发挥作用。积累得越多,就越容易在工作中表现得更好。

4. 不良的学习经历

如果曾经参加过一些培训而且其效果并不是太好,可能会对权威的和传统的学习方法产生抵触心理。其实完全没有这个必要,想想在闲暇时间的学习(如学习驾驶、烹饪、踢足球或者练瑜伽,是怎么样的,这些学习过程痛苦吗?显然不是,那么就需要思考和分析这些不良学习经历的原因。

5. 工作无稳定感

许多获得的技能都是可转移的,把握发展机会可使自己更为称职,安全度过工作转换阶段更需要学习。

6. 对学习效果有疑虑

可能感到目前的培训并没有提供发展机会,所以不愿意改变自己做事的方式。但如果这就是你看待问题的方式,那么将什么事都做不成。人们确实需要调整自己的工作方式和领导团队的方式,如果自己可以确定想要什么,事情就会完全不同。请注意,所有这一切都必须从点滴学习做起。

7. 习惯以往的方式——惧怕新的方式

培训与学习是促使个人进步的重要手段。必须在新掌握技能的基础上改变自己的行为习惯和做事方式,只有这样才能真正取得进步。

要克服学习过程中的障碍还需要对学习和工作中出现的问题进行反思。反思过程包括认真分析某一特定事件、向自己提问一系列问题等。下面的练习通过对关键事件的分析帮助你反思自己的学习经历,并引导你回答一些问题。

训练与练习

关键事件分析

指导：

考虑最近在工作中发生的事情，可能是老问题，也可能是新问题；可能是令人苦恼的，让你感到不自在或者不知道应该如何处理的问题，也可能是有益的解决问题。无论何种情况，你都必须进行思考与分析。

问题：

● 发生了什么事件？（按照顺序详细描述发生了什么。）

● 该事件有多重要？（为什么对你所涉及的团队和个人来说是重要的？是新问题还是老问题？是有益的、好解决的还是令人苦恼的、难解决的甚至让人灰心的？）

● 令人最满意的方面是什么？（什么事有好转或者什么事你做得很好？）

● 令人最不满意的方面是什么？（什么事没有好转或者什么事你做得不好？）

● 结果是什么？（每一个参与者结果如何？）

● 你从中学到了什么？（什么事让你思考或觉悟？）

● 下次你如何做得更好？

● 什么途径可以帮助你做到这一点？（例如改变反应方式、深入分析、加强练习、进行培训、对团队成员进行训练等。）

● 设定一个开始时间和完成时间。

总结：

通过对一个关键事件的分析，思考如何全方位、多角度解决问题，并从中学习。这样的思考可以帮助你更好地学习与提高。

第二节 成功——85%人际关系

美国钢铁大王及成功学大师卡耐基经过长期研究得出结论：专业知识在一个人成功中的作用只占15%，而其余的85%则取决于人际关系。美国石油大王约翰·D·洛克菲勒说："我愿意付出比天底下得到其他本领更大的代价来获取与人相处的本领。”在美国，曾有人向2000多位雇主做过这样一个问卷调查：请查阅贵公司最近解雇的3名员工的资料，然后回答解雇的理由是什么。结果无论什么地区和行业的雇主，2/3的答复都是：他们是因为不会与别人相处而被解雇的。

一、人际关系概述

1. 人际关系的概念

人与人之间会发生接近、友好、疏远或敌视的关系，统称为人际关系。人际关系(Interpersonal Relationship)，就是指人与人之间心理上的关系或心理上的距离。人际距离是指交往过程中个体由于心理因素的影响而与他人在地理空间上保持的距离。人际距离实际上是使人在心理上产生安全感的“缓冲地带”。

案例资料

不容侵犯的个人空间

心理学实验发现，如果会场中有10个依次排列的座位，在6号和10号位子上已经分别坐上了人。走进会场的第三个陌生人一般会选择8号位子，而走进会场的第四个陌生人一般会选择3号或4号位。陌生人之间在自由选择位子时一般遵循这样的法则：既不会紧紧地挨着一个陌生人坐下，而任由其他许多空位子空着；但同时也不会坐得离那个陌生人太远。紧紧地挨着陌生人坐下会使对方变得十分不安，对方有可能把身子移向另一边，甚至还有可能索性换一个位子坐，而你也会觉得很不自在。反过来，远离陌生人又有可能会无声地伤害对方，给人以遭到嫌弃的感觉。所以，我们通常选择既能给人留有一定空间，又不会给别人造成无声伤害的位子。这就是“尊重个人空间的适当疏远”的原则。在生活中，我们每个人都需要一个个人空间，这是不容侵犯的。

关于个人空间有许多有趣的研究。心理学研究发现，女人比男人相互间站得更近。不同文化背景的人，对站得远近有不同的偏好：英国人和瑞典人相互间站得较远；希腊、意大利等南欧人相互间站得较近；南美洲人、巴基斯坦人和阿拉伯人相互间站得最近。巴基斯坦人说远距离会使他们感到不舒服，而美国人则说近距离使他们感到别扭。

除了种族和性别在个人空间使用上有差异之外，还有一些本质上的差异产生于人们之间的关系。一般情况下，人们越亲密，越友好，就站得越近；而陌生人有可能站得较远一些。但如果一个人想和你交朋友，他就会在谈话时离你近一些。而如果你讨厌他的话，你很有可能会无意识地向后挪一挪。所以可以通过站得远近来判断两个人的亲密关系程度或彼此是否感兴趣。

尽管有的时候我们会靠得很近，但大多数时候还是喜欢有一定的空间。同样，人们在心理上也是有一定距离的。就像两只刺猬，在寒冷的冬夜，为了取暖而需要靠得近一些，但是彼此又不能靠得太近，否则自己的刺会刺伤对方。我们在生活中，无论是身体还是心理都需要有一定的空间范围。当可用空间低于要求，或者所能容忍的最小个人空间遭到侵犯的时候，我们就会觉得不安，就要反抗，来保卫自己的个人空间。

有心理学家认为，人类对个人空间的需要是一种本能。在身体上，个体不需要别人离自己太近，因为这样个体会觉得不安全。同样，一个人心理上的个人空间也是不容侵犯的。每个人的心里都藏着一些秘密，我们不希望太多的人了解自己的隐私。留有心理上的个人空间同样也是一种自我保护。因为大多数人都是普通人，会有各种各样的缺点让人觉得失望和厌恶，而我们潜意识里都渴望被别人喜欢，所以我们不希望被别人过分了解。通常男人的自尊心、虚荣心比女人要强得多，所以女人更爱说知心话。

（资料来源：崔丽娟，王小晔，赵鑫. 皮格马利翁的象牙雕像—人格和社会心理学的故事. 上海：上海科学技术出版社，2005）

2. 人际关系的构成

人际关系的构成成分有三种：一是认知成分，指人与人之间是相互肯定还是相互否定，以认识上的一致为相互选择的标准；二是情感成分，指人与人之间是相互喜爱还是厌恶，以情感上的倾慕为相互选择的标准；三是行为成分，指人与人之间是相互交往还是相互隔绝，以行为上的共同活动为相互选择的标准。

二、人际关系的作用

人际关系的作用主要有以下五种：

1. 沟通信息

通过人际交往可以传递信息，增进人与人之间的相互了解。

2. 心理保健

与人交往是每个人内心深处与生俱来的一种基本需求。向朋友诉说可以降低和消除消极情绪的影响，恢复心理平衡，产生归属感和安全感。参加联谊会可以满足人们包容、控制、感情的需求。在工作群体中，人与人之间相互理解、信任、关心、友爱会使人产生开朗、乐观的情绪，激发工作热情；反之，则容易使人压抑、孤独、苦闷，从而对工作、社会、人生形成逃避，甚至产生对抗等消极态度。

3. 提高工作效率

“1 + 1 = 2”是个常识，但在管理中，这个等式可能并不成立。人际关系是群体成员之间的一种独特的联系，群体中人际关系是否融洽、协调，对工作效率有着直接影响。如果人与人之间猜忌、冷漠、排斥、冲突，不仅使人分散精力，浪费时间，而且会造成心理消耗，把心思用在如何对付别人身上，势必影响工作效率。反之，群体中成员相互理解、沟通、体谅、同情，有助于形成宽松、相容的心理气氛，提高组织工作的绩效。所以，人际关系是影响群体活动效率的一个重要因素，是实现管理目标的重要环节。

4. 自我认识

人们在交往过程中，可以通过与别人的比较和别人对自己的反应来认识自己，有利于形成对自己较客观、准确的评价。

5. 促进自我发展

人是社会化的动物，个体在自我发展的过程中，既受外部客观环境的影响，又受人与人之间相互交往关系的影响。良好的人际关系常常会产生一种社会助长作用，促进个人的成长。组织中员工互帮互学，可以相互促进，增进员工之间的行为模仿和相互竞争的动力，加速员工的自我发展和自我完善。

三、人际吸引的表现

人际关系的具体表现有两种:人际吸引和人际排斥。人与人之间有相互依存、相互吸引的一面,即人际吸引,它是建立良好人际关系的重要因素;人与人之间还有相互排斥、相互分离的一面,即人际排斥,它是建立良好人际关系的障碍。

(一)人际吸引的心理效应

在人际吸引过程中,主要存在以下几种心理效应:

1. 热情的中心性品质效应

心理学实验表明,热情与人类的其他人格特性紧密相关。热情和冷酷这一对品质对印象形成有着决定性的影响。

案例资料

热情的魔力

美国心理学家所罗门·阿希在1946年做过这样的经典实验,他给被测者有关某人品质的描述表格,其中包括七种品质:聪明、熟练、勤奋、热情、坚决、实干和谨慎。同时,也给了另外一组被测者一张某人品质的描述表格,这张描述表格中只是把上述七种品质中的热情换成冷酷,而其他六种品质保持不变。然后,阿希让两组被测者对表格所描述的人进行较详细的人格评定,并要详细地说明最希望这个人具备哪些品质。结果阿希从两组被测者那里得到了完全不同的答案:第一个人,仅仅因为他有热情的品质,受到了被测者的喜爱,被测者毫不吝啬地把一些表格中根本没有的好品质,统统地"送给"了第一个人,对其品质的期待就更是锦上添花了;而第二个人,仅仅因为用"冷酷"代替了"热情",结果就受到了被测者的厌恶,被测者在评价这个人时恰好相反,把一些表格中根本没有的坏品质,统统地送给了第二个人,对其品质的期待也是消极的。由这一实验结果可以看到,热情还是冷酷,使被测者对他人的印象发生了实质性的变化。

为了再次验证热情—冷酷这一对品质对印象形成的决定性影响,阿希又设计了一个实验。阿希用礼貌—生硬这对词代替了上述的热情—冷酷,而其他六个词仍然保持不变,实验方法同上。结果阿希发现,这次实验中的两组被试对两个表格中所描述的人的评定,没有显著性差别,几近相同,对其品质的期待也几乎是相似的。这一实验的结果再次验证了,一个人热情还是冷酷,将在很大程度上决定着他人对其印象的形成。

(资料来源:崔丽娟,王小晔,赵鑫.皮格马利翁的象牙雕像—人格和社会心理学的故事.上海:上海科学技术出版社,2005)

2. 犯错误效应

心理学实验证实:并不是完美无缺的人最有吸引力,有一点小小的过错或缺点的人反而招人喜欢。

案例资料

犯错误效应

心理学家阿诺森(Aronson)等人在1978年做过一个“犯错误效应”实验,阿诺森给被测者呈现以下四种人,让其评价哪一种人最有吸引力。

(1)才能出众而犯错误的人。

(2)才能出众而未犯错误的人。

(3)才能平庸犯了错误的人。

(4)才能平庸未犯错误的人。

结果表明:

(1)才能出众但犯错误的人最有吸引力。

(2)才能平庸而犯同样错误的人最缺乏吸引力。

(3)才能出众但没犯错误的完美者吸引力为第二位。

(4)平庸但没犯错误的人吸引力居第三位。

(5)小过错会使才能出众的人的吸引力更增一层。

此外,实验证明,犯错误效应还受性别角色和自尊心的影响。男性更喜欢犯了错误而才能出众的男性,女性更喜欢能力出众而没有犯错误的男性和女性。自尊心极高或很低者更喜欢完美无缺的人。

3. 喜欢导致喜欢效应

心理学实验表明:我们喜欢那些喜欢我们的人,因为喜欢带来愉快、友好、肯定、回报的心理效应。我们更喜欢那些对自己的喜欢程度不断增加的人,尽管他人起初对自己并不喜欢,但只要后来确实表现出喜欢自己,这种人就会备受欢迎。我们不喜欢那些对我们的喜欢程度逐渐减少的人,即使他们当初的确喜欢过我们,但只要后来变得不喜欢了,那么这种人就比那种一贯不喜欢我们的人更加不为我们所喜欢。

案例资料

喜欢导致喜欢

《圣经》说:“你们用什么量器量人,人也必用什么量器量你们。”“你期望别人怎么待你,你也要怎么待人。”心理学的研究表明,我们通常喜欢的人是那些也喜欢我们的人。他不一定很漂亮,或很聪明,或很有社会地位,仅仅因为他很喜欢我们,我们也就很喜欢他了。心理学上把这一相互喜欢的规律叫作人际吸引的相互性原则。

心理学家阿诺森和林德(D. Lingdy)在1965年通过实验证明了人际吸引的相互性原则。被测者为大学生,分为四组。让各组被测者“无意中”听到别人对他的一系列评价,然后让被测者对其评价者的喜欢程度打分。实验的结果是:给予“否定到肯定”评价的评价者得分最高,为7.67分;给予“肯定”评价的评价者得6.42分;给予“否定”评价的评价者得2.52分;给予“肯定到否定”评价的评价者只得0.87分。证明:如果关于某人的全部信息资料说明他喜欢我们,就可以预料我们也会喜欢他;否则可以预料我们也不会喜欢他。

我们常常喜欢那些喜欢我们的人,这是因为他人的喜欢使我们体验到了愉快的情绪,使我们受尊重的需要得到了极大的满足。他人对自己的喜欢是对自己的肯定、赏识,证明了自己是有价值的。相应地,我们相信喜欢我们的人会友好、诚实、热情地对待我们,所以我们也会同样地给予他们友好、诚实、热情,也就很自然地喜欢他人。

(资料来源:崔丽娟,王小晔,赵鑫.皮格马利翁的象牙雕像—人格和社会心理学的故事.上海:上海科学技术出版社,2005)

(二)影响人际吸引的因素

什么决定了人际之间的吸引力?心理学家克克霍夫通过对已建立的恋爱关系进行的大量研究表明,互补因素增进人际吸引,特别在感情深厚的朋友和异性朋友、夫妻之间尤为明显。对长期伴侣来说,推动吸引力的动力主要是相似的价值观念,而驱使长期伴侣发展更为密切关系的动力主要是互补。两个不相识的男女要结成终身相托的良好婚姻关系,必须经过几道关卡的过滤,即时空距离的接近、人的因素及条件、态度与观念的相似、需要的互补因素。

一般来说,影响人际吸引的因素有以下几种:

1. 临近性吸引

所谓远亲不如近邻,地理位置的接近容易使人形成亲密的人际关系。例如同桌、同室、同班组的人、邻居等。双方的空间距离越小,越容易接近而成为朋友。一般来说,婚姻是以自己的居住地为中心,向外画圆,如中国农村的择偶范围在10千米以内的占90%。

美国一位心理学家把人际之间的亲疏程度分为亲交域(相距40~50 cm,能感受出对方的气息)、个人域(相距50~120 cm)、社会域(相距270~360 cm)、公共域(相距360 cm以上)四个区域,通常以这四个区域来测量交往中的双方的心理距离。

交往的频率即相互接触次数的多少也影响人际之间的吸引力。一般来说,彼此之间交往的频率越高,越容易形成比较亲密的关系。因为交往的次数越多,越容易相互了解,越容易形成共同的语言、兴趣和经验等。因此,也就越容易成为知己。

2. 相似性吸引

人与人之间常常存在着某些方面的相似性,如相似的文化背景、年龄、学历、修养、社会地位、职业、思想成熟水平、兴趣、态度、理想、价值观等。俗话说“物以类聚,人以群分”,就是指相似因素对人际吸引的作用。比如,人与人之间有共同的理想、信念,就是所谓的“志同道合”,这些能在交往过程中促使人们产生同情、理解、支持、依赖与合作,从而形成密切的关系。

双方越相似越能相互吸引,越容易产生亲密感,态度和价值倾向是主要的因素。因为一个人面对一个和自己的观点一致的人,不仅是对自己观点的支持,也是对自己观点正确性的一种证实,可以增强安全感和自信心。心理学实验表明,在交往的初期,空间距离决定了人们之间的吸引力,而后期态度和价值观所起的作用越来越大。

3. 互补性吸引

当交往双方的个人需求和期望正好与对方的特长构成互补关系时,双方就会产生强烈的吸引力。例如,一个独立性较强的人往往喜欢和一个依赖性较强的人在一起,脾气急躁的人往往喜欢与脾气温和的人相处,这样双方的关系才能协调。从心理需要来看,人们还常常希望与自己不同的人成为互补的朋友,使自己的不足由别人的长处来补偿,自己的长处又能弥补对方的缺陷,这就是需要的互补因素决定了互补性吸引。

4. 互利性吸引

根据社会交换理论,只有互利的关系才能持久。所以,人们一般会因互利而相互吸引。

5. 相悦性吸引

相悦主要指人际之间情感上的相互接纳和肯定。人们愿意与喜欢自己的人建立良好的关系,相互熟悉的人比陌生人更易于建立良好的关系。人们的相悦会在举止言谈中不知不觉地表现出来,彼此都感到对方能接纳自己和喜欢自己时,就会产生最大的相互吸引力,极易建立良好的人际关系。

6. 人格特征的吸引

(1)外貌

外貌对于人际关系的影响很大,外貌常能带来光环效应。其他条件相同的情况下,外貌美丽的人比外貌普通的人更具吸引力。异性之间的吸引是由进化而来的对异性美的外貌模型所决定的。有魅力的大学生比其他人约会的次数多;面部造型越是符合美学原理,就越有吸引力。

案例资料

漂亮的吸引力

一项实验以公认的漂亮和不漂亮的女性分别作为助手,让她们扮演临床心理学研究生,给男性被测者的个性特点做临床心理学评价。评价包括两个维度:漂亮或不漂亮,肯定与否定。实验结果表明,在女性不漂亮的条件下,男性被测者不太注重评价的结果,他们事后对评价者的喜欢水平都是中等。但在女性漂亮的条件下,被测者非常看重评价结果,并且在得到肯定的评价时,对评价者的喜欢水平最高。在得到否定的评价时,对评价者的喜欢水平最低;当主试者询问他们是否继续参与研究时,他们表现出非常愿意再与漂亮的女评价者进行交往。可见,来自漂亮女性的否定对被测者非常重要,以至于使他们希望自己有机会改变漂亮女性对自己的评价。

(2)能力与才干

能力强者使人敬佩、羡慕和愿意与其接近、交往。在其他条件相等的条件下,一个人的能力越强,就越受欢迎。伟人、歌星、影星、球星和媒体名人等都是因为有某种才能而备受爱戴,知名度具有商业价值。但是,实验结果表明,最有能力者往往不是最受喜欢的人。当某个人的才能和人格的完善使人可望而不可即时,人们就会感到一种压力,于是对他采取敬而远之的态度。

(3)性格特征

人们更愿意与性格好的人交朋友。社会心理学家通过一项对人际关系的跟踪调查表明,缺乏人际吸引力的性格特征如下:

①不尊重别人的人格,对他人缺乏感情,不关心他人的悲欢情绪,甚至把别人作为自己使唤的工具。

②自我中心主义强,只关心自己的利益和兴趣,忽视他人的处境和利益,只能与人建立一般的人际关系。

③对人不真诚,不顾及别人的利益和需要,采取一切手段,处处想获得利益和好处,并以此为前提和他人交往。

④过分服从并取悦别人,过分惧怕权威而又不关心其同事或部下,过分依赖他人而又丧失自尊心。

⑤妒忌心强,怀有敌对或偏激情绪,猜疑心重,容易导致与他人的关系陷入僵局。

⑥过分自卑、缺乏自信心,对人际关系过于敏感,对他人批评过分敏感,完成工作任务后又过分自夸等。

⑦情绪孤立、性格羞怯,不喜欢与人交往。

⑧怀有偏见、固执又不愿接受他人规劝,过分使用防御机能,报复性强等。

⑨好高骛远地提出过高要求、过高目标,苛求他人。

相反,富有人际吸引力的性格特征如下:

①具有与他人建立和维持和睦关系的良好愿望,乐于与别人友好相处。

②尊重他人,关心他人,乐于助人,有同情心,感情动机强,一视同仁。

③热情开朗、性格外向,积极参加社会活动。

④稳重、耐心、忠厚老实、为人可靠,对集体有强烈责任感。

⑤聪明能干,善于独立思考,在学习和事业上有成绩。

⑥具有自尊心和自爱心,重视自己的独立性和自治性,谦逊,不过分取悦他人。

⑦兴趣广泛,有多方面爱好。

⑧真诚、善良。

案例资料

戴尔·卡耐基让你充满吸引力

美国心理学家卡耐基在《人性的优点》一书中介绍了在人际交往中可以增加或保持喜欢与吸引的性格特征。

1. 真诚地对别人感兴趣。每个人都希望别人注意到他存在的价值,如果你对别人不感兴趣,别人也就对你不感兴趣。

2. 尽力记住别人的名字。每个人都很看重自己的名字,这可使个体感受到你真诚的关注。

3. 做一个好听众而不是演说家。在人际沟通中每个人都希望对方注意倾听自己,这可使个体的社会尊重需要得到满足,从而建立起友好交往的好氛围。

4. 谈别人感兴趣的话题。共同感兴趣的事或物常可以把两个人的情感紧紧地连在一起,而且还是打破僵局、缩短交往距离的良策。

5. 经常让别人感觉到他很重要。认为别人重要,说明你尊重他,而且,人们常常希望别人某一方面能力欠佳时表现自己。

6. 避免当面伤害别人的感情。如果要批评人，一是可以先从赞扬入手；二是可以先从自我入手；三是批评时不要伤害别人的自尊心。

7. 有错要主动承认，争辩要有分寸。坚持错误不如承认错误，坚持错误会疏远与他人的感情，承认错误会使他人在真诚中原谅我们的过失。争辩中要显示大度，把握好分寸，不说刻薄话，控制好自己的情绪。

8. 不要总显得自己比别人高明。总觉得自己鹤立鸡群，认为自己比别人高明，势必会造成孤立。

9. 多从别人的角度考虑问题。站在别人的位置设身处地想一想常常会赢得人心。

10. 永远保持同情心。同情心在行为上的表现就是对他人提供热情的帮助。

四、影响人际关系的不良心理

人际关系不良多由双重不信任引起，不良心态主要有以下几种：

1. 嫉妒心理

个体私欲得不到满足时，对造成这种不满足的原因和周围已得到满足者产生不服气、不愉快等情绪。嫉妒心理的特性如下：

(1)临时指向性。大多指向周围与自己相似而在某些方面优于自己的人。

(2)潜隐伤害性。嫉妒心理可以深藏于一个人的心底而不为人所察觉，嫉妒心理不仅导致对别人的伤害，而且也会影响自己的身心健康。

(3)个体差异性。是否产生嫉妒以及嫉妒性强弱等因人而异。

2. 自我意识

自傲心理者过高地看待自己，自命不凡，其所作所为难以为社会和他人所接受；自卑心理者则过低地估计自己，自惭形秽，怀疑自己的知识和能力，畏畏缩缩。例如，自卑心理者认为自己懦弱无能，不会被别人喜欢；认为自己必须给人留下好印象，取悦他人；因此缺乏自信，不会表达愤怒，一味迁就妥协。

3. 羞怯心理

羞怯心理产生于个体对安全感的过分追求。如害怕当众出丑，成为笑料。交往时产生紧张、拘束、尴尬和局促不安的情绪反应。

4. 猜疑心理

猜疑心重的人总以怀疑、戒备的眼光看人，戴着面具与人交往。感到自己成为众矢之的，别人都会议论你。不以诚待人，别人也相应地不会回报以真诚，人际关系就会越来越虚假。

五、建立良好人际关系的途径

(一) 海德人际关系改善技术

海德(Heider,1950)用认知的平衡结构理论表现人际关系对态度的影响力。海德提出“P—O—X”模式，P 是认知者，O 是另一个认知者，X 是知觉对象，即一个人(P)对某一认知对象(X)的态度，常受他人(O)对该对象态度的影响。

P、O、X 三种成分的相互作用可以组成一个认知场，人际关系的平衡结构有四种模式，如图 3-2 所示。

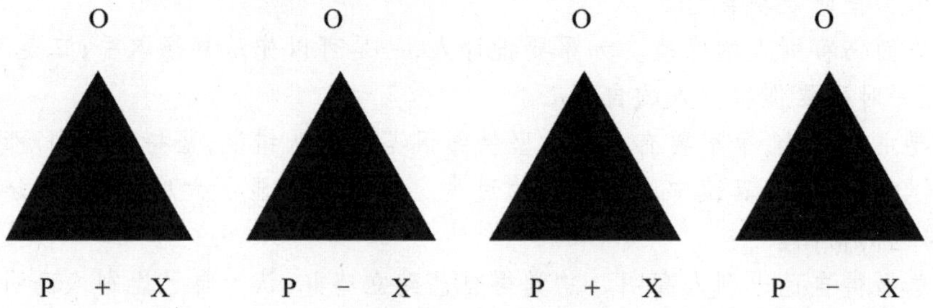

图 3-2　人际关系的平衡结构

(1)P 喜欢 O,O 喜欢 X,于是 P 也喜欢 X。

(2)P 喜欢 O,O 不喜欢 X,于是 P 也不喜欢 X。

(3)P 不喜欢 O,O 喜欢 X,于是 P 喜欢 X。

(4)P 不喜欢 O,O 喜欢 X,于是 P 不喜欢 X。

人际关系的不平衡结构也有四种模式,如图 3-3 所示。

(1)P 喜欢 O,O 不喜欢 X,但 P 喜欢 X。

(2)P 喜欢 O,O 喜欢 X,但 P 不喜欢 X。

(3)P 不喜欢 O,O 喜欢 X,但 P 也喜欢 X。

(4)P 不喜欢 O,O 不喜欢 X,P 也不喜欢 X。

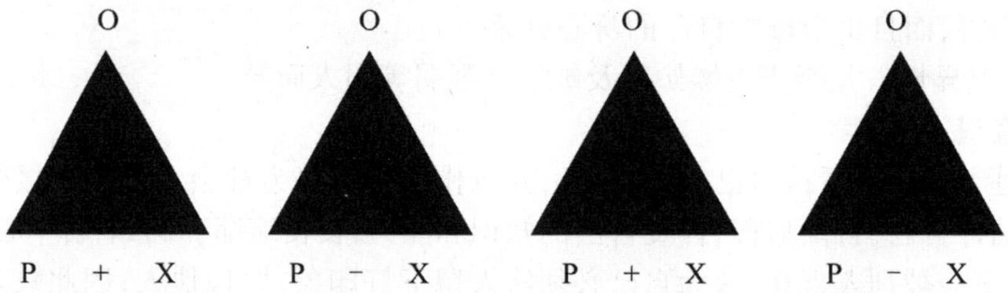

图 3-3　人际关系的不平衡结构

从图 3-3 可见,P、O、X 三者相乘为正,则三者处于平衡状态,否则不平衡。海德认为,平衡结构使人愉快,不平衡的状态使知觉者感到紧张和压力,从而产生恢复平衡的压力。恢复平衡的途径之一是知觉者改变对知觉对象的态度,从而改善与另一知觉者的关系,恢复认知结构的平衡。

(二)建立良好人际关系的原则

建立良好的人际关系要坚持以下几个原则:

(1)端正态度

能否建立良好的人际关系,首先取决于个人的人生观、世界观,取决于其对人际关系的看法。在处理人际关系时,应该在社会伦理、道德和常规的范围内和他人交往,先人后己,助人为乐。别人也就乐于与其交往,易于形成良好的人际关系。

(2)真诚待人

诚信是建立新型人际关系的道德纽带,人与人之间的交往最重要的是真诚和善意。马克思曾经把真诚、理智的友谊赞誉为“人生的无价之宝”。我们不要因怕别人看不起自己而自我保护,要有勇气承认自己的不足、不安及焦虑。

(3)尊重他人

不同背景下走到一起的人们,常会发生各种意见的分歧。尊重他人才能获得他人的尊重与友谊。人际交往中,不能以自我为中心,突出自己,夸夸其谈,而应当耐心倾听对方的讲话。要尊重他人的劳动、人格和想法。

(4)热情交往

人与人之间的交往是相互的。消极等待别人的主动交往,很容易将个人封闭在一个圈子里。热情主动地与他人交往是建立良好的人际关系的重要条件。而且,在人际交往中我们的心态会影响到他人的心态,我们应该以热情的方式对待他人,尽可能地调试好自己的心态,使交往双方具有共同的心理状态,避免主观偏见和感情冲动。

(5)严于律己

为建立良好的人际关系,个人要严格要求自己,谦虚谨慎,言行一致,要求别人做到的,自己首先做到,对自己的缺点要勇于承认,并敢于自我批评,对别人的批评要虚心接受。

训练与练习

测测你的人际关系

指导:

你周围的人愿意接近你还是疏远你,也许下面这个趣味小测验可以帮你了解这一点。阅读问题后,请在每个问题的两个答案中选一个。

1. 如果有人邀请你,这次邀请对你来说又很重要,你去时:

(1)穿着舒适、随便;

(2)穿适合这种场合的衣服。

2. 你并不赞成你朋友新的爱好,如果他征求你的意见时:

(1)试图找出一个得体的说法;

(2)直截了当地表示反对。

3. 你由于疏忽,同一天安排了两个约会,那么你将赴哪个呢?

(1)赴先定的那个约会;

(2)赴更重要的约会。

4. 你的朋友因家庭纠纷找你,希望能听一听你的意见,你怎么办?

(1)不表明自己的态度;

(2)按你的看法评价谁是谁非。

5. 有一个朋友滔滔不绝地讲述一个电视节目,而你对这个节目没有兴趣,于是你说:

(1)这个节目我没有看过,但我想看看;

(2)我看过,但不喜欢。

6. 你朋友怀疑他自己买的新车太贵了,而你认为确实太贵时:

(1)你直接说出你的看法;

(2)向他表示祝贺。

7. 做客时有人讲了一个趣闻,但记不清如何结尾了,而你知道结尾时:

(1)你保持沉默;

(2)你将结尾讲出来。

8. 如果你遇见一个人,但一时想不起他的名字,你怎么办?

(1)坦率地承认你不记得他的名字了;

(2)难为情地急于走开。

9. 如果有件小事(如头痛或家务事)使你烦心时:

(1)随便告诉熟人;

(2)闷在心里。

评价标准:

每小题选择答案(1)记1分,选择答案(2)不得分,最后统计总分。

(1)总分为0~3分,说明你是一个诚实、坦率的人,但这常常使周围的人误会你,因此你应该尽量避免说出自己所有的想法,以此来减少交往中的麻烦。

(2)总分为4~6分,说明你的人缘不错,有时你会感到很难做个诚实人,但是你要克服爱批评别人的毛病。

(3)总分为7~9分,说明你很善于观察周围的人,很少疏远别人,有良好的人际关系和不少真心的朋友。

本章小结

通过本章的学习首先了解持续上升的学习周期及人际关系概述,其次了解在工作中寻求学习机会及人际吸引的表现。掌握学习和发展的障碍和人际关系的作用。通过讨论学习和发展中可能出现的障碍及影响人际关系的不良心理,学员能够学会建立良好人际关系的途径。

思考与练习

1. 简述人际关系的概念及人际关系的作用。
2. 简述建立良好人际关系的原则。
3. 学习和发展的过程中通常会遇到哪些障碍,怎样克服这些障碍?
4. 了解你周围的人际关系状况,并一起探讨:人际关系问题是怎样产生的?如何化解?
5. 思考处理人际关系的技巧。

第四章　团队管理概述

在一个完全基于团队的企业中,其每一个职员都应该对企业负责并投入到各项事务中去。

——爱德华·劳勒

知识目标

理解:团队的定义和性质,正式团队与非正式团队,构建团队的目的。

熟知:高效团队特征,团队的角色,团队构建的意义。

掌握:高效团队特征,团队管理原则,团队管理方法。

技能目标

学生能够利用所学的团队构建的任务和一般程序及团队构建的根本方法构建团队。

素质目标

通过本课程的学习,培养学生有一个良好的团队意识。能够正确地认识建立高效团队的重要性,以健康的心态参与集体活动,完成自己的工作。

学习方法建议

通过本章了解自己所在的团队,能够正确地扮演自己在团队中的角色,进而掌握构建团队的方法和管理团队的要点。

第一节　团队的理解

案例资料

曾经有一位组织的管理者问过这样一个问题："今天许多人都在谈论团队，那么团队究竟是什么？我的组织难道不是一个团队吗？"确实，这位管理者提出了一个有意思的问题，因为大多数管理者都认为单凭直觉就可以知道团队是什么。还有不少人以为，团队指的就是一个组织中的人"相处融洽"和"互相帮忙"，或者是一个经过组合的群体。

上面的小案例反映了人们对团队的理解，是否中国人的聚居方式就是团队的表现？到底团队是什么？组织、群体是团队吗？在讨论组织团队管理的时候，我们首先要明确，团队是什么，其核心有哪些，以及它的主要形式。

一、团队的定义和性质

（一）团队的定义

团队（Team）是指通过成员的共同努力能够产生积极协同作用的群体，是拥有共同目标，具备不同能力、才干、经验和背景的一群人。事实表明，如果某种工作任务的完成需要多种技能、经验，那么由团队来做通常效果比个人好。团队成员努力的结果可以使团队的绩效水平远大于个体成员绩效的总和。尽管他们有这么多的不同，但共同的目标足以将他们凝聚成一个团队。团队与群体的区别如表 4-1 所示。

表 4-1　团队与群体的区别

项 目	工作群体	工作团队
目标	信息共享	集体绩效
协同配合	中性	积极
责任	个体化	个体的或共同的
技能	随机的或不同的	互相补充的

（二）团队的性质

1. 团队的能力性质

（1）对等知识联网

企业知识基础论把企业看作知识体系，通过学习、积累过程获得新知识。如果把企业看作知识体系，那么组织类型的差异可以通过对知识体系的构造特点分析得到研究。

不管团队是一个独立的组织，还是作为依附团体而存在，作为一种工作方式和设计形式，从知识体系的角度看，它是一种"对等知识联网"，整体上是相互联系的，而非传统组织那样的"分立型"。对等知识联网的含义是，一个知识节点能直接与另一个知识节点交流，而无须通过逐层的等级结构。团队中的每个成员作为一个工作节点（或知识节点），都不是孤立的，而是通过网络的方式联系在一起，成为一张知识网。在这张知识网中，每个人都是平等的互联，不存在任何层级，因此，它是一张"对等"的知识网。

(2)核心能力元

根据企业能力理论及现实企业界的实践趋势,发现企业正逐渐突出其核心能力。由此可推知:能存在下来的每一个企业都将成为独具核心能力的单元组织。单元组织,指企业功能被减缩为少功能或单功能的组织。这样的单元组织实际上就是一个团队。团队是具有核心能力的单元(简称"能力元")。团队成员间的知识互相补充,通过知识联网共同构成核心能力所需的知识基础,并通过团队学习的方式提高团队知识容量及运用知识的水平,形成核心能力,从而使团队本身成为一个能力元。

(3)能力高放机制

每种组织作为知识及其运用的体系,都是一种能力放大机制的设计。工人的知识与能力是有限的,当相对于生产对象为不足时,就会通过契约关系联合具有补足性知识、能力的拥有者,从而形成知识与能力的结合(形成组织),以超越个人的知识与能力。然而组织在对个人能力的超越不是简单加总的超越,而是组织产出结果大于个人产出的总和。这是组织专业化分工的结果。实际上还另有原因,那就是被威廉姆森称为"团队生产和"的结果。

2. 团队的组织性质

(1)团队群集——复合组织

根据团队能力的可交易性,我们将团队分为两种类型:依附团队和独立团队。依附团队的核心能力是结构性能力,是相应独立团队核心能力形成的部分。独立团队的核心能力是功能性能力,和其他独立团队结合就可以形成完整的功能。

(2)团队——次级组织

除了本身就可以单独运行的这类独立团队之外,更多的团队则是以群集的方式而存在。因此,在考察团队的组织性质时,放在团队基础组织这一复合组织的背景下分析时,可以认为团队是"次级组织"。所谓次级组织,有两个方面的含义:第一,团队首先是一个组织;第二,团队存在于复合组织之中,作为功能性的单元组织而存在。

(3)自组织性、网络化与全息性

团队的形成,是队员相互接纳的过程,体现为"自组织性"。这里没有独裁式的管理者,只有平等协商的领导,而且团队领导是从一个团队成员的角度进行工作的。

自组织性的结果,表现为团队结构的网络化,和团队基础组织的结果相似,因此称团队基础组织为"全息"组织是再贴切不过的了。"全息"(Holon)指系统中的一部分,而部分既由更小部分组成,又同时是组成整体的部分,且部分的特性折射整体的特性。

二、高效团队特征

高效的协作团队是一个实现特定工作目标和目标转变行为的最有效的工具。团队成员的协同工作可以产生出更优质的工作成果、更良好的工作环境以及更高的工作效率。一个高效的团队通常具有以下特征。

(一)共同的目标

高效团队制定的目标应该完全是一项团队成员的集体行为,而不是个人行为。每个团队成员对团队和团队的其他每个人所要达到的目标有清楚的了解,同时团队成员坚信这一目标包含着重大的意义和价值。

（二）相关的技能

工作技能是保证团队实现目标的基础。因此，一个高效团队的成员应该具备实现理想目标所必需的技术和能力，并且具有相互之间能够良好合作的个性品质，从而出色地完成任务。

（三）一致的承诺

高效的团队中的每个成员对自己的团队都有认同感，并对团队的目标有奉献精神，不斤斤计较，每个成员都能够为团队目标的实现发挥自己最大的潜力。同时，全体团队成员共同制定关于工作的准则、政策和基本规则，按照义务遵守和执行这些规章制度。

（四）良好的信任与沟通

高效的团队崇尚开放、诚实、协作办事的原则，鼓励员工的参与和自主性。在团队工作中，团队成员都愿意互相听取意见，无拘无束地阐明事实，提出自己的观点和表达内心的真实感受。为了解决问题，团队成员既能够对他们认为缺乏事实依据或不符合逻辑的观点提出异议，也能够避免争吵或把自己的观点强加于别人。一个高效的团队的成员不会在背后埋怨和非议他人，他们能够迅速准确地了解彼此的想法和情感。

（五）良好的协作

高效的团队的成员相信任何一位成员都不会做利用他人而达到个人目的的事，彼此互相欣赏，不会当面讥讽或抨击其他成员。成员把团队看成是一个紧密团结的集体，并为作为该集体的一员而感到荣幸，大家都在尽自己最大的努力协同解决问题，同时又要注意不能妨碍集体的讨论活动，团队鼓励和支持那些在集体中感到不畅或不愿意发表个人意见的成员畅所欲言。

（六）一致的决策

高效的团队保证团队的每位成员均有机会参与制定影响到团队利益的决策，成员不会为了保持和睦关系，或为了避免意见冲突而就原则问题妥协和退让。但是，团队成员在听到令人信服的论据和逻辑推断时，会欣然改变自己原来的想法，以寻求解决问题的最佳方案，而在集体讨论没有得出令人满意的方案时，团队成员相信他们的领导会提出一个最佳的方案。

（七）解决成员之间的冲突

高效的团队成员有一种共识，他们认为如果因为着眼点不同而对某一问题持有不同意见，只要是建设性的，就会对团队有益。因此，在这样的团队中，成员能够从不同的角度来看待某一问题，并以建设性的方式来解决观点上的分歧或冲突，在这个过程中，不同观点得以表达，使问题得到解决。

（八）有效地计划和利用时间

一个高效的团队一定是一个计划性非常强的团队，他们所有的工作都有详细的计划，团队成员深知时间的宝贵，对集体会议事先做充分安排，缩短会议时间，使主要问题得到及时讨论和落实。

（九）有一个出色的团队管理者

一个出色的团队管理者是高效的团队必须具备的基本条件。优秀的指挥员能够促进和指导团队成员开展工作，并且在制定决策时，领导人能够确保每位成员都知道哪些决策标准是重要的。对于团队成员自己应该做的决定，管理者不会越俎代庖，他们知道应该在什么时候给成员以何种激励，并且为成员提供有效的服务，而不是只负有指挥和控制职能的旁观者。

三、团队组织形式

组织形式是指组织结构和活动过程的方式的综合表现。组织结构是指组织内部各个要素或方面相互联结的方式;过程是各种因素的相互作用形成一个时间序列,在一定的时间段内形成一个连续不断的流程。组织形式可以分析为组织结构的方式和组织活动过程的方式。

团队组织形式具有多样性。比如:

根据团队与所在组织的关系,可以将团队区分为组织内的团队和跨组织的团队(如图4-1所示)。在一个组织系统内可以建立多个团队,这些团队属于同一个组织的团队。在不同组织之间,也存在跨组织的团队。例如,不同的公司联合起来解决共同的问题,组成跨组织团队。

根据团队成员的地理分布的特征,可以将团队区分为定点团队和虚拟团队(如图4-2所示)。有的团队,其成员都居住在一个城市内,工作在一个距离有限的区域内,他们经常进行面对面的沟通,这样的团队是定点团队。有的团队,其成员分散在距离遥远的不同地域,主要通过现代通信网络进行远距离联系和合作,很少有面对面的沟通,这种团队是虚拟团队。

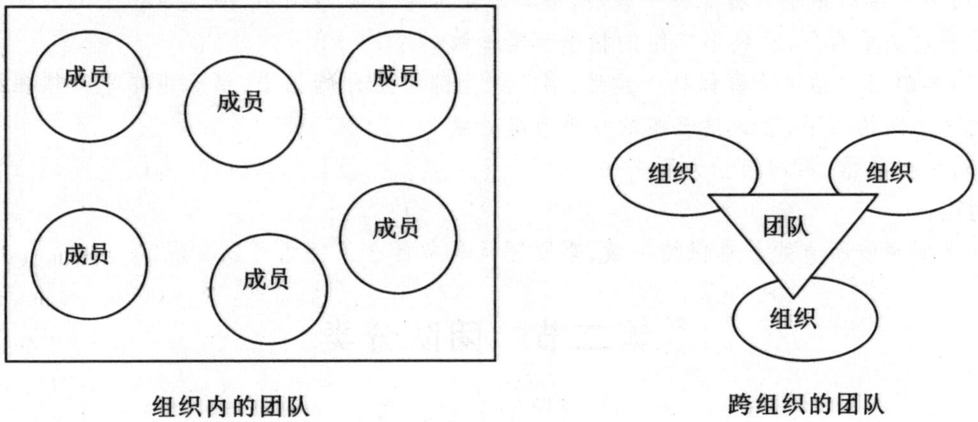

图4-1　组织内的团队和跨组织的团队

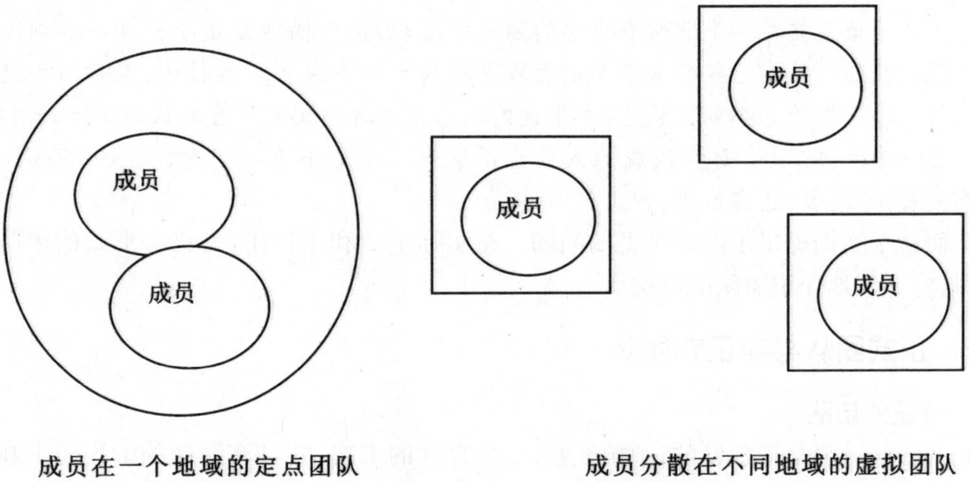

图4-2　定点团队与虚拟团队的地域分布的区别

训练与练习

团队具备的条件

指导：

(1)首先将本班学生分成3~4组，所有学生在游戏过程中都必须闭上眼睛。

(2)由第一组开始，第一组全部学生开始拍手，通过倾听使第一组拍手的节奏逐步保持一致。

(3)第一组的拍手节奏保持一致后，第二组全部学生开始拍手，第二组拍手必须在第一组两次拍手之间拍两下，直到第二组的拍手节奏一致。

(4)第二组的拍手节奏保持一致后，第三组全部学生开始拍手，第三组拍手必须在第一组两次拍手之间拍四下，直到第三组的拍手节奏一致。

(5)以此类推，第四组拍六下……

讨论：

如果要想使所有的节奏保持一致，需要团队具备什么条件才可以实现？

第二节 团队分类

案例资料

小王认为他目前在一个非常有意思的团队中活动，这个团队是由小王和一些网上认识的朋友共同组织的。他们已经完成了共同去塔克拉玛干大沙漠旅游的计划，准备明年继续合作去西藏阿里地区探险。小刘则认为，小王说的一起去旅游的朋友不能被认为是正式团队，因为他们不在一个单位工作，而且组成的人员也不固定。但是小王不同意，他说："怎么不正式？我们有队长、副队长，还有后勤，分工很明确。"

上面这个案例提出了团队类型的问题。在实际生活和工作中，有许多形式的团队。在这一节里，将详细地介绍团队的分类。

一、正式团队与非正式团队

(一)正式团队

正式团队一般是指常设的，承担经常性、重复性的工作，并且有明确的工作职责和组织形式的工作群体。一个正式团队各个层次的组成特点通常包括以下几点：第一，组织决策层团队是由高水平专家汇集而成；第二，组织操作层面上的团队主要由具有解决该层次上的问题和实施项目所需要的才智的人员组成；第三，各业务团队由项目所需知识的专业人员组成，负责执行并监督任务的完成；第四，支持性团队为组织的各项任务完成在专门领域内提供后勤保障。正式团队有以下几种类型：

1. 高层管理团队

高层管理团队通常由一位最高管理层领导者以及一些直接向其汇报的下级管理者所组成。高层管理团队的任务与特点为：采取垂直型的管理方式，负责组织的日常管理工作，以及讨论和决策组织的目标、发展战略和规划。例如非营利组织的理事会、董事会等。

2. 交叉功能式团队

交叉功能式团队一般由来自各种领域的具备专门知识和技能的人员所组成。这种团队的主要任务与特点是：成员将各自的新的知识带入团队，从而交叉互补；经过合作的方式共同解决某个关键性问题。例如，一个组织计算机网站的建设，就需要懂计算机网页设计、懂宣传、懂美术的人共同设计完成。这种工作群体就可以被看作交叉功能式团队。

3. 业务式团队

业务式团队是指由组织中负责长期项目的人员所组成。这类团队的任务与特点是：除了完成本职工作任务以外，还要对团队所承担的工作任务有固定的计划和绩效评估方法。

4. 支持性团队

支持性团队是指由组织中负责内勤、财务等行政工作人员所组成的工作群体。支持性团队的任务与特点是：承担日常组织内部管理工作，在依赖组织严格的操作程序基础上，为其他各个团队提供支持。

5. 项目小组

项目小组是在经常性项目实施时组成的工作群体，以所有成员共同负责完成工作任务为目标。组成成员一般训练有素、分工合作，成员之间能够相互理解，这样的团队具有良好的工作能力和组织纪律性。

6. 任务小组

任务小组是指为了完成某项任务而临时组建的团队。任务小组的主要工作是为了共同完成某一项具体的工作任务，成员可以来自组织内部的各个不同部门，一般会随着任务的完成而解散。

7. 专家小组

专家小组也是一个工作团队，这种团队是为实施某个项目而组织起来的一组具有专业能力的人员，他们能够为完成该项目提供智力帮助。专家小组的特点是：小组成员全部是相关领域的专家，可以是聘用的，也可以是义务的，后者一般与组织有着良好的关系。

（二）非正式团队

非正式团队是指因为临时性工作而聚集在一起的工作群体，这种工作群体可以是常设的，承担着经常性的工作。与正式团队不同的是，这种形式的团队人员不固定，没有明确的工作职责和组织形式。一般的非正式团队有以下几种特点：第一，工作的临时性特点，非正式团队的工作经常是临时性的、突发的；第二，自发性特点，非正式团队的成员通常是由自发号召组成的，并且他们的组成人员不固定；第三，明显的社会属性特点，非正式团队通常是由小团队构成的，具有小团体的社会属性，并且是以友谊和共同爱好为基础的。

非正式团队主要有以下两种类型。

1. 共同兴趣类

共同兴趣类的非正式团队的形式可以是因为人们共同的兴趣和爱好（如集邮、钓鱼、登山等）而聚集在一起的各种协会等；可以是为了共同探讨某一领域的科学研究工作而聚集在一起的各种学会，例如管理学会、心理学会等；也可以是因为友谊而聚集在一起而产生的各类同乡会、联谊会等。这些团队的特点是：共同从事所爱好的活动，团队成员来自各个不同组织和部门，人员不固定，可定期定时活动，也可临时发起活动。其组织形式完全自发，与成员所在的工作单位和工作职务无关。

2. 临时发起类

临时发起类的非正式团队的形式通常是因为临时性的活动而聚集在一起的团队，例如由于共同去购物组成的团购群体、观看体育比赛临时组成的拉拉队等。这样的团队的主要特点是：为临时发起的活动而组建的，成员来自各个不同的组织，相互之间可能不认识，人员极不固定，一般在活动结束后便立即解散。

二、特殊类型团队

1. 职能部门的团队

要创建的团队类型决定于团队总目标和任务的性质。就企业来说，一般可以按照组织系统的主要职能划分建立管理团队、生产团队、营销团队和咨询团队。

管理团队存在于组织结构中的任何层次。根据管理层次的高低，管理团队划分为高层管理团队、中层管理团队和基层管理团队。

生产团队是直接生产产品的一线部门的团队。这类团队负责产品的开发和生产。

营销团队负责产品的市场开发、销售、售后服务。

咨询团队的任务是负责研究特别项目、特别问题、审计、质量监督、安全监督等。

每一类团队可以根据任务性质划分为更细小的团队。例如，在营销团队中，可以划分为市场开发团队、销售团队和售后服务团队。因此，团队也是一个有层次的系统。但是，一般来说，工作团队的队伍不宜过于庞大。有效互动的团队人数有一个大体的限制。成功的团队一般由20多人组成。人数太多的团队，缺少直接的人际沟通机会，容易分化为更小的团队。因此，人数太多的团队更精确地说，是团队系统。

2. 长期、中期和短期的团队

以存续时间为划分标准，团队类型可划分为长期团队、中期团队和短期团队。

长期团队存在于组织的职能部门中，部门存在，则团队存在。团队的成员一般都是某个职能部门的员工。长期团队的目的是完成组织的基本职能，人员组成具有稳定性。长期团队的生命一般从半年到几年不等。

中期团队是为了完成某个特别项目设立的。如果项目需要不同领域的技能，则其人员来自许多部门，成员同时受团队的管理和原所在单位的管理。

短期团队是为了研究某个问题或进行某项决策而设立的。这些问题的解决方案提出后或决策任务结束后，团队也就解散了。当出现新的问题需要研究或进行新的决策时，再组建新的团队。如果问题和决策任务涉及组织系统内多个部门，则团队成员从有关部门抽调，成员同时接受团队的管理和原单位的管理。

3. 自主管理团队类型

真正意义上的团队本质上都是自主管理团队，但团队自主管理的程度在不同的组织内是不同的。例如，在军队中，由于需要统一指挥，下级团队受上级的严格控制，虽然在职权范围内和需要灵活机动的时候下级团队也有自我管理权限。在企业中，团队一般享有比较大的自我管理权。

根据自我管理程度的高低,团队可以划分为高度自我管理团队、中度自我管理团队和低度自我管理团队等三种基本类型(如表 4-2 所示)。

表 4-2 团队自我管理程度

团队自我管理特征	高度自我管理	中度自我管理	低度自我管理
团队采用目标管理,团队对目标负责	几乎全部	很多	部分
团队自我监督工作的过程和结果	几乎全部	很多	部分
团队对自己的业务流程负责	几乎全部	很多	部分
团队的创新精神和创新机会	强,充分	中等,很多	低,少
个人受团队伙伴的影响	很大	中等	小
领导者适度使用职权,强调上下级沟通	是这样	经常是这样	有时是这样

由于自我管理团队能够自我激励、自我评估、自我改进,所以大大降低了管理成本。与自我管理团队相对的是受到上级严密控制的群体,我们可以称之为“控制型群体”。

控制型群体的特点是:

(1)上级管理者对群体实行严格的过程管理。上级管理者监督群体的工作进程。

(2)上级管理者对群体很少授权。群体领导人经常向上级管理者报告工作进程和结果。

(3)在采购、库存、人事安排、生产目标、成本和质量等环节更多地依赖组织系统的规划和安排。

(4)群体缺少创新机会和创新精神。

(5)个人受群体管理者的影响很大,管理者更多地依靠职权管理。

由于控制型群体需要严密监督和控制,管理成本很高。

训练与练习

集体智慧

指导:

相信大家都玩过词语接龙或续写故事的游戏,比如前一个人为一个故事起了个开头,大家就按照这个思路把故事接下去,一直到形成一个完整的故事为止。

1. 将参与者两两分组,做一个与某个话题(可以任意选择,只要大家感兴趣,比如旅游)有关的演出。

2. 指定每组的两个成员中,一人为 A,一人为 B。被称为 A 的人是这场游戏的演员,被称为 B 的人是 A 的台词提示者。

3. B 组挨着 A 组的同伴站着,当轮到自己的角色说话时,就会把台词告诉 A。而每个 A 组成员的任务就是接受 B 组同伴提供的任何台词,在此基础上再加以发挥,把戏演下去。A 组成员要密切配合 B 组成员的意思,好像这些台词就是他们本人想出来的一样。

4. 为了使参与者充分理解培训者的意图,培训者可以先做一下示范。挑选一位学员后,主持者开始说:“我非常想和你一起旅游,因为小王你——”

5. 主持者然后拍一下小王(B 组人)的肩膀。小王需立刻接下去:“我总是与你的喜好一致 。”主持者结合小王的话继续说:“总是与我的喜好一致。事实上,我们有过一次愉快的旅游经历,那一次——”

6. 再次拍小王的肩膀。他也许会说:“我俩结伴去了黄山。”主持者接着说:“我俩结伴去了黄山,真是一次美妙的经历。”

7. 又一次拍小王的肩膀,小王可能说:“什么时候我们还能共同休假呢?”主持者说:“什么时候我们还能共同休假呢?那时我们再一起出游吧……”

8. 让所有参与者观看示范,然后让他们各组散开练习一下,5 分钟后大家集合,集体完成一次演出。

思考:

1. 请 A 组人员考虑:为了适应并转换 B 组搭档的台词,你必须做些什么?是否感到吃力或有其他感觉?怎样才能使这个过程不那么煎熬呢?

2. 请 B 组人员考虑:你们的任务是帮助 A 组人员完成任务,所以为他们提供台词并使这一切进行得容易一些,你们需要做些什么?当 A 组成员没能顺利利用你的台词时,你有何感觉?

总结:

1. 无论 A 组还是 B 组成员,都不可以迟钝地、恶作剧地做这个游戏,否则不仅会给搭档造成困难,而且会破坏训练的效果。大家的目的是将一个故事合理、顺畅地完成下来,而不是给别人出难题或显示自己的才能。这个游戏体现了公平的合作,即快乐来自于与他人分享创意。

2. 一个团队最不可少的就是团队的合作精神,而合作精神最重要的就是要善于倾听别人的意见——像对待你的意见一样,给予他人的想法和念头以足够多的关注。这个团队也许最终会同意采用你的想法,但这在集体讨论会上不是最重要的,最重要的是要善于倾听他人的发言。

第三节　团队构建

案例资料

某组织的领导让小王构建一个工作团队,承担去西部少数民族地区宣传环境保护方面的项目任务。小王想,到少数民族地区工作可是一项非常重要的工作任务,我一定挑选一些和我关系比较好的同事一起去,至少也应该是平时比较听我话的人,否则发生问题就麻烦了。但是,到了工作地点后他发现,自己没有让懂得少数民族语言的老张加入团队是一个很大的错误,尽管老张在平时的工作中总挑自己的毛病。

上面这个案例讲的是应该怎样组织团队的问题。团队的构建是团队管理和协同工作的基础。在这个章节中,将主要讨论人们构建团队的目的和构建团队的程序和意义。

一、构建团队的目的

团队是组织的重要组成部分。团队中每个成员都有一个共同的工作目标,这个目标是成员在加入团队后由于团队的要求而被规定的。人们之所以加入团队,主要是因为人类的群居性和社会性需要所产生的,正是因为这样的需要才使他们加入团队中,而优秀的团队管理者总是能够了解自己团队的成员的需要。根据以往的研究发现,人们加入团队的原因主要与以下六个方面的需要密切相关。

(一)安全的需要

人类寻找安全的本能使得他们聚集到一起,通过共同的群体,成员可以彼此帮助,获得个体自身所达不到的力量。目前有很多非营利组织认识到了这一点,他们在吸引人们到团队中来时,已经开始把满足成员的基本生活及安全保障需要放在重要的议事日程上。确实,如果非营利组织管理者不能为成员营造一种安全的生活和工作氛围,那么他们就会去寻找新的安全环境。

(二)地位的需要

团队成员通过团队的工作来获得自己所认同的地位,这种地位与成员在团队中工作的贡献和能力有关,同时成员通过团队工作还将建立自己的社会地位或家庭地位,这也是人们加入团队的主要原因之一。如果人们在团队中无法建立起自己的地位的话,那么他们就会寻找新的心理支撑点。

(三)自尊的需要

团队可以给予或增强成员的自我价值感,使之通过自身的工作获得自尊。成员在团队中的自尊通常与团队的价值和自己的能力紧密地联系在一起。团队必须通过合作,给成员以团队内和团队外的自尊。被一个高层次的组织接纳本身就体现出一个人的价值所在。

(四)归属的需要

团队可以满足成员社会交流的需要,这是由人的本能所决定的。因此在某种意义上,团队还是满足人们友谊和社会需要的基本单位。一个通过让参与相关任务的员工之间充分沟通、交流心得的团队,可以使每个人产生强烈的归属感,促进团队工作的发展。

(五)拥有某种权力的需要

团队的吸引力之一就是其象征着权力,个人通过加入团队可以获得某种权力,这种权力可以是工作的权力,也可以是指挥和对他人做出要求的权力。有时,个人力量难以达到的权力将可以通过团队来获得。

(六)实现某种目标的需要

团队工作的事实让每一个成员了解到个人的力量是有限的,为了实现团队的工作目标,成员必须借助团队的力量。所以,团队管理者需要让成员通过团队享受到达到某种目标后的成就感和愉悦感,否则团队成员会缺乏工作动力。

二、团队的角色

英国剑桥大学的产业培训研究部在贝尔滨教授的领导下做了九年的团队研究。他们得到的一个最核心的概念就是“团队角色”。它定义了具有特定性格特征和能力的成员能为团队做出的贡献。有用的团队角色数量有限,团队的成功要依赖于它们的组合模式以及它们履行职责的情况,各类角色如表 4-3 所示。

表 4-3 团队角色

角色	所说的话或所作所为
谋士	“试试……怎么样?” “这听起来有点愚蠢,但是……”
推动者	“注意,只剩 20 分钟了,我们开始干吧……” “这简直不可思议,但我们应该看到……”
挑战者	“难道这真是最好的方法吗?” “我们为什么要做这件事呢?”
关心细节者	“可是,我们能付得起吗?” “谁将做那件事?”
实施人员	做好工作,处理未完成的事,检查每个人的所作所为
资源调查员	寻找并获得信息、联系方式和其他资源
协调人员	帮助人们相处,解决棘手问题
领导	推动所有角色,正如管弦乐队的指挥

要顺利完成工作,团队成员就必须充当各种各样不同的角色。我们在此并非谈论传统意义上的任务角色,因为传统的任务角色仅从工作描述就能看出来。我们现在思考的是与团队建设有关的角色,如有创新精神的角色或者喜欢积极进取的角色。不同的人可能习惯于担当不同的角色,需要鼓励团队成员积极承担不同的角色。只有如此,才能在团队中实现各种各样的目标。

一支完全由“谋士”组成的团队,将十分擅长产生各种新的想法。但是,当对各种想法进行评估并具体实施时,这支团队或许就不会有什么出色表现了。团队总是需要人们扮演各种各样相互补充的角色,只有如此,团队才不是个体的简单叠加。

团队成员中至少需要包括两种角色:

(1)执行任务的人员——保证团队任务的进度;

(2)维护人员——维持团队的稳定与成员之间的和谐关系,其方式有:处理冲突和人际关系、帮助团队解决问题并实现决策。

伊莱斯 · 怀特提出了“团队效力圈”(如图 4-3 所示)的概念,分析了团队中各种不同的角色。

推动、创造、分析和协调是四大作用,它们分别建立在两两互补的基础上。除了四大作用,在下一级水平还有四种作用,分别是产生、指导、解决问题和沟通。这里的每种作用都与辅助作用相结合。例如:解决问题既需要创新(提出新思想),也需要评估(找到最好的思想)。

每个人一般都会根据自己的习惯和特色,倾向于承担一个或两个角色,也可能承担多个角色。如果发现自己的团队存在“漏洞”,即缺少某方面的角色,团队领导一定要仔细思考谁能填补这些“漏洞”。一般来说,角色的转换有一些要求,不能变化过于激烈。通常可以让一个“挑战者”去承担“关心细节者”的角色,但让一个“挑战者”去承担“谋士”的角色就不太可能。

下面介绍一些想法和做法,可以用来平衡团队中的角色。

(1)招聘:如果团队扩大或有人离去,在招聘新人时,应把缺少的角色考虑进去。

(2)工作分配:如果团队的实施能力很差,则可以考虑更换员工的角色,将擅长行动的员工转移到这个角色。

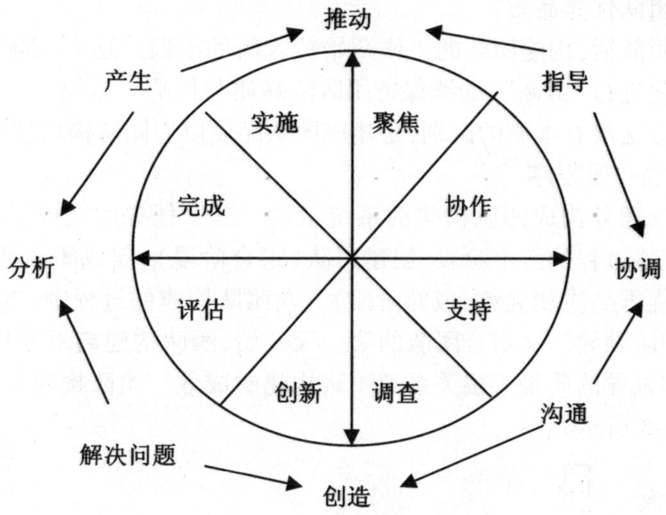

图 4-3　团队效力圈

(3)委派：如果一个团队成员有比较高的技能和能力，水平没有完全发挥出来，则团队领导可以考虑把一部分领导角色委派给他们。

(4)开发：如果找不到其他方法填补角色的“漏洞”，则需要帮助成员开发需要的技能。如果没有创造性思维，则可以举行集体讨论，或者提供一个课程，帮助人们开发他们的创造性思维。

(5)灵活采用不同角色：随着团队的成熟以及团队成员意识到团队需要的角色，他们可以根据形势需要改变他们的角色。担任角色以及轮流交换角色是常有的情况，可以鼓励团队成员轮流更换富有挑战性的角色。

二、团队构建的任务和一般程序

(一)团队构建的三大任务

团队构建是一个使团队品质不断完善的长期过程。凡是能提高团队效能的事情都与团队建设有关。团队构建涉及团队许多方面的工作。就其大者来说，团队建设有三大方面的基本任务：

1. 创建团队

团队构建首先要创建团队，即把一些人员组合在一个群体中，为团队奠定队伍基础，这是团队构建的起点。组合人员不是简单地把一些人安置在一个群体中，而是必须经过一个心理融合的过程，这是成员间增进相互了解、相互信任和凝聚力的过程。

2. 养成团队品质

团队构建的核心任务是养成团队品质，把群体构建为一个真正的团队。其具体内容包括：培养团队精神，发展团队工作能力，制定团队规范以及发展团队信任气氛，使之最终成为一个品质优秀的团队。在构建成为一个真正意义上的团队后，团队内部环境发生了变化，主要表现在：团队成员已经相互信任，彼此比较了解，开始分享共同的团队目标和团队的核心价值观，能够共同面对团队的任务和困难，凝聚力达到一定的强度。

3. **保持和增强团队优秀品质**

一个群体成为团队后，构建团队的工作开始转入新的阶段。这个新阶段的任务是不断适应内外部环境的变化进行“微调”，继续保持团队的品质与优势。这第三项任务与养成团队品质所依据的原理和方法没有本质的区别，是建成团队品质以后团队构建过程的继续。

（二）团队构建的一般程序

团队构建的三项任务构成团队构建的系统工程。三个任务的完成呈现出一定的时间系列，形成团队构建完整过程的三个阶段：创建团队（组合阶段），养成团队品质（成长阶段），继续保持和发展团队优秀品质和优势（成熟阶段）。在团队构建的过程中，贯穿始终的是团队的沟通、团队管理和团队领导。从组合团队的第一天开始，团队构建离不开良好的沟通、管理和领导。沟通、管理和领导的质量直接关系到团队构建的成效。团队构建一般要经过以下三个阶段（如图 4-4、图 4-5 所示）：

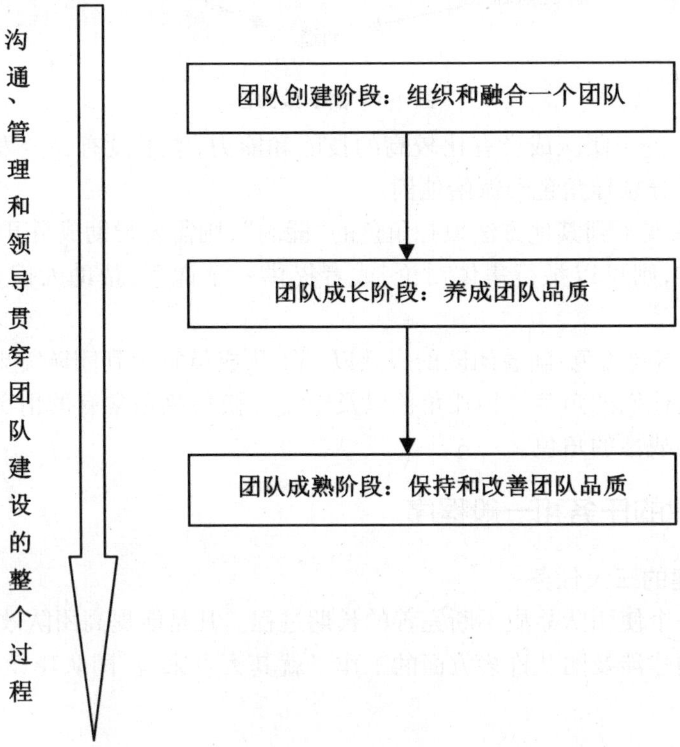

图 4-4　团队构建三个阶段的任务

（1）创建阶段的目标：将经过选择的一些人组合在一个将要成队的群体内，使人们经历初步的融合。

（2）成长阶段的目标：养成团队优良品质，使群体最终发展成为团队。具体内容就是培养团队精神，发展团队工作能力和形成团队信任气氛。

（3）成熟阶段的目标：继续保持团队优良品质，为了适应变化的环境进行必要的调整，继续发展团队的优良品质和优势。

团队创建阶段一般要经过五个环节：确定团队目标、确定团队类型、分析团队角色、配置团队人员和人员的心理融合。

成长阶段是群体能否成长为团队的关键时期。这个阶段的四大项构建任务构成团队构建的主要内容,其实质是构建优秀的团队品质。

在成熟阶段,群体已经成为真正意义的团队,这时团队合作达到并维持在一个高水准的阶段。团队成熟阶段可能很长,也可能很短。项目团队随着项目的结束将终止团队生命。但是一些常规性团队的生命周期与整个组织的生命周期一样长。

在团队构建的整个过程中,贯穿始终的、必不可少的是组织要进行沟通、管理和领导。

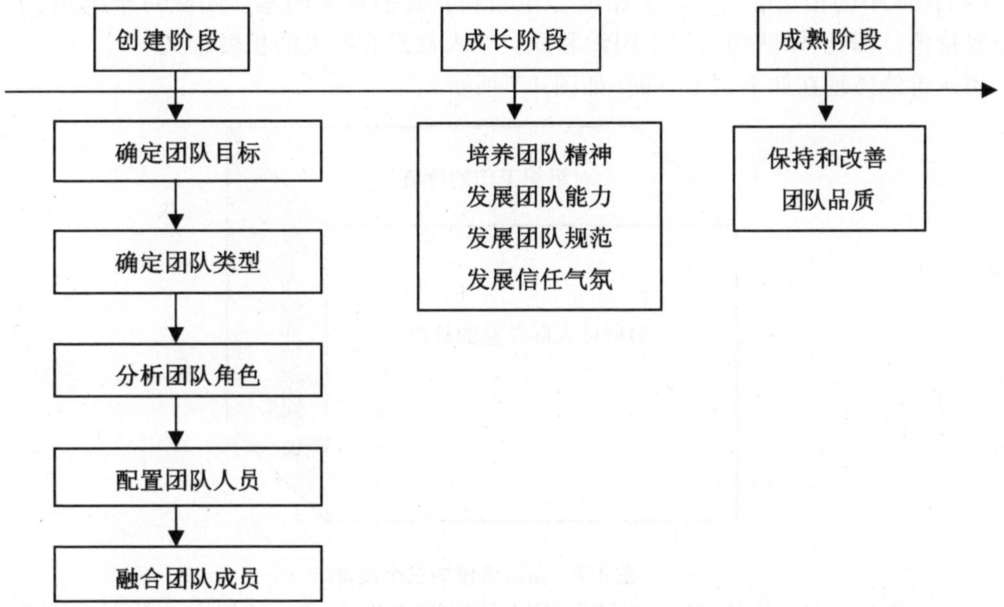

图 4-5　团队构建的流程

三、团队构建的意义

如图 4-6 所示,团队品质是团队价值的基础。团队构建的意义在于通过构建团队的优良品质,实现团队价值的最大化。

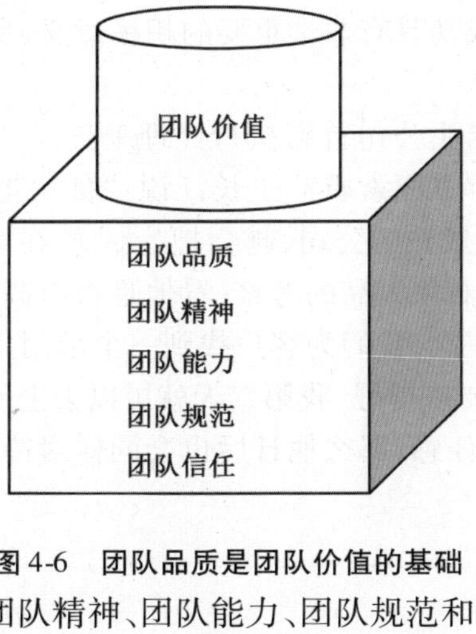

图 4-6　团队品质是团队价值的基础

团队品质的主要内容包括团队精神、团队能力、团队规范和团队信任气氛。团队之所以比其他形态的群体更具有优势,是因为团队具有强烈的团队精神、高效率的工作能力、行之有效的团队行为规范和相互信任的团队关系。

构成团队品质的四个要素是团队价值得以实现的基础和条件。

(1)团队精神是保证团队价值得到实现的必要心理条件。它关系到人们是否自愿合作的动机、态度问题。

(2)团队工作能力是团队效能和绩效的必要条件。

(3)团队规范是保证团队运行稳定有效的重要因素。

(4)团队中的相互信任气氛是保证合作顺利有效的重要因素。团队对于组织、个人都具有重要价值。因此,团队构建对于组织和成员个人都具有巨大的积极意义。

团队价值体现在如下三个方面(如图4-7所示):

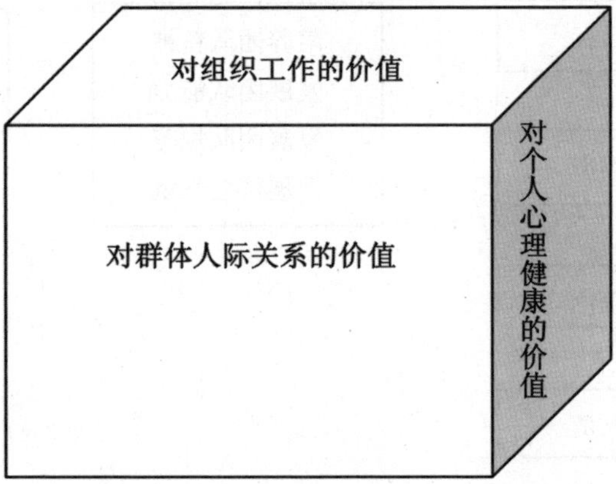

图4-7　团队价值的三个维度

(1)对组织工作的价值:团队精神和团队的协调工作方式能够提高工作效能和取得工作的高绩效。

(2)对群体人际关系的价值:团队的气氛使成员之间的人际关系更加融洽。

(3)对个人心理健康的价值:团队的合作气氛给团队成员较高的心理满意,有利于人的心理健康。团队的高凝聚力使得成员对团队和团队人际关系的气氛感到满意,心情愉快,心理健康。因为团队对组织发展和成功具有非常重要的积极意义,所以各类组织都非常看重具有团队合作意识的人。

有个记者采访北京浩竹猎头公司首席执行经理王长江。记者询问:“IT行业的知名企业在寻才、选才时,最看重人的哪方面素质?”王长江说:“如果把人才这个词简单分割为‘人’和‘才’两个方面的话,越是发展成熟的公司,越会把‘人’放在第一位来考虑。我们在为他们选拔人才时,首先会注重对推荐对象人品的考察,看他是否有高尚的职业道德、良好的敬业精神和团队协作的能力。曾经有一次,我们为客户找到一个部门主管,当我问‘什么时候可以到任新岗位’的时候,他回答:‘只要谈得好,我第二天就可以去上班。’我感觉他对于目前所服务的公司说走就走,缺乏基本的责任感,那么他日后也会同样对待我的客户。”因此,王长江决定不能推荐这个人。

案例资料

招聘合作者

一家公司招聘高层管理人员，最后从几百名应聘者中挑选了9人进行面试。公司老总决定对这9人亲自把关。他把这9人分成三个小组，交代第一组的人在三天内提交一份本城市的儿童用品市场调查报告，第二组的人调查妇女用品市场，第三组的人调查老年人用品市场。应聘者临走前，老总对他们说，每个人到秘书那儿去领取一份相关资料。

第四天早上，9人都把调查报告送来了。老总看过报告，站起来走到第三组的3位应聘者面前，分别与他们握手，说："恭喜三位，你们被公司录用了！"其余6人很疑惑，难道这个组的三个人都比其余两组的人优秀？

老总察觉了其余两组人的疑惑心情，就说："请大家打开秘书给你们的资料相互比较一下。"未被录用的两组人相互比较了资料后，发现每个组员得到的资料不一样，分别是对一个市场的过去、当前和未来的分析资料；每个人的资料都是不齐全的。老总接着说："只有第三组的人相互借用了资料。他们懂得合作。团队合作意识对于企业的成功来说是保障。"

2002年初，北京软件行业协会对800多家软件企业进行了一项调查后发现，软件企业要求基础软件工程师具备如下六大基本素质：

(1)良好的编码能力；

(2)自觉的规范意识和团队精神；

(3)认识和运用数据库的能力；

(4)较强的英语阅读和写作能力；

(5)具有软件工程的概念；

(6)有求知欲和进取心。

IBM咨询公司对世界500强企业的调查表明，这些企业都具有优秀的企业文化。世界500强企业的技术创新、体制创新和管理创新根植于其优秀的企业文化。企业文化是它们位列500强而闻名于世的根本原因。世界500强企业文化中包含以人为本、服务社会这样的核心价值。同时，在这些企业文化中也包含平等对待员工、平衡相关者的利益、团队精神和鼓励创新等精神财富。世界500强企业的成功历史表明，在变化的环境中保持稳定不变的企业核心价值观和基本目标对企业成功是很重要的。

《财富》杂志1999年曾公布"世界最受尊敬的公司"年度排名。同《财富》杂志一起编写报告的Hay Group公司概括出世界领先企业具有以下几个主要因素：

(1)兼顾个人需要和公司战略目标的领导能力发展计划。

(2)强调"以人为本"。

(3)以自信、自制、积极进取、全心投入以及团队精神等为特征的管理模式。现代组织面临信息技术时代，组织之间的竞争非常激烈，对人才的要求很高。信息技术时代的人才应该具备如下素质：

①应变的意识和能力。环境变化很快，人才应具备快速捕捉信息、快速适应环境变化的

能力。

②沟通的意识和能力。人才应具备与组织内外部不同人进行有效沟通的能力。影响力很大程度上依赖沟通能力。

③认知能力。认知能力对于理解环境是很重要的,它包括观察能力、想象能力、分析问题的能力以及推理能力。

④创新意识和能力。现代企业强调创新取胜,管理、产品、制度都要适应环境的变化不断创新。

⑤科学决策的意识和能力。不论是管理层还是操作层,每日都要进行决策。

⑥不断学习的意识和能力。知识更新的速度很快,只有不断学习才能跟上变化。

⑦领导管理的观念和能力。成功的组织都有好的领导和管理。

⑧业务专长能力。在信息技术时代,每个人应该有自己独特的业务专长。

⑨工作能力。很好地完成工作任务的能力。

⑩合作的意识和能力。个人无法完成任何比较重大的任务。现代组织依靠集体的力量取胜。

从另一个角度来看,一个人如果缺乏某些素质,就很难适应组织的工作和生活。最容易被现代企业炒鱿鱼的人包括这几类人:

①缺乏团队精神的人。

②不思进取的人。

③只会执行指令但不会创新的人。

④只说不做、只会空谈的人。

⑤办事效率低下的人。

⑥不愿意承担责任的人。

⑦不了解同事需求的人。

总之,现代组织需要的人才,除了各种能力外,具备团队协作精神是非常重要的。

案例资料

世界领先企业选择人才的标准

IBM 全球人力资源总裁提出了四点:第一是具有自豪感,第二是创新精神,第三是灵活性,第四是高绩效。IBM 现在比较强调求职者的三大部分:必胜的决心、又快又好的执行能力和团队精神。有这三种特质的人就是所谓高绩效的人。

英特尔公司十分重视录用大学毕业生,对毕业生的要求,除了专业和语言的基本要求以外,学习能力和团队精神是选择新生时非常看重的因素。美国微软公司招聘新人的面试是“一对一”进行的,即一个面试者对一个应聘者。但应聘者必须经过多位面试者的面谈和评估。

微软公司的面试者是各个方面的专家,每人都有一套问题,考题通常没有经过集体讨论,但有四个问题是共同的:是否足够聪明?是否有创新的激情?是否有团队精神?专业基础怎样?

全球著名的咨询公司麦肯锡重视人才的四个方面的素质：

(1)分析问题、解决问题的能力。

(2)沟通、交往的能力。

(3)领导的才能与潜力。

(4)团队精神。

麦肯锡分散在全球的员工共享公司的信息资源并且相互支持。全球各地分公司的每一个咨询人员都可通过麦肯锡知识管理系统访问这些专业知识和信息，使用全球知识库；同时，任何一位咨询人员都可向全球各地的同事寻求帮助。

摩托罗拉(中国)电子有限公司的用人标准是：诚信、勤奋、富于创造性、有团队精神。摩托罗拉非常注重员工这样的素质：个人应该有发展意识，既要发展自己，又要发展别人。员工在摩托罗拉发展到某一阶段时，他就有发展别人的义务。“发展别人”的意识和态度充分体现了团队精神。

四、团队构建的根本方法

人们的心理凝聚力是团队精神中最集中表现的心理要素。没有凝聚力，就没有团队精神，也就没有团队。有了较强凝聚力的群体，就有了团队。从这个观点来看，团队构建的根本方法是通过调节团队成员的社会关系，包括经济关系和心理关系，增强团队的凝聚力，从而培养团队精神和构建团队。

社会关系的基础是经济关系。调节团队成员的经济利益关系是构建团队的物质利益基础。构建团队必须实行利益整合原则，即协调团队成员个人利益与团队利益。

除了调节人们的经济利益外，调节人们的心理关系也是构建团队的一个必不可少的基础。

凝聚力体现为成员归属感、相互喜欢和相互信任等心理关系的融洽。凝聚力包含的这三种心理状态均体现了人们的心理关系。

融洽的心理关系必须建立在融洽的经济利益基础上。经济利益冲突必然引起心理关系紧张。但是，人们的紧张关系却不一定是由经济利益冲突引起的。言语的不合、见解不一致、人际沟通障碍等与经济利益无关的因素都可能引起心理关系的紧张。因此，构建团队还要全面调节人们的心理关系。

为了全面协调人们的心理关系，除了应注意调节人们的经济利益以外，还应从组织传播和人际沟通入手，协调人们的核心价值观，协调人们对组织基本目标的认识，提高人际关系技巧和沟通技巧，最终增强团队凝聚力。

训练与练习

设定团队目标

问题：

- 谁为你所在的团队设定目标？

- 你能否说出团队目标？

- 如何推动组织目标的实现？

总结：

组织中的每个部门都必须找到自己的定位，都在朝着同一方向推进，实现共同的目标，这就是所谓的协调。团队的目标必须同组织目标一致，必须能够为组织目标的实现贡献力量。

第四节 团队管理原则

案例资料

小周毕业于一所名牌大学，是一个非常聪明的员工。但是他非常骄傲，经常在公开场合顶撞团队领导老胡，不但让老胡感到很没面子，甚至其他成员有时也把小周的行为作为榜样。小周在工作时通常根据自己的心情，有时可以做得非常好，有时又弄得乱七八糟。对此老胡也感到头疼，他不知道应该拿小周怎么办。

上面这个案例也是团队管理中经常会遇到的问题。如何有效地实施团队管理工作，使每个员工都发挥出工作积极性是团队管理者面临的主要困惑。在这个章节中，我们要讨论的问题就是关于团队管理原则及其方法的问题。

一、团队的核心要素

如果我们试图用一些简明的核心关键词来描述团队的基本性质，我们大概首先会想到“团结”“合作”“信任”“共同目标”等词汇。我们还可能会进一步设想团队内部的“气氛融洽”，人人“心情愉快”，“有活大家一起干，有难大家一起当”，等等。一个群体能够被叫作团队，应该具有这些特点。简单地说，团队是由一群志同道合的个人组成的一个工作或活动群体。

如表4-4所示，团队具有七个核心要素：人员、目标、互动、信任、合作、自愿和能力。

表4-4 团队的核心要素

人员	是团队的根本要素
目标	是聚合人力资源的焦点
互动	是形成和维持合作与信任的过程
信任	是团队合作的心理基础
合作	是团队的根本活动方式
自愿	是为团队贡献的心理基础
能力	是团队绩效的技术基础

(1)人员是任何组织都具备的最根本的要素。

(2)目标是将人们的努力聚合在一起的凝聚因素。没有一致的目标，人们就不会联合，也不会有共同努力的方向。

(3)人们的互动是人与人之间通过信息交流或以其他的交换方式(例如情感或物质交换)进行的相互作用的过程。在互动过程中人们交换信息、物质、能量、情感,相互影响。互动可能是竞争性的,也可能是合作性的,还可能是既有竞争又有合作的竞合。互动需要付出成本,互动也产生收益。

人们的互动过程是社会关系形成的必要条件。人们经过一定时间、一定方式的互动过程才能结成特定的社会关系。群体成员须经过一定时间的特定互动才能组成团队。此外,团队成员是维持团队合作活动的必要条件。人们经过适当的互动才能形成信任和合作关系,保持互动才能维持团队信任和合作的关系。团队互动是形成和维持团队信任与合作的过程。

(4)相互信任是合作的心理基础。没有信任,就不可能合作。信任是合作的起点,任何两个人之间的合作必须以一定的信任为基础。合作的成功将增强相互的信任。

(5)合作是团队的根本活动方式。在一个群体中如果合作得很不好,就不是团队。与其他群体内部合作相比较,团队的合作程度比较高,也比较有效。缺乏高度合作,任何群体都不能称为团队。

(6)根据合作者是否自愿,合作可以分为两种形态。一种是被动的,即其中一部分权力比较小的人被另一部分权力大的管理者压制,在压力下被迫与管理者合作。被迫型的合作程度很低。在合作的情况下,人们的可监督的、可控制的行为是合作的,但有些不能监督的行为却是不能控制的,是非合作的,在心理上是不合作的。因此,被迫型合作潜藏着人际冲突和矛盾。相反,另一种合作是自愿的,即合作者是自愿参与合作过程的。被迫合作痛苦,而自愿合作使人满意。如果其他条件同等,则被迫的合作效率低,而自愿的合作效率高。

(7)团队合作必须建立在成员个人自愿参与的基础上。成员加队是自愿的,成员参与团队的活动是出于自愿的,团队成员在合作过程中体验到满意。成员若是被迫参与群体活动,这个群体也就不是一个团队。团队成员之所以自愿参与团队活动,是因为认同团队的目标和团队的价值。

总的来说,工作团队是为了解决某些困难的问题或实现某些比较困难的目标而组建的。单一的技能对于完成团队任务是不够的。工作团队需要一批各具特长的人才,需要一批能担任不同角色的人才。因此,团队中人才的技能和角色是相互补充的。

在团队构建的过程中,个人自愿参与团队活动的意愿的程度得到加强,在团队形成以后,每个成员参与团队活动的自愿程度达到很高的水平。在团队构建和工作的各个时期,每个团队成员的技能也在发展。在团队发展的同时,个人的技能也得到发展,因为团队的效能是以个人的能力发展和贡献为基础的。

二、团队管理原则

(一)激发员工创造性的工作原则

激发员工创造性的工作,第一,要让团队的每一个人都共同参与决策过程,避免发生"决策只是管理者的事,与普通团队成员无关"的问题;第二,使每一个人都关注任务的完成,不能让团队成员产生"任务完成与否是管理者的事,我只是一个打工者"的想法;第三,使每一个员工都关注任务的结果,避免"任务结果的好坏只与管理者有关"的团队管理误区;第四,让团队成员全体对团队的问题结果承担责任,明确团队不是一个人的,团队的问题不能由某一个人来承担；第五，让团队成员明确，一个团队的管理者是同事而不是老板，是指挥员而不是控制者。

（二）选择优秀的团队领导者的原则

团队管理者的基本素质直接决定了团队工作结果的好坏，因此选择一个优秀的团队管理者，对于团队任务的完成具有非常重要的意义。团队管理者必须具有鲜明的个人特点以显示其影响力和能力。这些品质有时是内在的，有时是外在的。一个团队管理者必须既是促进者，同时又是激励者。团队通常依靠团队的管理者做出快速的反应以适应变化，并保证团队的不断前进。因此，一个团队管理者应该具有健全的人格、良好的工作能力和良好的业务能力。健全的人格是指团队管理者应该自信而不主观，守诺而有诚信，有勇气而不鲁莽；良好的工作能力是指团队管理者应该有广阔的视野，能够纵览全局，有前瞻性的眼光而不局限于眼前，有想象力但符合实际，善于沟通而不猜忌，有合作精神；良好的业务能力是需要团队管理者懂业务知识，具有应付业务方面突发性事变的能力，还要具有指导团员完成有关任务的能力。

由此，选择团队管理者的要点为：第一，始终根据业绩来选择领导者，而不考虑其他方面；第二，根据管理者的能力构建一个有战斗力的团队；第三，管理者必须牢记，团队中每个成员都是以各自不同的方式思考问题的。

（三）协同工作原则

1. 授予职责、共担责任

在团队成员的协同工作过程中，要求团队每个成员至少应该能够承担其他一位成员的角色，让他们明确其在团队内有责任主动工作；同时，成员应该知道他们的责任来自何处，又止于何地，鼓励每个成员探索适合自己的最佳工作方式来完成团队的任务。

2. 保证工作的最佳绩效

在团队中，应该确保每个成员都知道自己的责任所在，并接受挑战。鼓励成员为团队和工作倾其所能，共同监督团队以确保团队向一个方向前进。团队管理者应该注意将团队目标设定在一个恰当的水平上，以鼓舞成员的士气，在工作中确保团队成员之间责任的任何重叠不会导致任务分派的重复。

3. 给予成员一定的灵活性

由于团队是由各种不同技能的人组成的，因此，在工作中必须给予他们所必需的权力，并在讨论问题时，给予分享某种决策权的权力。这样，可以鼓励成员在团队内建立起工作伙伴关系，让成员站在管理者的助手的立场上接受一项新的任务。

（四）处理团队问题的原则

团队是由人与人组成的社会结构，再好的团队也会存在这样或者那样的问题，而有效地处理团队中的问题是团队健康发展的重要保证。

在处理团队问题时，要注意平等地对待每一个成员，避免互相之间产生怨恨，在没有得到确实证据之前，不能够随意断定与团队有不同意见的成员就是错误的，应该告诉团队的每个成员，他们为团队做的工作是有价值的。处理团队问题的要点在于成员之间的个人问题应该以一种建设性的方法解决，而不是对抗；对于一些还没有确定真相的问题，不要立即对问题做出反应。要知道，团队总是在攀登新的山头，出现问题是难免的，所以必须避免出现“责难文化”，它会扼杀团队精神。

在处理有问题的团队成员时，应该对犯错误的成员以礼相待，哪怕是给你制造麻烦的成员，因为我们处理的是错误，而不是人。在处理过程中避免情绪激动，与成员直接冲突，处理问题应该对事不对人。对于真正不合格的成员,应该让他退出,同时确保其他成员都能够从中吸取教训。

三、团队管理方法

(一)团队管理者的职责

一个团队管理的好坏,关键取决于团队成员集思广益的程度。团队管理者应该营造一种积极的氛围,这一氛围将把刻板和嫉妒排除在外,使成员在这个氛围中用思想而不是用自尊心去进行竞争。作为团队管理者的主要任务是领导和激励成员不断地努力,使团队的目标得以实现。在工作过程中,团队管理者可以通过以下几种技巧帮助团队实现目标:选择足够的和合适的人参与团队计划的制订;召开团队会议,就团队的目标和价值等问题进行讨论;在保证团队目标实现的基础上,体现每一个成员的个人价值;随时与团队成员一起研究工作过程中的问题,及时修正错误;无论对内对外都承担起代表团队的责任。

(二)注意团队的平衡

团队的平衡在团队工作中具有重要的意义,其平衡主要表现在每个成员的技能和个人素质两个方面。然而与基本技能相比较,获得团队内部正确的经验搭配则更为困难。在团队平衡中可通过两个方面的技巧来实现:第一,寻求团队成员技能的正确平衡点。可以通过选择具备训练有素的专业技能,具有解决问题的能力,尤其是在紧急情况下做出正确判断的能力,以及具有团队工作经验,善于处理人际关系三方面的人加入团队。第二,维持团队平衡。可以通过让成员对团队发展所需要的技能有清醒的认识,鼓励团队成员不断学习和营造一个不断进取的团队氛围的方法来实现。

(三)建立团队内部的信任

团队的最重要的特征之一就是信任,很难想象一个没有信任的团队能够实现自己的工作目标。信任包括五个方面的维度:正直(integrity),指一个人诚实和可以信赖;能力(competence),指一个人的业务技术能力和人际关系知识;一贯(consistency),指成员是否可靠、他的行为是否可以预测和遇到问题时有较强的判断力;忠实(faith),指忠诚于自己的团队、支持正确的创新思想和维护其他成员的利益;开放(openness),指是否能够坚持与他人分享信息和观点。

1. 团队管理者建立信任的方法

团队管理者如果要建立信任,第一,要提供有效的沟通渠道来解释团队的各项政策和决策,通过及时提供反馈了解团队工作的情况和进展,以及坦率地承认自己的缺点和不足,并在今后的工作中注意改正;第二,给团队成员以工作上有力的支持,在工作中管理者应该平易近人,鼓励新的思想和新的建议,提高团队的创新能力;第三,尊重团队中的每一个成员,通过有效地授权,让团队成员感受到信任,处理问题公正不偏袒,在对团队成员进行绩效评估时做到客观、公正,就事论事,工作中决不吝啬对员工的表扬;第四,重承诺、守信用,对于自己的承诺必须做到言必行、行必果;第五,展示自己的工作能力,一个没有业务能力、管理能力和职业素养的管理者是不会被成员所信任的。

2. 团队成员间如何建立信任

团队成员之间的相互信任是团队工作的核心,一个缺乏信任的团队对于他和组织都是致命的。构建团队成员间的相互信任,通常需要遵循以下五项准则:第一,以共同利益作为信任的基础，让团队成员同心协力地完成具有共同利益的项目，在工作中确定出那些适合于大家合作的几个具体事项；第二，认真收集、提供和处理成员的信息是建立信任的前提，这中间包括仔细地收集同事、上司和下属人员的需求信息，正确、诚实地给团队成员提供信息，以及认真对待团队成员提出的有关其需要的信息等；第三，有效的沟通是建立信任的基本方法，通过沟通可以解决团队中存在的矛盾和人际关系问题，在解决分歧时应该注意争论针对事而不针对人，在自己认为是正确时，要坚定地和具有说服力地去进行交流；第四，在工作中灵活运用团队管理的基本原理是建立信任的基本条件，管理者应该认真学习管理方面的知识，将团队管理知识运用到具体的工作实践中，这有助于使全体成员了解团队信任的重要意义；第五，消除埋怨和背后非议是建立信任的重要手段，这就要求团队营造提倡成员公开进行交流，让每一位涉及某个问题、项目或行动方案的成员都清楚这一点的氛围，在工作中大家都应集中精力去解决问题、实现目标和完成计划，而不是集中在问题的本身。

四、团队管理中应该注意的问题

在团队管理过程中，应该注意避免发生以下几个方面的问题：第一，避免局限性思考。每个人都应该从团队整体出发去思考问题，如果团队成员只专注于自身的工作责任时，他们便不会对职务互动所产生的结果有责任感。第二，避免归罪于外。归罪于外是人类为了回避危险的本能，但是，把团队问题归罪于外就会侵蚀团队本身，使团队成员处于不负责任的状态中。归罪于外不只限于团队成员之间、部门之间，而且也包括归罪于团队以外的外部环境。第三，缺乏主动积极的前瞻性思考。团队工作中最大的问题之一就是人们只关注自己团队的工作业绩，在思考问题时，将团队独立于组织以外，如果过度考虑本团队的利益和状况将使人们对组织全局的判断失去方向。第四，无视细小问题的存在。团队的任何问题都不是小问题，如同煮青蛙的故事那样，团队的失败往往是对缓缓而来的致命威胁习而不察。第五，从经验中学习错误。随着组织的扩大，通常会不断地增加人员和设立机构去解决问题，而由于机构的设置和人员的不断增加，使组织内部的层阶也随之而增加，这样就导致各团队间产生了无法跨越的鸿沟，如何消除团队间的鸿沟已成为每个组织最迫切要解决的问题。第六，管理者的迷思。在团队管理中，目前许多团队负责人都只奖励提出主张的人，而不奖励深入质疑复杂问题的人。这是因为大部分管理者害怕在团队中互相追根究底的质疑求真所带来的威胁。第七，团队管理与项目管理相混淆。在团队工作中经常会遇见这样的情况，负责团队工作的管理者通常会感到自己无法将精力投入管理工作中，因为具体的项目管理和进展牵制了大量的时间，没有正确地理解团队管理与项目管理的关系而引起问题是许多团队管理者的通病。因此，正确地理解并处理两者之间的关系，对提高团队管理的水平也具有非常重要的意义。

训练与练习

团队成员的信任

指导：

用几分钟的时间来想想你的团队成员之间的信任程度。

根据以下的几对陈述,在数字上打上记号来表示你团队的状况(如表4-5所示)。

表4-5 信任度调查表

充分信任	评价分数	缺乏信任
人们可以自由地表达不同意见	1 2 3 4 5	人们认为必须同意专家或者领导的意见
人们可以毫无顾忌地实话实说	1 2 3 4 5	人们担心他们的意见不会被采纳,所以保留自己的意见
人们表现出对彼此观点和意见的重视	1 2 3 4 5	人们时常驳斥别人的观点/意见
人们互相尊重	1 2 3 4 5	人们互相诋毁
有着坦诚的气氛	1 2 3 4 5	互相之间有秘密,人们背着别人说话
有很多合作和支持	1 2 3 4 5	人们宁愿自己做自己的事
人们能得到他们所需要的信任	1 2 3 4 5	人们抱怨得不到所需的信息
人们很放心地承担风险	1 2 3 4 5	人们害怕承担风险

总结:

你做的记号分数越大,说明团队中信任的程度越差,你就越需要通过在团队中建立信任来改进团队工作。

第五节 团队外部关系

团队是组织的重要组成部分,也是集客户、供应商和其他各种元素为一体的一个工作单元。在组织外部,同样存在着各种力量能够影响到团队。本节将讨论对团队有影响的各种因素。

一、团队外部的联系

1. 团队联系的重要性

案例资料

“各自为战”的代价

徐小姐及其团队花了两年时间开发出一个新课程，团队为制作这个课程花费了大量的心血，但这个课程并不真正符合组织的需求。在项目结束时，组织拒绝推广这门课程，团队也因此被撤销。徐小姐由于未将团队的目标与组织的目标结合起来，导致这个项目和其团队失败了。如果徐小姐及其团队当初在组织内部进行广泛调查，那么结果很可能就不一样。

项目团队的工作只是组织整体工作的一部分，因此项目团队必须与其他团队紧密联系，必须在组织整体框架的要求下运作。人们如果只是忙于自己团队的事，对组织内的其他团队漠不关心，就可能犯一些错误，如重复其他团队的工作、不能充分利用资源等。除此之外，放眼全局还有其他的好处，如能够接近更多的人、能够得到更具有创造性的思想和解决问题的方案等。

表 4-6 对团队横向分析的优势和劣势进行了分析。

表 4-6　团队横向分析的优势

横向分析的优势	不进行横向分析的劣势
• 确保团队的工作与其他团队的工作保持平行，与组织的整体目标保持一致 • 出现问题时能立即采取行动 • 团队很可能对组织整体产生促进	• 团队可能会被排斥，因为团队目标与组织的其他部分“脱轨” • 可能重复其他团队的工作 • 可能缺乏资源
• 当需要帮助产生思想或解决问题时，其他团队/部门/个人能够提供有用的帮助——团队可以减少忧虑	• 总以同一方式行动的团队可能停滞不前 • 问题不能得到解决时，会增加团队压力
• 使团队之间融洽相处	• 被其他团队所敌视
• 团队能融入全局	• 团队保守孤立

2. 团队外部联系人

既然与其他团队保持联系具有很大的好处，那就应该与其他团队加强联系。首先，应该对哪些是团队不断获得“东西”的人保持联系。“东西”包括从实物（像托架或计算机）、服务（像建议或餐饮服务）、信息（像客户投诉的数量或行业趋势）等任何事物。因此，如需要从他们那里获得“东西”的人和需要从自己团队获得“东西”的人就是团队应时常保持联系的对象。

下面列出了一些问题，可以帮助大家找出谁是我们应该联系的人：

- 谁是接受货物或服务的人？这些人包括供应链中的客户，例如需要服务的对象。
- 谁是提供货物或服务的人？这些人包括供应链中的供应商，例如提供销售趋势的人。
- 谁是组织的最终客户？

- 谁是可以依靠和提供帮助的团队或部门？如人事、金融、销售团队或部门，等等。
- 谁属于特定的小组？如质量保证小组。
- 谁是对组织决策具有影响的资深人员？

3. 团队的支持者

团队的发展离不开一定的支持和帮助，首先，所有团队都需要高阶层中的支持者，这些支持者可能包括：

- 决策者——最高级行政管理人员；
- 影响者——指导高级经理的人；
- 顾问——能够给出意见的人；
- 赞助者——能够影响其他高层的人。

有效的支持者会对团队有所帮助，这种帮助既可以在组织内部树立良好的形象，也可以确保团队的工作与组织的目标保持一致，并且可以通过保证资源，使团队工作得以完成。

其次，每个团队要想正常行使其职责，离不开其他团队的支持。自己团队必须明确所需要的支持，并设法获得。

二、团队之间的作用

1. 团队之间的期望

当与其他团队一起工作的时候，总是期望从对方处有所收获，对方也期望从你的团队获得利益。如：销售厨房设备的团队期望从库存团队那里收到实时信息，这样销售人员才能向客户提供实际的交货时间表；设计团队希望与销售团队讨论客户需求的变化问题，这样才能在设计新产品时与客户的需求相吻合；设计团队希望生产团队就生产新设备的可行性以及涉及的时间向其提供建议。

团队与团队之间在工作中都会存在着相互的期望，在实际中大多数的期望都和以下几个方面的需要有关系：

- 信息——提供实时信息，例如存货量；
- 建议——如何做以及具有什么效力，例如生产新设备的时间；
- 讨论并一起工作——然后提高服务，例如如何设计新产品或解决问题（如一般客户投诉）。

团队需要明确各自的期望，也需要知道对方的期望。这如同每个团队都需要非常清楚自己的目标一样。

2. 团队之间的展示

如同团队内部需要树立团队成员的内部模范一样，面对其他团队也同样要展示模范团队。外部世界对团队的印象取决于团队中每一个人的所作所为，正是这些言行树立了团队的整体形象。例如，团队能够表现出有效性、是否热忱、是否受到尊重、团队是否看起来无足轻重，团队成员是否都比较浪费而且懒惰。

在团队形成的早期，花些时间从其他团队和其他有影响力的人那里得到有用的信息至关重要。随着团队的成熟，团队成员将逐渐承担这些角色。

团队被接受的程度显示了团队的地位，团队地位的表现特征主要有以下几个方面：

- 团队存在的重要性；

- 团队存在的有益性；
- 团队内的合作程度；
- 团队重要人物的影响力；
- 主要事件的影响。

这些都是团队面对其他团队展示出来的自身形象，这些整体形象需要通过团队内部的构建和管理才能够得到有效的体现。

团队树立良好形象会在具体的工作中得到意想不到的好处，在面对其他团队事业会具备相应的优势，比如：工作将在很大程度上不受干涉，因为团队“能够受到信任”，团队将很容易获得资源等。所以团队必须考虑自己团队在其他团队心目中的形象问题，并思考谁可以作为“大使”来同其他团队之间进行交流。

三、团队之间的关系

1. 团队融洽相处

团队不可能孤立运作，总是会出现与其他团队合作的情况。不管团队自身的有效性如何，它都必须与其他团队或个人具有良好的关系，这样才能最终成为成功的团队。下面的案例说明了这样的道理。

案例资料

一家公司把销售人员按销售区域分成不同的团队，各个团队相互竞争，业绩最好的团队将获得去夏威夷旅游的奖励。尽管销售量是衡量业绩的指标，但各个区域团队都必须依靠库存及运输团队的支持。如果没有这些团队所做的辅助工作，销售团队的工作就无法开展。

团队的成功必须建立在与其他团队紧密合作的基础上。团队与团队的融洽相处正像帮助团队内部成员融洽相处一样，应从对方的观点出发，需要认真地倾听并细致地观察，并采取一定的措施才能够保障与其他团队的融洽相处。

下面列出了一些与其他团队融洽相处的建议：

- 确定有哪些团队影响我们的团队，派人直接与这些团队联系。
- 确保其他团队知道：

——你的团队的工作；

——你的团队的主张；

——你的团队的工作是如何影响其他团队的。

- 分享目标和计划：

——确保相互的目标得到沟通；

——充分理解对方的观点。

- 交流并发展信任：

——当与其他组织一起工作时，交换进度或业务信息；

——派代表参加对方召开的一些会议；

——提倡交流，以便团队成员之间相互了解；

——举行联合团队培训会；

——就双方关心的重大问题召开联合会议，以解决冲突。

有效的交流对防止团队双方可能产生的摩擦和冲突大有裨益。团队合作的基础建立在和谐的人际关系基础上，为此团队需要付出一定的努力。

2. 处理紧张关系

案例资料

客户服务团队希望培训团队能对客户服务团队的新员工进行培训，但培训团队认为，如果客户服务团队自己培训，效果将会更好。客户服务团队说他们近期没有时间来培训新员工。

有时候冲突并非不可避免，最好能够预先认识到冲突发生的征兆，这样才可以为解决冲突做好准备。每个团队与别的团队之间总是不可避免地发生某些摩擦。所以，需要注意产生摩擦的信号，以便及早处理，而不要等到这些信号上升为全面冲突时才去处理。

在大多数情况下，团队之间的冲突都会有一定的原因引起，并且在不断的积累中才爆发。那么如果能够注意到引起冲突的原因，及时采取措施会减轻或解决团队之间的紧张关系，避免冲突的发生。

这里列出了一些引起冲突的常见原因：

- 团队之间相互误传消息；
- 资源的竞争；
- 竞争或侵犯；
- 妒忌；
- 实力不对等；
- 目标、优先权或标准的冲突。

这些紧张的来源很容易导致敌对情绪。在这种敌对的作用下，团队内部紧密团结，以对抗“敌人”，理解常常变成误解，很容易就会形成破坏性冲突。解决团队之间的冲突，团队领导的角色会有些变化。团队领导需要考虑更加广泛的关系，并能够像领导一样站在全局的高度来思考和解决问题。

当团队之间已经形成了紧张关系，为了避免形势的升级，就要采取相应的措施来缓解团队之间的紧张状况，在这里团队领导的作用是非常重要的，在解决团队紧张关系中采取得当的处理方式往往会事半功倍。

解决团队之间的紧张关系，可参考以下几种建议：

- 避免陈词滥调，例如，“他们真懒……”；
- 避免一概而论，例如，“他们总是这么晚才把东西发过来……”；
- 避免推卸责任，例如，“是他们的问题，不是我们的问题……”；
- 尽快在萌芽状态解决问题；
- 参照前面处理冲突的建议。

学习完前面的内容后，你需要总结和复习一下。下面的练习要求你对团队之间的合作和相互关系的问题进行综合思考，并在思考的基础上完成这个练习。

训练与练习

团队之间的关系

指导：

总结你在本章学到的内容，思考你的团队与其他团队和个人的联系，完成下面的两项练习。

练习1：研究团队之间的相互期望

召开团队会议或邀请其他团队的成员与你们共同讨论其他团队与你的团队之间存在的相互期望，然后总结讨论的主要结果。

1. 召开一个团队会议，运用表4-7中的问题，讨论你对其他三支团队的期望，并讨论他们对你的团队具有什么期望。

表4-7 团队之间的期望

团队	我们期望从这支团队得到什么	我们的期望满足程度如何（满足、半满足、未满足）	认为这支团队期望获得什么

选择一支你最需要与之合作的团队。

运用表4-8，与其他的团队成员共同讨论。

表4-8 与其他团队合作中需要考虑的问题

问题	具体的思考结果	备注
时间与人		
谁将与其他团队讨论相互关系		
什么时候/时机合适		
我们团队的需要		
总结我们对其他团队的期望		
他们认为我们的期望是什么		有待与其他团队讨论
如果我们的期望与他们对我们的期望之间存在差距，那么他们怎样才能向我们提供更多的帮助		有待与其他团队讨论
其他团队的需要		
我们认为他们期望获得什么		
他们实际上期望从我们这里获得什么		有待与其他团队讨论
如果存在差距，那么我们如何才能向他们提供更多的帮助		有待与其他团队讨论

2. 要求参加讨论的人向你的团队传达报告。

思考你的团队需要采取的行动：

- 让你的团队的需要得到更好的满足；
- 让其他团队的需要得到更好的满足。

练习2：使你的团队与"团队外部"的联系更加有效

1. 召开一个团队会议，讨论与外部人的联系情况。外部人包括个人、其他团队和其他部门；联系包括组织内外的联系。

2. 根据讨论结果，填写表4-9：

表4-9　团队与外部人员之间的联系

团队与外部人之间的联系	我们能做些什么工作来改善这种联系

总结：

这两个练习帮助你思考自己的团队与外部的人及外部的团队之间的关系。你需要花费时间研究双方的期望并采取行动改善团队成员之间的联系，保持不同团队间的紧密团结与协作。

本章小结

团队是一种通过成员之间高度积极自觉协作来实现群体统一目标的组织形态，是一个凝聚力很强的社会群体。本章通过介绍构建团队的目的、高效团队特征、团队的角色，使学生掌握高效团队特征、团队管理原则及团队管理方法，能够利用所学的团队构建的任务和一般程序及团队构建的根本方法构建团队。

思考与练习

1. 简述团队及正式团队与非正式团队的定义。
2. 高效团队有哪些特征？
3. 团队一般都包括哪些角色？
4. 团队构建的任务和一般程序是什么？
5. 团队管理的原则有哪些？
6. 团队管理中应该注意什么问题？

第五章　团队沟通技巧

谈话就是心灵之间的交流。心灵交流时，并非单纯交换事实，还要转变事实、重塑事实，从中抽取和领悟不同的含义形成一系列新的思想。谈话并非简单的交流沟通，它能够碰撞出迥然不同的火花。

——西奥多·泽丁

知识目标

理解：沟通的含义与功能，倾听——沟通成功的基础，团队简报概念，冲突对团队管理的含义。

熟知：沟通过程解析，团队简报的目的，冲突的演进和变化。

掌握：沟通方式探讨，沟通技巧，团队简报中的问题。

技能目标

学生能够利用所学的沟通技巧进行行之有效的沟通，进而达到团队和谐的目的。

素质目标

通过本课程的学习，教师能够通过一些特定的教学活动，使学生充分体验沟通的重要性，将其适当地运用到管理中去。

学习方法建议

现在你需要做的是，通过案例讨论和自学的方法，试着将本章所学知识和技巧与你的生活实践相结合，你会发现它将给你的工作和生活带来意想不到的收获。

案例资料

阿维安卡 52 航班的空难

——沟通不良所致的人为事故

几句话就能决定生与死的命运吗？是的，1990 年 1 月 25 日就发生了这样的不幸事件。那一天，由于阿维安卡 52 航班（Avianca Flight 52）飞行员与纽约肯尼迪机场交通管理员之间的沟通障碍，导致了一场空难，机上 73 名人员无一生还。

当日晚 7:40，阿维安卡 52 航班飞行在南新泽西海岸上空 11277.7 米的高空。飞机上的油量可维持近两个小时的航程，在正常情况下飞机降落至纽约肯尼迪机场仅需不到半小时的时间，飞机的缓冲保护措施可以说是十分安全。然而此后却发生了一系列的耽搁。首先，晚 8 点整，肯尼迪机场管理人员通知 52 航班，由于严重的交通问题，他们必须在机场上空盘旋待命。晚 8:45，52 航班的副驾驶员向肯尼迪机场报告他们的“燃料快用完了”。管理员收到了这一信息，但在晚 9:24 之前，没有批准飞机降落。在此之间，阿维安卡机组成员再没有向肯尼迪机场传递任何情况十分紧急的信息，但飞机座舱中的机组成员却在自己的成员之间相互紧张地通知他们的燃料供给出现了危机。

由于飞行高度太低，能见度太差，因而无法保证安全着陆。晚 9:24，52 航班第一次试降失败。当肯尼迪机场 52 航班进行第二次试降时，有的机组成员提到他们的燃料将要用尽，但飞行员却报告给机场管理员说，新分配的飞行跑道“可行”。晚 9:32，飞机的两个引擎失灵，1 分钟后另外两个也停止了工作，耗尽燃料的飞机于晚 9:34 坠毁。调查人员在仔细分析了黑匣子中的录音，并与当事的管理员交谈之后，发现导致这场事故的原因是沟通的障碍。首先，飞行员一直说他们“燃料不足”，而交通管理员却告诉调查者这是飞行员们经常使用的一句话。当被延误时，管理员认为每架飞机都存在燃料问题。但是如果飞行员发出“燃料危急”的呼声，管理员则有义务为该飞机优先导航，并尽可能迅速地允许其着陆。但是，52 航班的飞行员从未说过“情况紧急”，所以肯尼迪机场的管理员一直未能理解到飞行员所面临的真正困境。其次，52 航班飞行员的语调也未能向管理员传递“燃料紧急”的信息。许多管理员接受过专门训练，可以在这种情境下捕捉到飞行员声音中极细微的语调变化。尽管 52 航班机组成员相互之间表现出了对燃料问题的极大忧虑，但他们向肯尼迪机场传达紧急信息的语调却听起来是冷静的，也就使人认为是正常的。最后，飞行员的习惯做法以及机场的职权也使 52 航班的飞行员不愿意报告自己所处的紧急情况。因为正式报告紧急情况之后，飞行员需要写出大量的书面汇报。如果发现飞行员在计算飞行过程需要多少油量方面疏忽大意，联邦飞行管理局就会吊销其驾驶执照。这些消极因素极大地阻碍了飞行员发出紧急呼救。在这种情况下，飞行员的专业技能和荣誉感就变成了赌注。

资料来源：[美]斯蒂芬·P·罗宾斯. 组织行为学（有删改）. 北京：中国人民大学出版社，1997，292—293。

阿维安卡 52 航班的悲剧表明，良好的沟通对于任何团队或组织的工作都十分重要，甚至生死攸关。

第一节　沟通基础

下面将在对沟通进行基本分析的基础上，对沟通的含义、功能、过程以及方向进行详细阐述。

一、沟通的含义与功能

所谓沟通(Communication)，是指两个人或者两个主体之间对某种信息的传递与接收。具体来说，沟通所传递的信息既包括客观情况和事实，也包括人的思想、意见、态度、感受等，组织行为学上的沟通对后者更为重视。

就单一的沟通过程而言，沟通包括“传递什么内容”和“怎样传递”两个方面。而单一方向发出的信息会导致双向的沟通，即接受方会对传递的内容从了解、理解到认同和产生共鸣，直至积极地回应。这要求沟通的双方必须适应对方的思维模式，直到双方都对所讨论的问题和意见达成共识。

就团队管理而言，团队成员之间如果不相互传递信息，团队就无法共同协作，这样，团队也就不能存在。沟通的意义不只是信息的传递，还在于得到理解，达成共识，只有这样的沟通才是有效的沟通。随着团队成员的多样化，他们之间也会有更多的差异，这样也就更加需要团队成员之间进行有效的沟通。

案例资料

解出什么梦

一位国王做了一个可怕的梦，梦见自己的牙齿一颗颗地全掉光了。他大为不安，于是传见解梦者。解梦者仔细听完国王对梦的描述后说：“陛下，这可是一个坏兆头。就像您一颗颗掉光的牙齿一样，您全家的人将一个个地先您而去。”国王听后大怒，命令将解梦者投入监狱，并吩咐再传一个解梦者。

第二个解梦者听了国王的梦后说：“陛下，这可是一个好兆头呀。梦的意思是，您将比您家里所有的人活的时间都长。”国王非常高兴，给了这个解梦者一大笔赏钱。大臣们十分不解，问这个解梦者说：“你所说的跟先前那个可怜的家伙说的是一个意思呀，为什么他受罚而你得赏呢？”

这个走运的解梦者说：“大家说得对，我们两个人对梦的解释是同样的。但是，问题不在于你说什么，而在于你是怎么说的。”

启示：讲话必须考虑对方是否接受，要讲正确的话和正确地讲话。

在组织或团队中，沟通具有以下四个主要功能：

(一)信息传递功能

沟通的信息传递功能是指为组织或团队领导者提供其决策所需要的信息，使其能够确定并评估各种备选方案。

(二)激励功能

沟通是通过明确告诉员工做什么、如何来做、没有达到目标时应如何改进,来激励员工并进行绩效反馈和各种奖赏、强化等,这样,沟通的过程自然就成了激励的过程。

(三)控制功能

通过沟通,可以对员工的行为进行控制。正式的沟通可以使员工遵从组织中的领导管理行为,遵守公司的规章制度,完成工作任务,实现组织的控制功能。同时,在团队中,非正式的沟通也对员工的行为有控制作用,如某个人工作不够勤奋,影响了整个团队的工作进度,团队的其他成员会通过非正式沟通的方式帮助或敦促其完成任务。

(四)情绪表达功能

对很多员工来说,工作团队是其主要的社交场所,员工通过团队内的沟通来表达自己的快乐和挫折感,因此,沟通就为员工提供了一种释放情感的情绪表达机制,并满足了员工的社交需要。

上述团队沟通的四种功能并无轻重之分。要使团队运转良好,就需要在一定程度上控制员工、激励员工,提供情绪表达的通道,并做出决策。

二、沟通过程解析

沟通是指发送者与接收者之间的信息传递和反馈过程。从信息发送者发送信息到信息接收者对信息做出反馈,要经历六个阶段,即:(1)发送者;(2)编码;(3)通道;(4)解码;(5)接收者;(6)反馈。这个过程叫作沟通过程(Communication Process),它可以用下面的模型来表示(如图5-1所示)。

(一)沟通过程模型

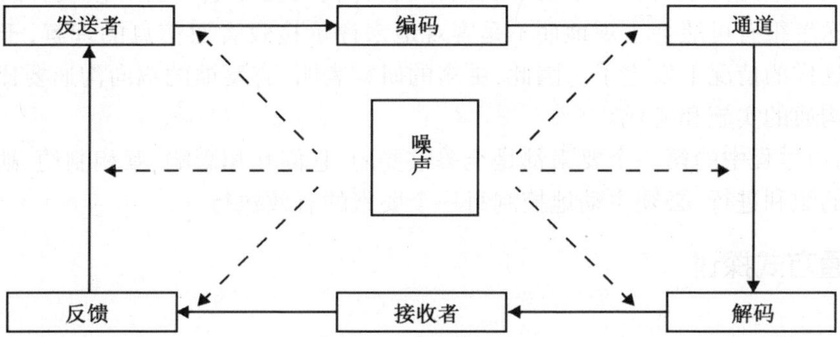

图5-1　沟通过程模型示意图

(二)沟通过程要素

1. **发送—接收者**(Sender-receivers)

因为沟通是存在于两个人以上的信息交流,对象是人而非物,所以信息是在同一时间内既发送又接收,而发送者和接收者的沟通能力和技巧就成了沟通过程的最关键因素,也有的研究者把发送者称为信息源。

2. **编码**(Encoding)

编码是指发送者把自己的思想感情进行整理后产生信息,使之有效地传送给接收者的过程。编码包括语言编码和非语言编码,值得重视的是思想、感情方面的非语言编码的技巧。

3. 信息(Message)

编码的结果就是信息。信息是一种由发送者与接收者所要分享的思想、感情组成的,以符号形式表现的事物。这里的符号包含语言符号和非语言符号。沟通的过程不仅包含口头语言和书面语言,也包含形体语言、个人的习惯和方式、物质环境等赋予信息含义的任何东西。这些组合符号表达了发送者所要传达的意义,发送者需要影响接收者时,信息就是沟通的重要内容。

4. 通道(Channel)

通道又称为渠道或媒介。沟通过程中,信息必须借助一定的载体(或媒介)才能实现传递过程。通道是信息经过的路线,是信息达到发送—接收目的的手段,它能够把发送者和接收者有机地联系在一起。通道包括直接通道和间接通道。直接通道,比如声音与视觉等;间接通道,比如书信、电视及其他媒介等。通道的选择视实际情况而定,要考虑各方面因素的权衡,比如便利性、传递的速度与精确度、成本、反馈的快慢、人际交往的直接程度、语言的丰富性等。

5. 解码(Decoding)

解码是指接收者在接收信息后,先将通道所加载的信息整理成为自己所能够理解的形式的过程。解码时接收者将获得的信息进行解译,根据自己的知识、经验和思维方式转换为自己所能理解的意义。因为编码的内容包含思想和感情,所以解码实质上包含接收者对信息的翻译和对发送者的行为赋予意义。

6. 反馈(Feedback)

反馈是发送者与接收者之间的相互反应。具体地说,信息接收者认可已经接收到发送者发来的信息,然后向发送者表明自己已经理解的过程。反馈的方式包括直接反馈和间接反馈。反馈在沟通效果中尤为重要。如果没有反馈,发送者就无法知道自己对接收者的沟通是否有效,此时,发送者很有可能会主观地而不是客观地来评价接收者对信息的理解,于是各种各样的误解就在这样的情况下发生了。因此,更多的研究表明,有反馈的双向沟通要比无反馈的单向沟通利于沟通的实施和完成。

当然,沟通过程中的每一个要素都是至关重要的,它们互相影响、互相制约、缺一不可。为了实现沟通的顺利进行,必须主动地控制每一个要素的有效执行。

三、沟通方式探讨

案例资料

小王今年大学毕业,到某非营利性组织工作不到半年。他非常喜欢自己的工作,由于性格内向,他总是觉得无法融入群体之中,他自己也非常着急,希望能尽快地成为组织中的一员。如果小王希望你给予他一些帮助,你将怎么做?

伴随着我国经济的发展、人们生活方式的改变和工作节奏的加快,缺乏沟通能力和沟通技巧已经成为当前年轻人的通病。在这一节中,将对所有的沟通方式进行探讨,帮助大家了解不同的沟通方式会产生哪些方面的作用和问题。

（一）一般沟通方式

1. 自我沟通、人际沟通、小组内沟通和跨文化沟通

沟通的分类可以有很多种，依据不同的沟通对象可以把沟通分为自我沟通、人际沟通、小组内沟通和跨文化沟通。

（1）自我沟通（Selves Communication）

自我沟通，又称为自身内沟通，指的是自己与自己的沟通方式，也包括思想、感情和人们看待自己的方式等方面的沟通。自我沟通的特点是：沟通的对象是以自我为中心的，进行的是自己与自己的沟通，沟通的所有信息与自己的思想感情密切相关，并且经验是决定人们如何进行自我交谈的重要因素。随着社会工作压力的日益增加，自我沟通在缓解压力中具有重要作用。

（2）人际沟通（Interpersonal Communication）

人际沟通指的是发生在两个或两个以上的成员之间的沟通形式。人际沟通利用了沟通的所有要素，沟通的方式包括语言与非语言方式，使用最多的是视觉与听觉方式的沟通，其中大部分发生在非正式的舒适的环境中。

（3）小组内沟通（Small Group Communication）

小组内沟通又是组织内部经常发生的一种沟通形式，通常发生在少数人聚集在一起，需要解决某个问题的时候。小组内沟通的每个成员都有可能是信息的发送者和接收者。这种情形下的沟通通常信息多，从而易使人产生迷惑。但是小组内沟通的目的高度一致，所以其信息结构性很强，反馈的信息量也大。小组内沟通通常发生在一个正式的场合中。

（4）跨文化沟通（Intercultural Communication）

跨文化沟通是一种比较特殊的沟通种类。通常发生在群体或组织内部不同文化背景的成员之间。文化（culture）指的是共同的规范、价值观和象征的人群。亚文化（subculture）则属于一个较大的、相同的文化群体，但小群体之间依然存在规范、价值观、信念等差别。由此，跨文化沟通指的是两个或两个以上来自不同文化背景的人在任何时候相互作用时产生的沟通。

2. 语言沟通与非语言沟通

依据沟通过程中所采用的不同的语言符号系统，可以把沟通分为语言沟通和非语言沟通。

（1）语言沟通

语言沟通指的是使用正式语言符号系统的沟通。正式语言符号系统包括口头语言、书面语言，语言沟通包括口头沟通和书面沟通。口头沟通有面谈、电话、开会、演讲、网络电话或会议等。书面沟通包括信函、报告、书信、备忘、电报、传真、手册、布告、通知、文件、互联网络、E-mail 等。在群体或组织中，正式的信息交流通常采用语言沟通的方式来达成。

（2）非语言沟通

非语言沟通，顾名思义，采用的是非正式的语言符号系统。非正式语言符号系统包括交谈同时所采用的手势、面部表情、神态以及其他的身体语言等。通常，非语言沟通是语言沟通的辅助手段，起补充的作用。通过非语言沟通，沟通效果可以更好地实现，交流的信息可以更加明了。通过非语言沟通，成员间思想、感情上的真实感受可以更好地被表达出来，易于沟通，改善组织内的氛围。

3. 单向沟通与双向沟通

依据沟通过程中发送者和接收者的地位是否交换的角度，可以把沟通分为单向沟通和双向沟通。

(1)单向沟通

单向沟通是指发送者和接收者两者在沟通中的地位始终保持不变(单向传递),一方只发送信息,另一方只接收信息的沟通方式。这种方式信息传递速度快,但准确性较差,有时还容易使接收者产生抗拒心理,比如做报告、发布命令等就属于单向沟通的方式。

(2)双向沟通

在双向沟通中,发送者和接收者两者的位置不断交换,且发送者是以协商和讨论的姿态面对接收者,信息发出以后还需及时听取反馈意见,必要时双方可进行多次重复商谈,直到双方共同明确和满意为止,如交谈、协商等。双向沟通的优点是沟通信息准确性较高,接收者有反馈意见的机会,产生平等感和参与感,增加自信心和责任心,有助于建立双方成员之间的感情。

(二)组织的沟通方式

1. 正式沟通和非正式沟通

组织内部的沟通方式,依据其性质正式与否可以分为正式沟通和非正式沟通。

(1)正式沟通

正式沟通是一种通过正式的组织程序和组织所规定的正式渠道进行沟通的方式,是沟通的一种主要形式;是指按照组织明文规定的原则、方式进行的信息传递与交流,如组织内的文件传达、定期召开的会议、上下级之间的定期汇报以及组织间的公函来往等。另外,团体所组织的参观访问、技术交流、市场调查等也包含在当中。正式沟通的优点有沟通效果较好、有较强的约束力、易于保密,一般重要的信息通常都采用这种沟通方式;缺点是因为依靠组织系统层层传递,所以沟通速度比较慢,而且显得刻板。

(2)非正式沟通

非正式沟通是指在正式沟通渠道之外进行的信息传递和交流。它不受组织监督,自由选择沟通渠道。例如,团体成员私下交换看法、朋友聚会、传播谣言和小道消息等都属于非正式沟通。非正式沟通是正式沟通的有机补充。在许多组织中,决策时利用的情报大部分是由非正式信息系统传递的。同正式沟通相比,非正式沟通往往能更灵活迅速地适应事态的变化,省略许多烦琐的程序,并且常常能提供大量的通过正式沟通渠道难以获得的信息,真实反映员工的思想、态度和动机。因此,这种沟通方式往往能够对管理决策起重要作用。

2. 自上而下的沟通、自下而上的沟通和横向沟通

组织内部的沟通方式,依据其沟通方向(垂直或水平),可以分为自上而下的沟通、自下而上的沟通和横向沟通。

(1)自上而下的沟通(下行沟通)

自上而下的沟通,或称为下行沟通(Downward Communication),是群体或组织中,从一个水平向另一个更低水平进行的沟通,通常是指信息由权威较高的阶层流向较低的阶层的过程。大约有一半的管理沟通是与下属的沟通,其余的是与上级、同事和外部的沟通。组织的领导者以给下属设定目标、介绍情况、告知政策与程序背后的逻辑依据、指出需要注意的问题、提供工作绩效的反馈等方式实现沟通过程。

(2)自下而上的沟通(上行沟通)

自下而上的沟通,或称为上行沟通(Upward Communication),是在群体或组织中从低水平流向更高水平的沟通。员工利用它向上级(管理层)提供反馈,汇报工作进度,并告知当前存在的问题。简单地说,上行沟通是指下级的意见向上级反映,即自下而上的沟通。如果信息的双向流动因缺乏适当的上行沟通而阻断,管理者就无法了解员工的需要,缺乏足够的信息做出明智的决策,也就不能为员工提供所需要的工作和社会支持。管理者应该采取主动的、积极的行动,对微弱的信号高度敏感,适应来自不同渠道的员工信息。最关键的是,管理者要认识到并相信上行的信息是非常重要的。

(3)横向沟通

横向沟通(Lateral Communication),又称为平行沟通,或者称为跨部门沟通,是指组织中各平行部门之间的信息交流。管理者每天都要进行大量的横向沟通。这对于与其他部门的工作协调是必需的。而且,人们喜欢横向非正式性的沟通,而不是正式命令链中的上下行过程。横向沟通是管理层中的主要沟通形式。在项目实施过程中,经常可以看到各部门之间发生矛盾和冲突,除其他因素外,部门与员工之间互不通气是重要原因之一。保证横向沟通渠道畅通,是减少团队之间、员工之间冲突的一项重要措施。

在横向沟通中起重要作用的员工被称为边界人员(Boundary Spanners),这类员工与本部门、其他部门以及外界的人有很强的沟通联系。与其他部门的这些联系使边界人员获得大量的信息,再加以过滤或传递给他人,使得他们具有特殊的地位和潜在的权力。边界人员的角色通常是由正式的工作责任形成的,而很多其他的横向沟通则是以非正式的形式发生的。关系网(network)是指一群人建立和维持沟通以就共同的兴趣非正式地进行信息交流。虽然组织内外都有关系网,但一般是围绕外部利益建立的,比如娱乐团体、少数民族、专业团体等。关系网有助于扩大员工的利益,使他们更加了解新技术的发展,使他们更易被他人所了解。一个机敏的网络成员可以通过相同的背景、朋友关系、互补性的组织角色或者社交联系接触有影响的人和权力中心,通过从有效的网络中获得与工作相关的信息并建立起建设性的工作关系。

(三)组织沟通网络

组织沟通网络(Communication Networks),指的是信息流动的通道。这种通道包括正式的和非正式的两种。正式沟通网络(Formal Networks)一般指遵循权力系统,并且只进行与工作相关的信息沟通的、垂直的沟通网络。而非正式沟通网络(Informal Networks)可以自由地向任何方向运动,并跳过权力等级,在促进任务完成的同时,满足群体成员的社会需要。

1.正式沟通网络

根据组织机构、规章制度设计的、用来交换和传递组织活动直接相关信息的,被认为是正式沟通网络。这类沟通网络一般是垂直的,它遵循权力系统,并且只是进行与工作相关的信息沟通。正式沟通网络是指通过正式信息沟通渠道建立起来的联系,它在组织中最为常见,在信息沟通中发挥主渠道作用。

目前,有五种主要的正式沟通网络结构形式:第一种是链式沟通网络,代表逐级层次传递,信息可以向上或向下传递,有中间环节。第二种是轮式沟通网络,表示领导者分别与下属沟通,但下属间不沟通,需要的沟通都必须通过领导进行。第三种是圆式沟通网络,表示领导和员工之间通过层级进行沟通和相互联系,是三级管理的一种表现方式。第四种是Y式沟通网络,表示有两个领导,通过三到四个层次逐级传递。第五种是全渠道式沟通网络,表示组织内每一个人都可以自由地与任何人沟通。这几种沟通方式的优、缺点如表5-1所示。

表 5-1　正式沟通网络的优、缺点

沟通网络	沟通效率	精确度	组织化效果	领导作用	士气	其他影响
链式	高	低	易组织化/稳定	显著	低	任何环节都不能有误
轮式	高	低	组织化快/稳定	非常显著	很低	成员间缺乏了解/配合差
圆式	低	高	不易组织化/不稳定	无	高	临近成员易于联系/稍远就无法沟通
Y 式	高	低	易组织化/稳定	显著	低	容易导致领导间的矛盾
全渠道式	低	较高	不易组织化	无	高	成员相互了解/易合作

2. 非正式沟通网络

非正式沟通网络(Informal Networks),包括小道消息传播网络与谣言传播网络两个方面。这类沟通网络可以自由地向任何方向运动,跨越权力界限,内容既可以与组织相关,又可以与组织无关。它主要是用于满足成员的社会性需求。

(1)小道消息

小道消息(grapevine)的传播是一个非正式的沟通系统,它与组织中的正式沟通系统共存。虽然小道消息往往是口头传播的,但也可以使用书面形式。有时可以是手写或打字的便条,在现代电子化的办公室里,这些消息通常出现在计算机的屏幕上,这个系统能使更多的信息在很短的时间内迅速传播。

小道消息有四种主要非正式沟通网络结构形式:第一种是单线型沟通,表现为一个人传给另外一个人的信息扩散方式;第二种是辐射型沟通,表现为由一个人传播给多个人;第三种是随机型沟通,是一个人在偶然的情况下传给另外一个人;第四种是集束型沟通,表现为一个人传给许多人,同时被传播者又成为传播者扩散信息。

小道消息的传播有这样一些特点:有时具有一定的准确性,但是一旦信息的部分失实会使整个消息都不准确;信息有时伴有戏剧性特点,以口头传播为主;传播速度非常快,但很快就会消散,没有持久性;小道消息沟通网络谈论最多的是对他们工作有影响的事,或者是对他们产生影响的人。

(2)谣言

谣言(canard)虽然在一定程度上可以与小道消息做同义词,但从技术上讲,两者之间有本质的区别。谣言是指那些没有可靠的事实依据标准而传播的小道消息,它是小道消息中没有被证实的不真实的那些内容。它偶尔也可能是正确的,但一般情况下都是不正确的,所以谣言被认为是不好的东西。谣言主要是特定情境下兴趣与模糊性的结果。如果某件事并不重要或不足以引起某人的兴趣,那么这个人就没有理由传播关于此事的谣言。

谣言的种类分为三种:叙述性和解释性谣言;对不完整的事实进行的杜撰性谣言;随意的行为取向性谣言。

谣言传播沟通网络结构形式与小道消息传播相同。谣言具有这样的一些特点:很大程度上依赖模糊性和个人的兴趣,它在人际间传播时往往会发生变化。它的基本主题一般不会变,但它的细节会有所改变,它会受到过滤,在这个过程中被记住和传递的基本细节会减少。人们在传播时只将谣言中符合自己兴趣和世界观的部分加以传播,有时人们也会为谣言加入一些新的细节,通常使谣言更为可怕。在传播过程中人们通常融入自己的强烈情感和推理,这个过程叫发挥(elaborating)。有时谣言也反映了成员希望改变现状的愿望,表现出积极的一面。但是,谣言肯定会破坏人际之间或是群体之间的关系。

对于谣言,应该及时给予控制。一般可以通过消除引发谣言的起因以防止谣言,集中精力对付那些影响恶劣的谣言,让事实说话。要尽快处置谣言,强调面对面地澄清事实,必要时使用书面形式加以确认,还可以提供来自可靠渠道的事实。驳斥谣言时不要重复谣言,争取非正式群体的重要成员的协助。认真听取所有的谣言以便弄清楚其背后的动机和含义。

3. 开放式沟通

今天的组织管理过程中,人们越来越多地采取开放式沟通方法,尤其在非营利组织中,当人与人之间的层阶显得不是那么明确时,开放的、平等的员工沟通方式将更适应于非营利组织的工作特点。

开放式沟通可以通过开放的各种管理制度、开放的信息沟通渠道、开放的公共信息平台、开放的信息处理政策、开放的分配方案、开放的培训机会、开放的管理层之间的交流等方式来实现。

开放式沟通一般具有以下特点:允许各种不同的观点存在;让正确的观点最终占据绝对优势;可以减少成员之间不必要的误解甚至对他人的怨恨;员工知道管理层将怎样处理问题;可以降低信息传递的成本等。

组织沟通链是组织开放式沟通的最主要的载体。组织沟通链是指把每一个员工作为信息载体(包括物质化和人性化的软载体),因其紧密相连而称其为组织沟通链。组织沟通链的意义在于:组织沟通链中绝大部分的沟通环节都存在于管理群体中,每个环节都可能造成信息流失,层阶越高,流失信息的可能性就越大,组织沟通链很大程度上影响管理决策的制定及其正确性。开放式的沟通可以使组织沟通过程中的信息损失尽可能最小化。

训练与练习

沟通的五个关键要点

指导:

设想你不久将要遇到三种沟通情形。按照表 5-2 所列,确定实施沟通的五个关键要点。

表 5-2 沟通的关键要点

五个关键要点	实例 a	实例 b	实例 c
1. 目的意图			
2. 接受对象			
3. 方式方法			
4. 信息内容			
5. 时间安排			

三个沟通情形中你准备选用哪种沟通方式? 利用表 5-3 检测你的选择是否恰当。

表 5-3 不同沟通方式的适用情形

	适用于	不太适于
一对一	发现单独的问题 了解他人	共享信息
电话	即时回应(如果对方有备)	不能得到全部反馈 无肢体语言反馈 如果人们正在忙于其他事务,会使人分心
小组讨论	讨论团队问题和不同意见	涉及个人的问题
电话/简短指示	把你的想法告诉一群人	获得充分的反馈(听众较少还可以)

总结:

本练习帮助你了解沟通中的"五个关键要点",另外使自己对各种沟通形式及其优缺点更加了解。学习完本章之后,你会更加理解沟通所涉及的问题,从而提高自己的沟通能力。

第二节 如何成功地进行团队沟通

在进行团队沟通时,掌握一定的技巧是必不可少的。

一、倾听——沟通成功的基础

有效的倾听是沟通过程中一个至关重要的部分,人们常会说"我在听着啊",然而,听与倾听之间存在着极大的区别。倾听的关键是在于理解信息传出者的真正意义。在听别人说话时,我们有时会没听到、没领会或曲解对方的某些意思。因此,有效的倾听要求我们做到有意识地去理解对方话语的含义,而不要受任何个人观点的干扰和影响。虽然大多数人认为自己是善于听别人讲话的,但调查表明,人们在听他人说话时平均只使用了1/4的听觉能力。

倾听是接收口头和非语言信息、确定其含义和对此做出反应的过程。倾听包含三个要素:接收信息、确定含义和做出反应。

1. 倾听的意义

任何一个人,假如不善于领会别人的意思,那么在与他人沟通时就会失去许多了解目前存在的或即将发生的问题的机会,其结果是提出解决问题的方案有可能是错误或不当的。有时,人们甚至连问题本身都会弄错。不仅如此,不懂得如何倾听别人说话还会影响到与对方之间的关系。缺乏有效倾听的技能对于一个组织的存在和发展都将产生不利的影响。

2. 有意识地去倾听

有效的倾听是一个可以学会的技能和可以被观察的行为。好的倾听者需要树立起正确的态度,并由此来改进自己的行为。同时,也要意识到倾听是一项艰巨的工作,因为在倾听过程中可能会面临这样的一些问题:

(1)可能会遇到表达能力差的人

我们也许会碰到说话和表达能力很差的人,由于对方说话速度太慢,或语言组织得非常紊乱,人们的注意力就很容易被分散。

(2)遇到各种外界噪声的干扰

有时候在倾听时会很难克服一些分散我们注意力的东西,如声响、动作、室外的景物、讲话人的风格和态度等。

(3)遇到过度的热情和激昂的情绪

有时候人们在倾听时会对某个话题过分热情或急于表白自己而忘却了礼节，虽然并不想显得无礼，但会在无意中伤害了对方。

(4)对某个问题过于投入

还有的时候，由于人们过于急切地希望表达自己的观点，而忘记了听对方说话。听别人讲话需要我们付出决心、耐心和恒心，我们必须学会愿意听别人讲话，并且要努力提高倾听的技能。

3. 有效倾听的九个准则

一位良好的倾听者必须具备一定的礼节和社交常识，在与他人进行交谈的过程中，应该遵守以下准则：

(1)不要打断发言者

应该让对方把一个意思表达完整，不要半途打断他的说话，在倾听时把自己的思想和感觉暂时搁在一边，而全神贯注地去听对方说话。

(2)设身处地从对方角度思考

在倾听的时候，不仅要注意听对方讲的事情，更重要的是要注意听对方所表露的感情、态度、感觉和价值观，也就是说，要“设身处地为他人着想”。

(3)要努力做到控制情绪

任何情绪都会妨碍倾听的效果，应该克制住情绪，认真地去听对方的讲话。

(4)针对听到的内容，而不是针对讲话者本人

不要因为不喜欢说话者本人而影响到自己对他的发言的判断。有些人的性格可能是自己不喜欢的，但他们却可以提出好的主意和建议。

(5)使用言词、声音和动作表情

应该使用躯体语言来表明你的兴趣和理解。这些表达方式包括眼神交流、表示赞许的点头和一些鼓励性的言词。

(6)避免使用“情绪性言词”

如“您从不/总是……”“您说完了没有?”“您应该……”等，这些言词容易惹对方生气和发怒。

(7)不要急于下结论

不要根据不完整的信息或个人偏见而下结论，也不要过早地评估所得信息。

(8)提问

向对方提开放式问题和探究式问题，提这些问题会使对方觉得你对他的谈话感兴趣，觉得你在认真地听他说话。

(9)使用反馈方法

要不断地使用积极倾听技巧验证自己对对方讲话内容的理解，例如问“是不是可以这样理解”等问题。

4. 克服倾听时的不良习惯

找出自己在倾听时的不良习惯是提高倾听能力的一个首要步骤。不良的听讲习惯可能会包括：打断别人的讲话，经常改变话题。抑制不住个人的偏见，生对方的气，评论讲话人，而不

是讲话人所发表的意见，贬低讲话人。在头脑中预先完成讲话人的语句，只注意听事实，不注意听讲话人的感情，在对方还在说话时就想着如何进行回答。使用情绪化的言词，急于下结论，不要求对方阐明不明确之处。显得不耐心，思想开小差，注意力很容易被分散，假装注意力很集中。回避眼神交流，神情茫然，姿势僵硬，双眉紧蹙，不时地抬腕看表。

二、沟通技巧

在组织中间，无论是发生在管理者还是普通员工间的个人或者与组织群体之间的沟通，都应该遵循一定的规则，因此有效的沟通技巧可以使组织成员更准确地接收信息并且了解信息的真实含义，从而达到减少误解、节约时间、提高沟通效率的目的。

(一)沟通过程中的肢体语言

在日常沟通过程中，身体语言是伴随沟通过程的一系列无意识的动作，这种无意识的动作既可以促进沟通，也可以使沟通陷入绝境。即使人们坐着一动不动，仍然会不知不觉地流露出自己的真实感情。沟通过程中的肢体语言主要包括：

1. 身体语言

身体语言包括站立或坐着的姿势、与沟通对象的距离、四肢的动作等，都表现着成员的感情。

2. 面部表情

面部表情包括目光、嘴部动作、额部动作、其他面部器官的动作。

3. 手势

手摆放的位置、手的动作等。

(二)下达指令的技巧

下达指令是指组织中上一级人员给下一级人员布置任务的过程，其基本内涵是向接受任务的一方解释委托任务的内容、目的以及方法与授权范围。指令通常包括书面指令和口头指令。

1. 书面指令

书面指令一般用于一个系统性较强或者较长期的项目，它通常需要有详细的工作细节方面的计划，并兼顾行动与汇报两个方面的内容。书面指令通常应简明扼要，包括完成工作的内容、方法和时间，主要管理人员，可以配给的资源，信息反馈途径等必要内容。

2. 口头指令

口头指令一般用于即时性的工作项目，主要是针对需要尽快给予解决的问题。因此，在下达口头指令时应该做到内容清楚，明确人员和责任，规定期限，立即给予反馈等。

(三)个别沟通的技巧

组织内部员工之间面对面的沟通是解决任何一方提出个别问题的重要途径，这类沟通对于一个组织而言无疑是极其重要的。员工们通过这类沟通不断地解决发生的问题，从而使组织的工作按照正常的程序发展。这里所讲的个别沟通主要包括正式沟通和非正式沟通。

1. 正式沟通

下面主要介绍正式会见、咨询式沟通和辅导性沟通方面的技巧。

(1)正式会见

正式会见是正式沟通中最常见的沟通方式。正式会见通常是按照组织的有关程序进行的。首先，一定要确定会见的时间、沟通的内容，最好采取直接进入主题的方式，并且以理性的方式展开讨论。会见过程中要谦逊有礼，但注意要夹带适当的对抗。正式会见的双方可能互相会有设防的感觉。

(2)咨询式沟通

咨询式沟通是组织在面临一定决策问题的时候需要采取的一种沟通方式。咨询式沟通首先需要确定问题的内容，确定问题的症结所在，确定员工需要提供什么样的帮助，从而确定问题对工作产生的影响程度，最终来解决组织的问题。

(3)辅导性沟通

辅导性沟通通常起到辅助管理工作的作用，目的在于了解员工潜在的能力，从而帮助员工确定工作目标，鼓励员工采取创造性的工作，经常性地与员工讨论其强项和弱项，分析其工作的进展，及时解决需要改进的问题。

2. 非正式沟通

非正式沟通通常利用平时的时间进行，并且没有固定的程序，讨论的问题内容广泛，甚至可能没有结果，也没有固定的人员。

(四)会议沟通技巧

会议是组织沟通过程中的重要手段，成功的会议将极大地促进员工之间的沟通，使得一些平时模糊的问题通过会议得到明确。会议沟通的最大问题在于如何使会议更有成效，不至于在对无关事件的讨论中使参加者的情绪及会议时间失去控制。

会议沟通通常需要在以下几个方面做好准备。

1. 会议准备

明确会议的内容、目的，明确会议成功的标志及会议的参加人员，确定会议的时间。

2. 会议开场白

关于本次会议的基本介绍，核实每个与会者是否获得有关资料，简明扼要地说明会议议程。主持人应该避免操纵会议。

3. 引导会议进程

使每一个人都有发言机会，但要控制时间，尽可能加快会议进程，避免因对一个问题争论不休而浪费时间，避免与会者情绪激动造成关系紧张。

4. 结束会议

留有充分的总结时间，确定与会人员是否同意会议结论，确定会议制订的行动计划，写出本次会议的纪要，并分发给与会人员或组织的有关部门。

(五)运用工具沟通的技巧

科学的不断发展，使得人们的沟通手段比以往有了更大的进步。在今天，人们可以运用电话、信件、电子邮件等多种形式传递信息，这些信息传递方式在提高传递速度的基础上，有时还可以弥补面对面沟通的缺陷，因而，有效地使用这类沟通工具能够使沟通取得更大的成果。

1. 电话沟通技巧

(1)接通电话

首先自我介绍，对接电话方不要直呼其名，如对方有事可预约其他时间，第二次再打时应该重申已经做了预约，挂断前应该明确你的意思对方已理解。

(2)基本技巧

提前依次记下要说的内容,说话的速度不要太快,应该与对方保持礼貌、友好的态度,避免过长的谈话时间。

(3)留言

留言时应说明自己的姓名、电话号码、现在的时间,说话慢而清晰,内容应简短而有条理,说明回电的最佳时间。

2. 信件书写技巧

信件书写是日常沟通常用的方法之一。一封行文优美、简明易懂、切题中肯的信件往往需要书写者在动笔之前整理好思路,这样写出的书信才能够产生良好的沟通效果,特别还要注意以下几个方面:

(1)有目的地书写

阐述书信的目的,向收信者提供使其理解你所要表达内容的全部信息。书信不要太长,一般一页即可。棘手的书信请别人阅读一下,并提出意见。

(2)行文方法

行文内容清晰、简单明了,尽量用主动句与短句表达,避免使用双重否定、行业语和古汉语,措辞应自然妥帖。

(3)组织信件

陈述写信原因以吸引读者注意力,激发读者的好奇心,引起其兴趣,提出建议以激发读者某种欲望,提出依据使信件内容更有可信度,解释自己的期望来刺激读者采取某些行动。

3. 使用电子邮件的技巧

电子邮件是目前人们使用非常广泛的沟通方式,它具有速度快、界面友好、用途广泛的特点。利用电子邮件进行沟通还可以节约纸张,共享信息资源。但是,由于互联网络沟通也存在着一些难以克服的缺陷,因此,在使用电子邮件时应该遵循以下一些原则:标题要有意义,内容尽可能简明扼要。区分公务邮件与非公务邮件,电子邮件的接收者应有所选择。发送邮件时避免过多的附件,及时确认对方是否已经收到,及时回复来信,保留他人的地址。牢记电子邮件并非是万能的沟通工具,而应该是所有沟通工具中最后考虑使用的工具。不要发送淫秽和歧视性的内容,不要使用电子邮件传播流言。不要在信件中使用壁纸,学会谅解电子邮件的内容。

(六)提高沟通效果

沟通的起点是发送者,即陈述者,接收者是听众。发送者必须把心中的想法转化成接收者可以理解的语言。接收者必须听清楚发送者在说什么,并理解其含义。

为了使沟通有效,必须变成双向通道:需要从接收者获得反馈,以核查他们是否真正理解了信息(如图 5-2 所示)。

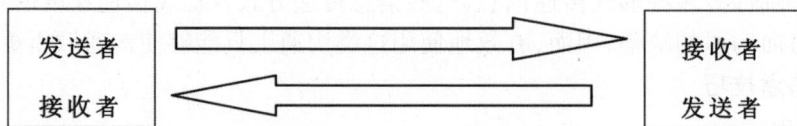

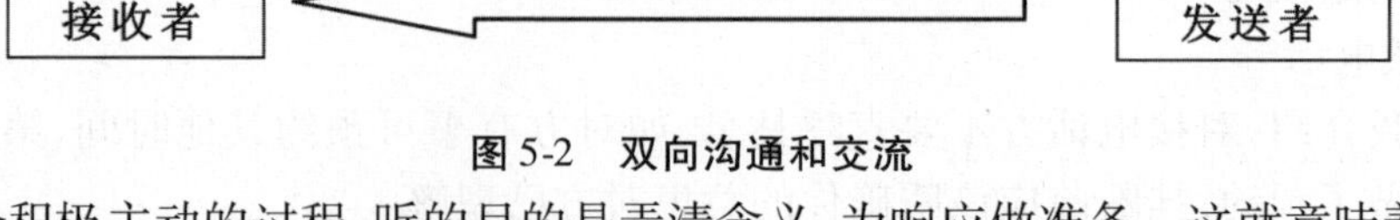

图 5-2 双向沟通和交流

听是一个积极主动的过程,听的目的是弄清含义,为响应做准备。这就意味着双方都要轮流地发送和接收信息,这就形成了双向沟通。

训练与练习

沟通技巧测试

指导：

运用这个测试表（如表5-4所示）回顾一下你自己的沟通技巧，针对每一种说法，给自己评一个等级。

表5-4　沟通技巧的测试

建立联系	我倾向于单刀直入地讨论正题	1 2 3 4 5	我让大家心情放松，逐渐切入话题	1 2 3 4 5
善于聆听	当我听取他人发言时，能很容易地抓住其讲话要点	1 2 3 4 5	当听取他人发言时，我时常考虑随后将说些什么	1 2 3 4 5
适时提问	我的问题直指我所需要的信息	1 2 3 4 5	我通常不愿意直接要求人们说出我所需要的信息	1 2 3 4 5
让对方接受自己的观点	整理自己的思路，使其合乎逻辑	1 2 3 4 5	讲话兴之所至	1 2 3 4 5

总结：

如果在某个问题上选择的等级大于3，与他人沟通时，则需要在此方面做出相应改进。你可以参照前面给出的要点提示，另外也可以找到运用这些技巧比较好的人，请他传授一些经验，或者观察他在工作中是如何运用这些技巧的。如果实在找不到什么"典型人物"，还可以通过看电视剧或电影，学习剧中人物是如何成功沟通的。

第三节　简报——团队沟通的重要机制

团队简报是团队内部沟通的一种重要形式。无论作为组织沟通和交流的一种机制，还是作为团队介绍情况的工具，团队简报都具有非常重要的作用。在做团队简报时，最首要的任务是确定简报的目的。本章将阐述团队简报的概念，讨论团队简报的目的，以使团队领导能够更好地使用这个重要的工具。

一、团队简报的概念

团队简报是团队领导的一项主要职责，是向团队成员介绍情况，包括传达组织或上级的指示、介绍团队必须完成的任务等。

调查显示，在采用团队简报的669个单位中有90%的单位认为这是最有效的沟通渠道，75%的单位认为从团队简报中获得反馈是最有效的方法。

虽然有些组织没有定期的团队简报活动，但是当它们需要时，团队领导和经理们也能够直接利用这种有效的交流方式与下属沟通。团队领导有责任通过团队简报传达信息，以达到预期目的。

二、团队简报的目的

在很多单位，团队简报是内部沟通的基石，定期的、有组织的团队简报可以有效地把握住组织内上下沟通的信息流，可以提高各部门沟通的开放性和明确性。它还能阻碍小道消息的流传。

当规划一次团队简报会时，必须明确简报的意图和想要达到的目的。例如：

- 对象是谁；
- 想说服人们做什么事；
- 想告诉人们如何考虑问题；
- 想让人们接受新思想、新方法；
- 想介绍哪些技术信息；
- 决定采取何种行动，决定由谁去执行；
- 想让人们反馈他们的意见；
- 想让人们坦言自己的见解和介绍自己的经验。

注意，以上所列举的团队简报的目的都是传达或获得信息。可是仅仅认清团队简报的意图并不够，还必须明确团队简报所寻求的结果是什么，必须明确希望团队简报产生的效果（如表 5-5 所示）。

表 5-5　团队简报的意图和效果

意图（目的）	效果（结果）
解释健康安全法的修改内容及其对团队的潜在含义	团队可以执行新的操作程序
说明团队采用新订货系统的益处	可以减少投诉
向团队交代顾客满意度调查的结果	团队具备自我提高的意识并采用新的方法

明确团队简报的目的和结果，不仅能使团队简报获得更好的效果，而且能使团队获得有利的结果。

由此，在做团队简报之前必须明确意图，知道想要达到的结果。如果结果达成，就可以认为团队简报是成功的。是否能够真正达到预期结果将取决于团队成员的反应，所以必须有效地与团队成员沟通，并取得他们的反馈。

三、团队简报中的问题

尽管团队简报非常重要，但在组织中往往发挥不出其应有的作用。大家对团队简报的评价并不好。许多人都会有这样的经历：在做团队简报的过程中无聊地坐着，听着别人无休止地说话。他们认为那完全是在浪费时间，是一种无法逃避的例行公事。

对团队简报评价不高的主要原因在于，许多简报陈述者本人认为，团队简报就是向人们灌输信息。这是一种错误的认识。这种错误认识把团队简报看作一种单向的沟通过程。陈述者不知道听众是否理解信息的意思和意图，他们甚至不管听众是否在听。

做团队简报总有其缘由。正像前面提到过的，这些缘由与听众有关——不外乎试图说服他们、告知他们或从他们那里了解一些事情。如果仅仅认为团队简报就是听众无条件接受信息，那么就无法达到目的。如果听众只是到场，脑子里还在想着手头的事务，无心听你的讲述，并没有从思想上真正“参与”进去,这等于取消了他们的资格。

所以,陈述者必须开通一条双向交流渠道才能进行良好的沟通。

训练与练习

选择适当的工具和手段

指导:

思考准备做的团队简报想要达到什么目的?听众的状况是怎样的?你能够采取什么方式吸引听众?

是否适用于采取提问方式?是　否

如果是,用它们达到什么目的?(你可以从下列各项中选择多项)

检测知识 [ ]

检测理解程度[ ]

寻求信息 [ ]

引发讨论 [ ]

激发思考 [ ]

赢得反馈 [ ]

是否有机会转入讨论?是　否

如果是讨论,目的何在?

运用哪些方式参与:

头脑风暴 [ ]

配对活动或者小组活动 [ ]

能使用何种辅助的视觉手段?

准备散发材料吗?是　否

总结:

上面的这些问题是在做团队简报中需思考的关键问题,结合具体事例认真思考有助于你掌握并提高技能。当然,高超的演讲技能需要长时间的练习,在练习中可以用本章中所学内容作为指导。

第四节　冲突——团队发展的必然

一、冲突的含义及表现

下面将在对冲突的定义及表现进行阐述的基础上,加强对冲突观念的认识,并了解各种类型的冲突所具有的独特的管理上的含义。

（一）冲突的定义及表现

1. 冲突的定义

对于“冲突”一词，人们有着诸多不同的定义。芬克认为，冲突是“在任何一个社会环境或过程中两个以上的统一体被至少一种形式的敌对心理关系或敌对互动所连接的现象”。托马斯强调，冲突是“一方感到另一方损害了或打算损害自己利益时所开始的一个过程”。而托纳认为“冲突是双方之间公开与直接的互动，冲突中的每一方的行动都是旨在禁止对方达到目标”。

上述定义的共同点是：冲突必须是双方感知到的，且双方的意见是对立的或者是不统一的。

从总体上看，冲突是指个人或团队对于同一事物持有不同的态度与处理方法而产生的矛盾。冲突常表现为由于观点不一致而引起的激烈争斗。美国学者刘易斯·科赛在《社会冲突的职能》中指出，没有任何团体是能够完全和谐的，否则它就会无过程与结构。在团体中，个人之间的冲突在一定程度上总是存在的，因为人与人之间存在各种差异：价值观、信仰、态度以及行为上的差异。差异必然会导致分歧，分歧发展到一定程度就会导致冲突。因此，冲突是客观存在的，是无法逃避的，是不以人的意志为转移的。应该说，冲突是团队生活中无法避免的特色之一。

2. 冲突的表现

就团队而言，冲突的表现有以下几种：①个人、团队、组织及其组成部分之间很少交流；②团队间不是在相互合作与相互尊重的基础上建立关系，而是基于对他人地位的羡慕、嫉妒和愤怒而产生恶劣的关系；③团队成员之间的关系恶化，个性抵触增多；④规章制度，尤其是牵涉生产当中细微领域的规章制度增多；⑤各种秘密和传闻不胫而走，小事情成了大事情，小问题成了大危机，很小的异议成了严重的争议；⑥组织、部门、团队和团队成员的成绩下降。

（二）对冲突的认识

通过了解各种不同的冲突，可以加强对冲突的认识。

1. 传统的冲突观念

传统的观念认为，冲突是不良的、消极的和有害的，出现冲突一定会导致团队成员相互间的抵触，引起团队的分裂甚至瓦解，影响团队实现目标。因此，这种观念主张避免一切冲突。人们甚至把冲突同混乱、破坏联系起来，认为冲突会对社会造成危害。中国的传统文化强调“以和为贵”，主张“中庸之道”，因此，中国人比较容易接受传统的冲突观。

近年的研究表明，冲突水平在一定程度上与工作绩效成正比，完全没有冲突是难以激发组织成员的工作激情的。因此，现代管理思想在承认冲突对团队可能存在有害性的同时，指出在某些情况下，冲突对团队是有益的。因此，传统的冲突观念并不完全正确。

2. 人际关系观念

人际关系观念在20世纪40—70年代占主导地位，它认为对于任何组织、团队和个人而言，冲突都是不可避免的。

人际关系观念在一定程度上合理化了冲突的存在，而且还承认冲突有对团队工作产生积极影响的潜在可能性。所以，应接纳冲突，并适当地控制和利用冲突。

3. 相互作用观念

相互作用观念风行于20世纪80年代后期,是当代冲突理论的主流学派之一。相互作用观念不但承认冲突的存在,而且还鼓励冲突在组织内发生。该观念认为,融洽、和平及合作的组织容易对变革表现得静止、冷漠和迟钝。相反,某些冲突则可以作为组织内的积极动力,提高工作绩效。美国学者罗宾斯教授还对冲突与绩效之间的关系做了形象的描述,如图5-3所示。

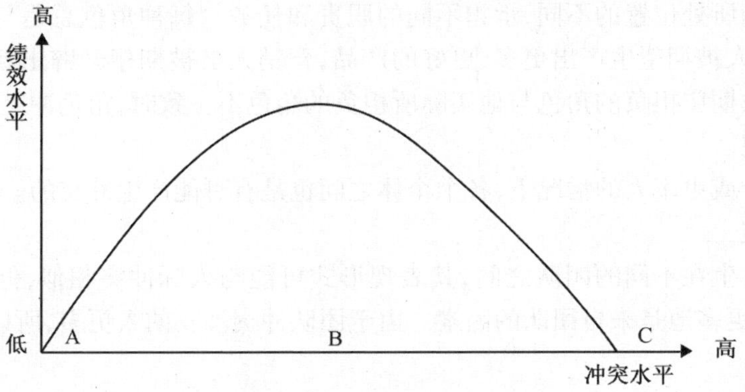

图5-3　冲突水平与绩效水平之间的关系

图中A点表示团队内无冲突或冲突很少,大家齐心协力。此时,团队对变化反应迟钝,缺乏新观念和创造性。这种低水平的冲突是消极的,因此团队绩效差。B点表示团队内有适度的积极冲突或不同思想的交锋。此时,团队充满活力,自我批评及不断更新的能力都很强,团队业绩也是最佳的。C点表示团队内的冲突过多,且多为消极性的,因而团队绩效也很差。

基于相互作用的观念,不能认为所有的冲突都是好的或都是坏的,而应区别冲突的性质,辨别功能正常的冲突与功能失常的冲突,以便更好地管理团队和解决冲突问题。

4. 功能正常与功能失常的冲突

所谓功能正常的冲突,也称建设性冲突,是指让彼此间隐藏的不满和误解明朗化,说出来反而能够得以化解。在冲突的过程中,双方目标一致,只是方法不同,但双方都关心共同的目标并努力实现该目标,且只对事不对人。功能正常的冲突可以增强团队内部的凝聚力,激发员工的积极性和创造性。这种冲突的积极意义是很大的。

所谓功能失常的冲突,也称破坏性冲突,是指双方由于目标不同,各自对自己的观点深信不疑,坚持互不相让。功能失常的冲突最终会导致非理性行为,冲突双方互相攻击、诬蔑,直到合作关系破裂。在团队中,功能失常的冲突往往会使成员的努力偏离团队目标,造成组织的资源浪费及团队凝聚力的下降,因此,这种冲突的危害性是极大的。表5-6是对两种不同冲突的比较。

表5-6　两种不同冲突的比较

功能正常的冲突	功能失常的冲突
双方对实现共同的目标很关心	双方对赢得自己观点的胜利十分关心
乐于了解对方的观点、意见	不愿听取对方的观点、意见
大家以争议问题为中心	双方由问题的争论转变为人身攻击
互相交换的情况不断增加	互相交换的情况不断减少,以致完全停止

（三）团队冲突的分类

团队冲突可以划分为角色冲突、人际冲突和团队冲突三类，每一类冲突均有各自独特的管理上的含义。

1. 角色冲突

角色冲突是指两人或更多的人之间由于所担负的角色不同而产生的不和谐。不同的角色依据其在团队中所处位置的不同，承担不同的职责和任务。每种角色总是与一组行为预期相联系。例如，工人被期望生产出更多、更好的产品，营销人员被期望开辟出新的市场空间。当某一团队成员被期望担负的角色与他实际所担负的角色不一致时，角色冲突即产生了。

2. 人际冲突

在存在两个或更多人的情况下，各个个体之间也是有可能产生冲突的。

3. 团队冲突

这种冲突发生在不同的团队之间，其表现形式可能与人际冲突相似，但起因通常是不同的，即冲突原因更多地是来自团队的因素。由于团队冲突涉及的人更多，所以冲突的情形也更为复杂。

二、冲突的演进和变化

团队的冲突是一个动态的过程，是从冲突的相关主体的潜在矛盾映射为彼此的冲突意识，再酝酿成彼此的冲突行为意向，然后表现出彼此显性的冲突行为，最终造成冲突的结果与影响。这是一个逐步演进和变化的互动过程。

美国学者庞地将冲突的过程分为下面5个阶段（如图5-4所示）。

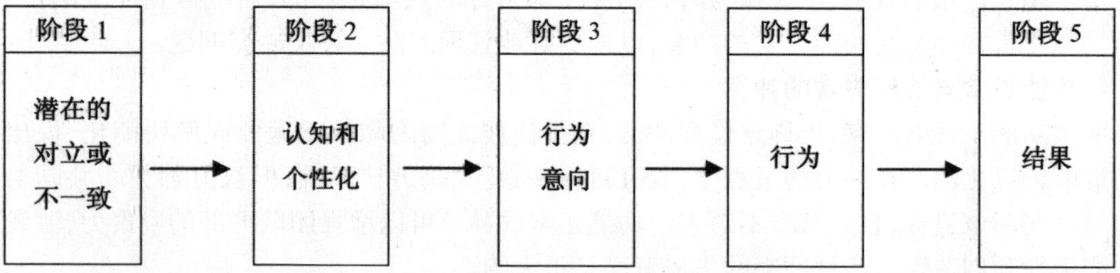

图5-4　冲突过程五阶段

（一）潜在的对立或不一致阶段

潜在的对立或不一致是因为团队中发生交互关系和互动过程的不同，主体彼此之间存在能够引发冲突的一些必要条件。这些条件虽然不一定直接导致冲突，但往往都潜伏在冲突的背后，成为冲突发生的“导火索”。

例如，才到兴华技术公司工作几个月的小李就遇到了这样的问题。他在出色地完成了团队的任务后，本以为主管会对自己进行表扬，可是主管老刘却说：“小李，你的工作方法是不是还有待改进？虽然按时完成了任务，但你的工作进度还是比其他部门慢。”小李听后怒火中烧。其实，这位领导者本想鼓励小李继续工作，没想到由于自己的表达不当，导致了他们之间的冲突。而“表达不当”的问题不仅仅是语言问题，而且有其潜在原因。引起团队冲突的潜在因素可以分为以下三类。

1. **个体间的差异因素**

每个人都有独特的个性特点和行为习惯，世界上没有完全相同的两个人。在团队中，成员在个人因素方面存在差异会导致各种各样的冲突。这种差异主要包括以下几个方面。

（1）年龄的差别。不同年龄的人由于社会经历和社会知识的差异，出现了不同的定性反应，致使双方难以相互理解，因而酿成冲突。有些年轻人总感到年纪大的人思想保守、顽固，不接受新事物；而年纪大的人往往认为年轻人浮躁、自傲。这些偏见是成员之间产生冲突的潜在因素。

（2）职位的不同。在一个团队中，各个不同职位的人应当认真把守好自己的岗位，尤其是领导团队。如果本位思想严重，就会涣散团体士气而导致冲突。例如，在有的企业，厂长自己处于组织行政指挥的“中心地位”，党委书记则强调自己代表党而处于“核心地位”，他们遇事不是协同商量研究，而是互相争权拆台、争吵不休。

（3）思维的不同。由于人们在知识、经验、态度、观点等方面存在差异，往往对同一事物有不同的认识，由此会产生一定的冲突。例如，在改革的步子上、用人的观念上、团队目标的设想上等，往往都会存在差异以致产生矛盾和发生冲突。

显然，前例中的老刘与小李在年龄（这也蕴含着工作资历）、职位以及思维方式上，都存在着一定的差异，当上述差异体现在工作任务和评价上时，就很可能会发生冲突。

2. **团队的结构因素**

团队的结构情况可以从以下几个方面来看。

首先，从团队成员的构成来看。如果团队由具有不同利益或者不同价值观、人际风格的成员组成，成员们对团队的认识肯定会不一致；同时，随着团队的发展，团队成员可能会改变，当一个新成员加入团队时，团队的稳定性被破坏，就可能引起冲突。

其次，从团队的规模来看。当团队规模越来越大，任务越来越专业化的时候，团队成员的分工就会越细致，就有明确的工作范围和界限，如果其他成员有所涉及或进行干预，发生冲突的可能性就会加大。

最后，任职的时间和冲突成反比。团队成员越年轻，在团队工作的时间越短，发生冲突的可能性越大。

3. **沟通不良的因素**

沟通不良是引起团队冲突的重要方面。团队成员之间彼此存在差异，如果能够顺利进行交流，相互理解，那么发生冲突的可能性就会大大减少；相反，如果沟通渠道不顺畅，沟通活动缺乏，冲突就会出现。

例如，某企业聘请了一位营销总监，而其下级营销员们私下对这位总监多有抱怨：“陈总监和过去的总监不一样，总是变幻无常，很难沟通和交流。你知道上一任总监可不是这样！”而这种抱怨并没有被新来的陈总监所了解，这就会成为发生冲突的潜在因素，一旦暴露出来就有可能发生冲突。

团队沟通不良可能引起团队成员之间冲突的问题经常表现在以下几个方面：信息的差异、评价指标（如任务完成标准）的差异、倾听技巧的缺乏、语言理解的困难、沟通过程中的噪声干扰以及团队成员之间的误解等。

（二）认知和个性化阶段

冲突的认知是指当潜在的对立和不一致出现后，双方意识到冲突的出现。也就是说，在这一阶段客观存在的对立或不一致将被冲突的主体意识到，产生相应的知觉，开始推测和辨别是否会有冲突以及是什么类型的冲突。

意识到冲突并不代表着冲突已经个性化。对冲突的个性化的处理将决定冲突的性质，因为此时个人的情感已经介入其中。双方面临冲突时会有不同的心理反应，他们对于冲突性质的界定在很大程度上影响着解决的方法。例如，团队决定给某位成员加薪，有人可能认为与自己无关，从而淡化问题，这时冲突不会发生；而另外一些人可能会认为对别人的加薪就意味着自己工资的下降，这样就会使得冲突发生甚至升级。

（三）行为意向阶段

冲突的第三个阶段是行为意向阶段，这一阶段的特点体现在团队成员意识到冲突后，要根据冲突的定义和自己对冲突的认识与判别，开始酝酿和确定自己在冲突中的行为策略和各种可能的冲突处理方式。行为意向的可能性包括以下几种：

1. 回避

回避是一种团队成员不相互合作处理冲突的消极行为意向。这种行为意向表现在对冲突的处理采取既不合作，也不维护自身利益，使其不了了之的做法。此方法适用于解决起因于琐碎小事并无关宗旨的团队冲突。

2. 合作

合作是一种团队成员自我肯定并相互合作处理冲突的积极行为意向。这种行为意向旨在通过与对方一起寻求解决问题的方法，进行互惠互利的双赢（Win-win）谈判来解决冲突。此方法适用于解决成员之间共同利益较多和具有理解、沟通基础的团队冲突。

3. 妥协

妥协是一种团队成员的相互合作程度与自我肯定程度均处于中等水平的处理冲突的行为意向。妥协可以看作是半积极的行为意向。具有这种行为意向的双方都会放弃一些应得的利益，以谋求事物的继续发展，双方也共同承担后果。妥协在一定程度上类似于合作。在团队为处理复杂问题而寻求一个暂时的解决方案时常常用到这种方法。

4. 竞争

竞争是一种团队成员自我肯定但不相互合作处理冲突的行为意向。这种行为意向旨在寻求自我利益的满足，而不考虑他人，它在团队中具有一定的对抗性。当团队需要在做出快速、重大的决策后采取重要的但不受欢迎的行动时往往用到这种方法。

5. 迁就

迁就是一种团队成员自我不肯定并相互合作处理冲突的行为意向。这种行为意向旨在维持整体的友好共存关系，冲突一方做出让步，甚至愿意自我牺牲，以服从他人的观点。此方法适用于将团队工作的重点放在营造和谐、平静气氛条件下的冲突的解决。

（四）冲突出现阶段

冲突出现阶段指冲突公开表现的阶段，也称为行为阶段。进入此阶段后，不同团队冲突的主体在自己冲突行为意向的引导或影响下，正式做出一定的冲突行为来贯彻自己的意志，试图阻止或影响对方的目标实现，努力实现自己的愿望。其形式往往是一方提出要求，另一方进行争辩，是一个相互的、动态的过程。

这一阶段的行为出现，体现在冲突双方进行的说明、活动和态度上，即一方采取行动来看另一方的反应。此时，冲突的行为往往带有刺激性和对立性，而且有时外显的行为会偏离原本的意图。

(五)冲突结果阶段

冲突对团队可能造成两种截然相反的结果。

1. 积极的结果

导致积极的结果的冲突是建设性的冲突。这种冲突对实现团队目标是有帮助的,可以增强团队内部的凝聚力和团结性,提高决策质量,调动员工的积极性,提供问题公开解决的渠道等,尤其是激发改革与创新意识。一般来说,每个人都有一定的工作模式,只有当某人向我们的效率发出挑战,并在某种程度上发生冲突时,人们才会考虑新的工作方法,开始积极地改革和创新,这就是冲突的积极结果。

此外,研究表明,有益的冲突还有助于做出更好、更有创新的决定,并提高团队的协作效率。如果团队的意见统一,绩效的提高程度有时反而较小。有时,建设性冲突还能决定一个公司的成败。

2. 消极的结果

导致消极的结果的冲突是破坏性的冲突。这种冲突会给团队带来一些消极的影响,如凝聚力降低、成员的努力偏离目标方向、组织资源的流向与预期相反、团队的资源被浪费等。更严重的是,如果不解决这种冲突,团队的功能将会彻底瘫痪,甚至威胁到团队的存亡。

例如,美国一家著名的律师事务公司倒闭,其原因只是因为 80 位合伙人不能和睦相处。一位法律顾问在解释时说:“这个公司的合伙人之间有着原则性的差异,是不能调和的。这家公司没有经济上的问题,问题在于他们之间彼此相互憎恨。”可见,消极冲突的危害多么严重。

三、冲突消除与建设

团队冲突是团队发展过程中的一种普遍现象。美国管理协会进行的一项针对中层和高层管理人员的调查表明,管理者平均要花费 20% 的时间来处理冲突,可见,有效解决团队中的冲突问题至关重要。当发生团队冲突时,首先要对冲突的性质进行全面细致的分析。在实践过程中,常常会遇到各种各样的冲突:有的已形成现实,有的还是潜在的;有的水平过低,有的水平过高;有的是建设性的,有的是破坏性的。所以必须要分清各种各样的冲突,才能采取有效的技术,有针对性地解决问题。这里所说的处理团队冲突包括消除破坏性的冲突和激发建设性的冲突两个方面。

(一)消除破坏性冲突的技术

消除破坏性冲突的技术有以下几种。

1. 问题解决

问题解决的技术又称“正视法”,即发生团队冲突的双方进行会晤,直面冲突的原因和实质,通过坦诚地讨论来确定并解决冲突。在讨论过程中要注意沟通策略,不能针对人,只能针对事,因为这种技术是以互相信任与真诚合作为基础和前提的。其具体做法如下:

(1)面对面的会议,指把问题摆在桌面上,以正式沟通的方式,列出导致团队冲突的主要分歧所在,不争胜负,只允许讨论消除分歧和妥善处理冲突的方法及措施。

(2)角色互换。由于成员信息、认识、价值观等主观因素的不一致,常常会引发冲突。鉴于此,团队成员之间可以设身处地地为对方着想,设想自己处于对方的地位和环境中,从而达到相互理解,并解决冲突。

2. 转移目标

转移目标的技术包括两个方面：一个是转移到外部，指双方可以寻找另一个共同的外部竞争者或一个能将冲突双方的注意力转向外部的目标来降低团队内部的冲突；另一个是目标升级，指通过提出能使双方的利益更大的，并且是高一级的目标，来减少双方现实的利益冲突，这一更高的目标往往由上一级提出。

在团队中转移目标和目标升级的过程可以使冲突双方暂时忽略彼此的分歧，从而使冲突逐渐化解。同时，由于目标的变化，双方共同合作的机会增加了，这有利于双方重新审视自己工作中的问题，从而加强成员间的共识与合作。

但此法知易行难，因为在实际操作中，冲突双方必须相互信任，而且共同目标的制订也不能太过于理想化而脱离实际，这对于团队管理者来说是很困难的。

3. 开发资源

如果冲突的发生是由于团队资源的缺乏造成的，那么致力于资源的开发就可以产生双赢的效果；如果是由于缺乏人才，团队就可以通过外聘、内部培训来满足需要；如果是由于资金缺乏或费用紧张，则可以通过申请款项和贷款等方法来融通资金，以满足不同团队的需求，从而化解冲突。

4. 回避或抑制冲突

这是一种消极的解决冲突的技术，是一种试图将自己置身于冲突之外，或无视双方分歧的做法，以“难得糊涂”的心态来对待冲突。这种方法常适用于以下情形：在面临小事时；当认识到自己无法获益时；当付出的代价大于得到的报偿时；当其他人可以更有效地解决冲突时。当问题已经离题时，此方法可以避免冲突的扩大；当冲突主体相互依赖性很低时，还可以避免冲突或减少冲突的消极结果。

回避或抑制冲突的具体技术主要有：①忽略冲突并希望冲突消失；②控制言行来避免正面的冲突；③以缓和的程序和节奏来抑制冲突；④将问题束之高阁不予解决；⑤以组织的规则和政策作为解决冲突的原则。

5. 缓和

缓和法的思路是寻找共同的利益点，先解决次要的分歧点，搁置主要的分歧点，设法创造条件并拖延时间，使冲突降低其重要性和尖锐性，从而变得好解决。虽然此法只是解决部分的而非实质性的冲突，但却在一定程度上缓和了冲突，并为以后处理冲突赢得了时间。具体的方法如下：

(1)降低分歧的程度，强调各方的共同利益和共同做法，使大事化小，小事化了。

(2)相互让步。各有得失，令各方都能接受，即中庸之道，需要双方都做出让步才能取得大家都能接受的结果。应当注意的是，冲突很可能还会再产生，因此要尽快实质性地解决问题。

6. 折中

折中实质上就是妥协，团队冲突的双方进行一种“交易”，各自都放弃某些东西而共同分享利益，适度地满足自己的关心点和满足他人的关心点，通过一系列的谈判和让步避免陷入僵局，冲突双方没有明显的赢家和输家。这是一种经常被人们所使用的处理矛盾的方法，一般有助于改善冲突双方的关系并使之保持和谐。

折中技术通常在以下场合运用：①当合作或竞争都未成功时；②由于时间有限而采取的权

宜之计；③当对方权利与自己相当时；④为了使复杂的问题得到暂时的平息时；⑤目标很重要，但不值得与对方闹翻时。

运用此方法时，要注意双方应当相互信任并保持灵活应变的态度，不能为了短期利益而牺牲了长远利益。

7. 上级命令

这是指通过团队的上级管理层运用正式权威来解决冲突。当冲突双方通过协商不能解决冲突时，按"下级服从上级"的团队原则，强迫冲突双方执行上级的决定或命令。

这种使用权威命令的方法一般是不能从本质上解决问题的，只有在紧急情况下才会发挥其特殊的作用，不能滥用命令和随意发号施令，并要注意上级裁决的公正性。

8. 改变人的因素

团队之间的冲突在很大程度上是由于人际交往技巧的缺乏造成的，因此，运用行为改变技术（如敏感性训练等）来提高团队成员的人际交往技能，有利于改变冲突双方的态度和行为。此外，通过对冲突较多的部门之间的人员进行互换，也有利于工作的协调和冲突的缓解。

9. 改变组织结构的因素

通过重新设置岗位、进行工作再设计及调动团队小组成员等方式，可以因改变正式的组织结构、变化工作目标而减缓冲突，也可以协调双方相互作用的机制，还可以消除冲突根源。进行团队改组，重新设计团队现有的工作岗位和责权利关系，以确保职责无空白、无重叠，即基于新的任务组建新的团队，将有利于彻底地解决冲突。

（二）激发建设性冲突的技术

缺乏建设性冲突而使公司蒙受损失是必然的。有些公司甚至只提升那些"和事佬"，这些人对公司忠诚到了极点，以至于从不对任何人说一个"不"字。由这样的人组成的团队和公司怎能取得成功？这里介绍几种主要的激发有益冲突的技术。

1. 运用沟通技术

沟通是缓解团队成员之间压力及矛盾的最有利的方式，同样也是激发团队建设性冲突的技术。沟通技术主要分为以下两种情况。

（1）上级向下属团队提倡新观念，鼓励成员创新，明确冲突的合法地位。对于冲突过程中出现的不同意见乃至一些未确认的"错误"，团队管理者不应轻易地进行批评、指责，而是要冷静地分析，对引发冲突的原因进行深入的思考。例如，惠普公司对持不同意见的人进行奖励，不论其想法是否被企业采纳；IBM 的员工可以评判和批评自己的上司，向上司提出质疑，不会受到惩罚。这些都是运用沟通激发的有效冲突。

（2）运用具有威胁性或模棱两可的信息促使人们积极思维，改变其对事物漠然处之的态度，提高冲突的水平。例如，团队的领导者在任命重要职位的干部时，可以先把可能的人选信息通过非正式的渠道散布为"小道消息"，以试探和激发公众的不同反应与冲突。当引发的负面反应强烈、冲突水平过高时，则可以正式否认或消除信息源；若冲突水平适当、正面反应占主导地位时，则可正式任命。

2. 鼓励团队成员之间的适度竞争

鼓励竞争的方式包括开展生产竞赛、公告绩效记录、根据绩效提高报酬支付水平等，竞争能够提高团队成员的积极性。但是，必须注意要对竞争加以严格控制，严防竞争过度和不公平竞争对团队造成的损害。

3. 引进新人

引进新人作为激励现有成员的作用机制，被人们称为“鲶鱼效应”。其机理在于通过从外界招聘或内部调动的方式引进背景、价值观、态度或管理风格与当前团队成员不相同的个体，来激发团队的新思维、新做法，造成与旧观念的碰撞、互动，从而形成团队成员之间的良性冲突。此方法也是在鼓励竞争，而且，从外部进入不同的声音，还会让领导者“兼听则明”，做出正确的决策。

4. 重新构建团队

重新构建团队是指改变原有的团队关系和规章制度，变革团队和个人之间相互依赖的关系，重新组合成新的工作团队。这种做法能打破原有的平衡和利益关系格局，从而提高冲突水平。重新构建团队与前面的“改变组织结构”是相似的，不同的是，这里的“构建新团队”的技术是主动的，而前面的“改变组织结构”的技术是被动的。

训练与练习

如何面对冲突

指导：

你面对冲突时会有何表现？请在表 5-7 中做出选择。

表 5-7　如何面对冲突

有人不同意或提出强烈的不同意见时，你可能会是哪一种反应？
1. 不惜一切代价躲避 2. 试图发掘出所有的意见 3. 针锋相对，予以反驳 4. 恼怒生气 5. 感觉恐惧和无助 6. 寻找折中的解决办法 7. 通常会退让 8. 通常会道歉，以维持和平 9. 保持理性和冷静 10. 尽量设法找到解决方案，即使双方都做出一些让步也可以

总结：

第 1 条和第 5 条两条，表明了一种不顾后果、避免冲突的倾向。

第 7 条和第 8 条两条，表明了一种为了相安无事不惜放弃权利、迁就对方的倾向。

第 6 条和第 10 条两条，表明了一种试图寻求折中的倾向。

第 2 条和第 9 条两条，表明了一种既维护自己利益又寻求合作，努力找出双方都满意的解决方案的倾向。

第 3 条和第 4 条两条，表明了一种誓死一战、不达目的决不罢休的倾向。

处理不同意见的“理想”方法就是合作。努力追求双赢的解决方案，公平合理地维护双方的权利。谁也不会在任何情况下，一成不变地采用同一套办法。

运用本课程学到的方法，确定如何提高自己应对冲突的能力。

问题：

在处理反对意见时，你打算做哪些改变？

当情况陷入冲突和争论的时候，你有什么感觉？（如果问题尚未解决，你是否会怨恨？）

你能做些什么来设法防止事故发生？（例如，更为果断、避免被动。）

你能通过什么努力来进行更好的合作？（一定要具体，可能需要运用本章和以前章节的一些方法，还有那些你自己想出的技巧。）

总结：

此练习通过反思自己面对冲突的表现，提高练习者应对和处理冲突的能力。练习者需要想出一些具体的方法来逐步提高自己解决冲突以及谈判的技巧。

本章小结

本章对沟通的基本概念和功能进行了简要描述，并详细分析了沟通的形式、方法和技巧，明确沟通是管理活动中最重要的一个环节。选择正确的沟通渠道是团队成员进行有效沟通的必要手段，它能及时获得反馈、节省时间和资源，起到充分交流情感的功效。从团队的特性入手，本章描述了团队冲突的过程，讨论了消除破坏性冲突和激发建设性冲突的技术和策略。

思考与练习

1. 什么是沟通？结合实际谈谈掌握沟通技巧的必要性。
2. 简述沟通的功能。
3. 简述冲突的过程。
4. 试述如何成功地进行团队沟通。
5. 团队简报是沟通交流的一种方式吗？它的主要目的是什么？

第六章 团队领导

老板只对自己感兴趣,而领导者对他的集体感兴趣。

老板制造的是恐惧,而领导者建立的是信任。

老板追究责任,而领导者纠正错误。

老板知道一切,而领导者不耻下问。

老板让工作枯燥乏味,而领导者使工作趣味盎然。

——拉塞尔·H·艾文

知识目标

理解:领导的概念,领导素质理论,权力与授权。

熟知:领导者的角色,领导与管理的区别,领导行为理论,合理授权的意义和方法。

掌握:领导的用人艺术,领导的品质,授权的方法、程序和原则。

技能目标

学生能够利用所学的知识,在领导过程中运用领导艺术解决实际问题。

素质目标

通过本章的学习,培养学生建立对团队领导的正确认识,辨别领导与管理的区别,提高学生的领导能力和团队协作能力,形成良好的合作精神和团队意识。

学习方法建议

通过学习本章的领导理论,培养并使用适合你的领导方式,不要试图从他人那里生搬硬套。

第一节 领导概述

案例资料

帝置酒洛阳南宫,上曰:"彻侯、诸将毋敢隐朕,皆言其情。吾所以有天下者何?项氏之所以失天下者何?"高起、王陵对曰:"陛下使人攻城略地,因以与之,与天下同其利;项羽不然,有功者害之,贤者疑之,此其所以失天下也。"上曰:"公知其一,未知其二。夫运筹帷幄之中决胜千里之外,吾不如子房;镇国家,抚百姓,给饷馈,不绝粮道,吾不如萧何;连百万之众,战必胜,攻必取,吾不如韩信。三者皆人杰,吾能用之,此吾所以取天下者也。项羽有一范增而不能用,此所以为我所擒也。"群臣说服。

——《资治通鉴》卷第十一

一、领导的概念

关于领导的含义,历来众说纷纭。从词性上看,"领导"既可以作名词,也可以作动词。作名词理解时即指领导者(leader)或领导(leadership);作动词理解时指 lead,至今没有一个统一的定义,可谓见仁见智,诸如领导是使别人服从的艺术,是对别人影响力的施加,是通过权力实现目标的手段等。许多著名的管理学家也对领导做出了不同的定义。

泰勒(Frederick W. Taylor):领导是影响人们自愿努力以达到群体目标所采取的行动。

斯托格迪尔(Ralph Stogdill):领导是对组织内群体或个人施加影响的活动过程。

孔茨(Harold Koontz):领导是促使其下属充满信心、满怀热情来完成任务的艺术。

海曼·斯科特:领导是一种程序,使人们在选择及达成目标上接受指挥导向及影响。

凯利(Jee Kelly):领导是为了帮助团体达到一定的目标。

许庆瑞:领导是通过人际关系,借助某一种或几种力量来对他人形成影响,并使被影响者的行为和态度发生变化,以达到组织或团体的特定目标。

以上这些说法都是从不同角度看待领导的本质的。从领导的形式上看,领导是组织赋予领导者的职位和权力,是一门领导者通过运用这些法定的权力促使下级以高度的热情和信心来完成他们任务的艺术。从领导的实质来看,领导是一种影响力,即领导通过其影响力来影响追随者的行为以达到组织目标。从本质上说,领导是对下属施加影响,使下属自觉地为实现组织目标而努力的过程。而领导者则是指实施领导活动的个人。

在理解领导的概念时,要把握以下几点:

1. 领导是领导者发挥影响力的过程

领导要求领导者在实现组织目标的过程中,身先士卒,身体力行,以身作则。但并不要求也不可能要求领导者完成全部的工作。领导的作用在于能带动、激励下属为完成组织任务而积极、努力地工作。这不仅要求领导者手中的权力具有强制力,更重要的是要发挥领导者的影响力, 通过影响力去影响下属积极工作。

2. 领导是以正式的职位和权力为前提的

在组织中,有些人虽然没有正式的职位和权力,但却能左右和带动一部分人,也就是说这些人的影响力在发挥作用,但这种作用只能够称为影响,而不能称为领导。

3. 领导与领导者是有联系和区别的

在英语中,领导是指领导活动,而领导者是指从事这些领导活动的人。在我国,无论在理论上还是在实践上,对领导和领导者都没有做明确的区分,二者混用的现象十分普遍。我们认为将领导作为一种管理职能来看待,把领导和领导者从理论上进行区分是有必要的。

二、领导者的角色

为了能够更详细地了解领导者的工作,我们可以把领导工作细划为如下职能:分派工作、设定目标、劝导人们去工作、主持会议和培训员工等。

团队领导者通常都是因为他们能出色地完成工作而被提升到他们现在的工作岗位上的。成为一个领导者,便意味着要具有更广泛的能力,并能够凭借这种能力来发展团队和个人。高效的领导应专注这三种领导角色,如图 6-1 所示。

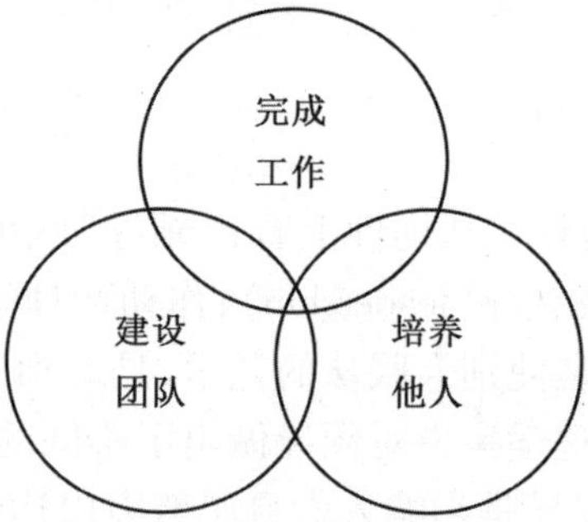

图 6-1　领导的三种角色

1. 完成工作

完成工作包括设定目标、制订工作计划、控制进度、保留记录并评价各种工作方法,以便做出进一步的改进。在进入工作之前,你需要知道如何使你的团队目标适应组织的大目标,需要思考怎样统揽全局并使自己的团队与其他团队在工作中能相互配合,而不会发生冲突。

2. 建设团队

领导需要面对的一个重要挑战,就是将团队成员紧密结合成一个整体,这就涉及如下方面:

- 在团队之中建立开放和信任的气氛;
- 培养一些关键人物,比如出谋划策的人、敢于接受挑战的人;
- 帮助团队与团队之间进行建设性的会谈;
- 激励团队成员的创新意识和决策能力。

所有这些方面都需要时间,但是随着团队的发展,领导就会发现团队的效率和创造力远远超过团队中个人效率和创造力的简单相加。

人际交往能力在团队的建立中是非常重要的。领导应该能够帮助团队成员以成熟的方式进行交谈、处理纠纷以及反馈信息,这意味着需要在不同的情境下运用倾听和询问的基本技能。一旦建立起团队成员之间互相信任、互相尊重的氛围,交流和沟通就会变得非常有效。

团队中成员之间的交流不可避免地会引起各种情感的爆发,比如愤怒和傲慢,人们不得不自己想办法或同别人一起来解决这个问题。因此,控制自己的感情、理解他人的情感就成了非常关键的技能。

领导还需要帮助团队培养提供想法、做出决定和解决问题的技能。激励员工使之愿为集体做贡献也是很重要的。

3. 培养他人

在发展整个团队的同时,还需要注意团队中的每一个人,包括去了解每一个人:他们的强项是什么,哪些地方需要提高,什么能促使他们提高,什么会激发他们的积极性,他们喜欢以何种方式学习,等等,最关键的一点就是要训练他们每个人能够积极主动地培养自身的技能。

我们既然已经确定了领导者所需扮演的一系列角色,就不难理解实施这些角色需要广泛的技能。有些企业列出了它们的领导人必须具备的能力。如下面的例子:

西尔斯公司确定的领导者必备能力:

- 以客户为中心;
- 授权能力;
- 领导变革的能力;
- 有主动性和紧迫感;
- 团队技能;
- 双向沟通技能;
- 重视多样性;
- 培养员工;
- 知识和修养;
- 解决问题。

如果赋予员工一些工作上的权力,就会使他们更负责任。给予他们管理权,比如:仅仅是一把钥匙或者一个小钱柜,就赋予了他们一定的权力,因为这表示已经赋予他们看管钱柜的责任了。然而,如果钱柜里的钱丢失了,就需要处理这种事情——领导应该对团队的行为负责。在团队成员承担新任务时,如果能够给他们提供培训,那么不论是对于领导者,还是对于整个团队都是有益的。这种行为会大大提高成功完成任务的可能性。

在有些时候,领导者可能会发现自己正在劝导团队成员,帮助他们走出个人的困境。这意味着领导者在帮助他们考虑各种意见、解决问题,并使他们自己做出最佳决定。像建立团队所需的技能一样,这也需要诸如倾听、提问和反馈等沟通技能。可能有人会认为,这些品质和技能令人望而生畏,但请记住:实际上我们已经具有许多运用它们的经验,而不是一无所知。人们一生都在培养沟通、交流的技能,而问题在于如何改进自己已经拥有的技能,并学习新的技能。像培养大多数的领导才能一样,这将是一个持续的过程。

三、领导的品质

具备多种品质有助于领导他人。品质是一个人各个方面优点的综合表现,比如自信和准备冒险。有些人认为品质是天生的,但实际上,只要花费时间和精力,就可以培养出某种品质。其中的一个好方法就是选定一个具备某种品质的人,观察他是如何行事的,这种品质究竟包含了哪些方面的内容,应该如何培养这种品质。以身作则是一种基本的领导品质,正如所有家长都知道的,如果让孩子按照一种方式行事,而家长本身却是按另一种方式行事,孩子就会模仿家长的行为,而不会依照家长的要求去为人处世。

能够做出清楚的远景规划可能是一个领导者必须具备的基本品质——只有当你知道你自己将要向何处去时,你才能激励别人。

领导还要做好冒险的准备。与他人一起工作常常会有不可预测的事情发生,如果一味地按照固定的模式行事,你就会落入俗套,变得墨守成规。下面的案例会帮助你思考优秀的领导者应该具备哪些品质。

案例资料

乔女士是一个好领导,她通过努力工作树立起了良好榜样,而一旦工作完成她就尽情地娱乐。她的工作总是一丝不苟,作为一个新团队,我们都把她当作偶像并模仿她的工作方式。

乔女士非常注重细节,这给我们留下了深刻印象。我们必须想办法解除客户头脑中的疑问,所以我们非常努力地构思在客户调查中应该提出什么样的问题。

乔女士也冒过险。比如那次我们到一个度假胜地调查游客的情况,我们把收取调查问卷的箱子上了锁挂在树上,它们没有被破坏,我们对大众的信任得到了回报——拿回来的问卷完好无损。

团队成员会将团队领导看作榜样,因此,团队领导必须具备并表现出一些优良的品质。领导必须有自己的远见卓识,并知道自己的团队要干什么,这样成员才可以在正确的指引下做好工作。做领导的必须能够在某些时候承担风险,因为环境和外界条件在不断变化,如果瞻前顾后,一定会错失良机。

培养自信是非常重要的。同样,满腔热情、精力充沛以及富于灵感都是领导需要具备的品质。一般来说,团队成员都会模仿的品质包括:

- 诚实公正;
- 接受批评;
- 勇于承认错误;
- 根据情境调整行为。

领导者应该具备的技能包括:

- 个人能力,如成就、自信和承诺;
- 社会能力,如影响力、政治觉悟和设身处地为他人着想;
- 思维技能,如可统揽全局,有战略头脑,会辨析局势和能放眼未来。

当然,并不是所有领导都需要具备这些品质,即使具备了这些品质,也不能保证就能成为一个好的领导者。况且伟人也未必具备所有的优良品质,如丘吉尔就是一个脾气暴躁的人。可见,对个人的品质进行反思是非常有意义的。

训练与练习

学习领导者的优点

指导：

想一想那些优秀的领导人——在你的工作领域或其他领域中的成功者，思考下列问题：

- 是什么使他们成为优秀的领导者？他们说些什么、做些什么以及他们是如何做的？

- 你能从他们身上学到些什么？记录下你的想法。

总结：

有学习才能有进步，首先从学习身边或熟悉的领导者开始。思考他们为什么会成功，你可以从他们身上借鉴什么，这样你会受益匪浅。

第二节　领导理论

领导的本质是什么，如何进行有效的领导，一直是研究者关注的课题和研究对象。不同的研究者从不同的角度研究领导的本质以及领导的有效性问题，从而形成了不同的领导理论。领导理论可以大致分为三类：20 世纪 40 年代以前的领导素质理论、20 世纪 40—60 年代的领导行为理论和 20 世纪 60 年代中期以后的领导权变理论。

一、领导素质理论

阐述领导最古老的理论就是领导遗传理论。该理论认为，领导能力是遗传而来的。“领导是天生的，而不是后天造就的”，这句话涵盖了这一理论的全部内容。随着环境的变化，领导遗传理论无法解释不是领导的人为什么也能够走上领导岗位的问题。于是，第二次世界大战后，研究者开始将目光转向领导者身上的一些特殊素质，这些特质铸就了他们的成功。

斯托格迪尔（Ralph Stogdill）把领导者的素质归纳为六大类：①身体特性，如身高、体重、外貌；②社会背景特性，如社会经济地位、学历等；③智力特性，如判断力、果断性、知识广博精深、口才流利等；④个性特性，如自信、机智、见解独到、正直、情绪稳定、民主等；⑤与工作有关的特性，如高成就需要、愿意承担责任、工作主动、重视任务的完成等；⑥社交特性，如善于交际、喜欢合作、积极参加各种活动等。

斯托格迪尔（Ralph Stogdill）等认为领导者特质应为：①具有良知；②诚实可靠；③勤奋、勇敢；④有责任心；⑤富有胆略；⑥开拓创新；⑦直率、公正；⑧有自律精神；⑨富有理想；⑩人际关系良好；⑪风度优雅；⑫干练、胜任；⑬体格健壮；⑭高度智力；⑮有组织力；⑯有判断力等。

吉布（Gibb）研究认为，天才领导者应该具有七种特质：①善于言辞；②外表英俊；③高超智力；④充满自信；⑤心理健康；⑥支配趋向；⑦外向敏感等。

巴斯（Bass）认为有效领导者的特性是：在完成任务中具有强烈的责任心，能精力充沛而执着地追求目标，在解决问题中具有冒险性和创造性，在社会环境中具有首创精神，富于自信和特有的辨别力，愿意承受决策和行为的结果，愿意承受人与人之间的压力，愿意忍受挫折和耽搁，具有影响其他人行为的能力。

日本企业界要求领导者应具备十项品质和十种能力。十项品质是：①使命感；②责任感；③依赖性；④积极性；⑤诚实；⑥进取心；⑦忍耐性；⑧公平；⑨热情；⑩勇气。十种能力是：①思维决策能力；②计划能力；③判断能力；④创造能力；⑤洞察能力；⑥劝告说服能力；⑦对人的适应能力；⑧解决问题的能力；⑨培养下级的能力；⑩调动积极性的能力。

我国从20世纪80年代初开始了对领导者素质的研究，有学者提出领导者的素质要求包括精神素质、知识素质和能力素质。有学者曾对我国大中型企业的高层领导进行领导者素质的问卷调查，结果如表6-1所示。

表6-1　我国对企业领导者的素质调查

顺序	领导者的素质类型	回答的百分比/%
1	组织能力和决策能力	97.5
2	责任感、事业心和进取心	90.2
3	求知欲和创新精神	68.4
4	知人善用、开发人才、合作精神	46.3
5	一定的专业知识和知识广度	39.0
6	敏锐的观察力和全局思考能力	31.7
7	大公无私，品德端正	29.3
8	应变能力和分析、解决问题能力	27.1
9	处理人际关系能力	19.5
10	适应环境，协调和平衡各种关系能力	14.6

早期的领导素质理论假定成功的领导是天生的，这与事实不符。因为并非所有的成功领导者都具有所谓的领导素质，普通人也可能具备其中的大部分或全部素质。现代领导素质理论则认为领导的素质和特性是在实践中形成的，是可以通过教育训练和培养的。但不同的研究对哪些素质是领导素质、应达到何种程度的结论并不一致。

从20世纪30年代开始，人们逐渐发现这种理论的局限性，没有一种特质是成功的保证。因为人们很难找到领导者身上共有的个性品质。领导者的领导技能不是先天遗传的特有品质，而是可以通过后天学会的。于是，管理学者把研究的重点转向了领导行为。

二、领导行为理论

领导素质理论的缺陷，使人们把研究的重点转到领导行为的有效性问题上。试图说明领导者之所以成功，是因为他们采取了正确的领导行为，而不是具有独特的领导素质，领导行为理论应运而生。

（一）利克特的领导系统模式

美国管理学家利克特（Rensis Likert）在1947年开始用二维理论研究“以生产为中心”和“以人为中心”两种领导方式的有效性，并在此基础上于1961年在《管理的模式》中提出领导系统模式，将领导方式归纳为四种系统，即系统1、系统2、系统3和系统4。

(1)系统1：专制独裁式。决策权集中在最高层，下级没有发言权，只有执行权，上下级缺少交往，领导对下属缺乏信任，下级对上级心存戒备和恐惧心理。

(2)系统2：温和独裁式。决策权控制在最高层，但授予中下层部分权力，领导对下属态度较谦和，有主仆间的信任，下级对上级也有戒备和恐惧心理。

(3)系统3：协商式。重要任务的决策权控制在最高层，中下层有较低层次的决策权，领导对下属有一定程度的信任，上下级间有双向的信息沟通。

(4)系统4：民主参与式。下属参与管理，上下级间彼此平等、信任，有双向沟通和平行沟通，共同制定目标，协商讨论问题，最高领导者最后决策。这是利克特的理想体系。

(二)领导行为四分图模式理论

20世纪40年代，美国俄亥俄州立大学商业研究所的斯托格迪尔(Ralph Stogdill)等在使用多种调查问卷研究领导效能的基础上，将领导行为归纳为两个方面，即结构维度(Initiating Structure)和关怀维度(Consideration)。结构维度的领导行为重视工作任务的完成，如领导者建立 明确的组织模式，明确上下级的职责、权力和相互关系，确定工作目标和要求，制定工作程序、工作方法和制度。关怀维度的领导行为以人为重，注重建立领导者与被领导者之间的友谊、尊 重和信任的关系。其包括尊重下属，满足下属的需要，给下属较多的工作主动权，平易近人，平等待人，关心群众，作风民主。调查结果表明，领导行为中以人为重和以工作任务为重常常是同时存在的，只是强调的侧重点不同。根据结构维度和关怀维度，可以把领导行为划分为四种类型(如图6-2所示)。

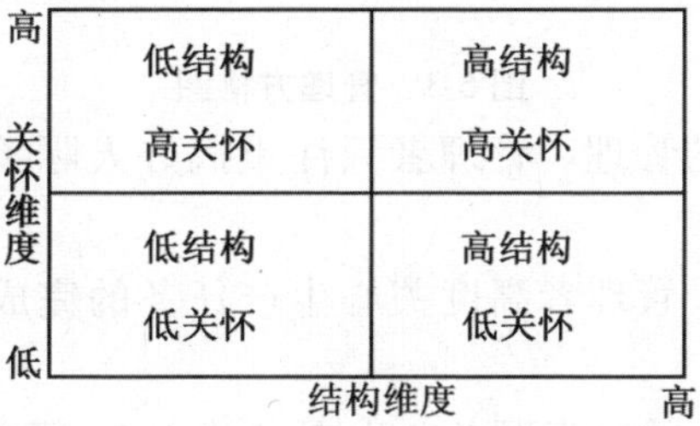

图6-2 领导行为四分图

研究者进一步提出“双高假说”，即认为最好的领导方式是兼具高结构、高关怀两方面，一个领导者只有把这两方面结合起来，才能进行有效的领导。但是，双高风格并非总能产生积极效果，比如，当工人从事常规任务时，高结构维度的领导行为会导致投诉率高、缺勤率高和流动率高，员工的工作满意度也很低。

(三)管理方格图理论

在领导四分图理论和领导系统模式理论的基础上，美国心理学家布莱克(R. Blake)和莫顿(S. Mouton)提出了管理方格图理论。他们把对人的关心度和对生产任务的关心度各划分为9个等分，形成81个方格，代表了81种不同的领导行为类型。纵轴的刻度越高，表示越重视人的因素；横轴上的刻度越高，表示越重视生产任务(如图6-3所示)。

最典型的五种领导行为如下：

(1.1)型：贫乏型的管理。管理者希望以最低限度的努力来完成组织的目标，对职工和生产均不关心。

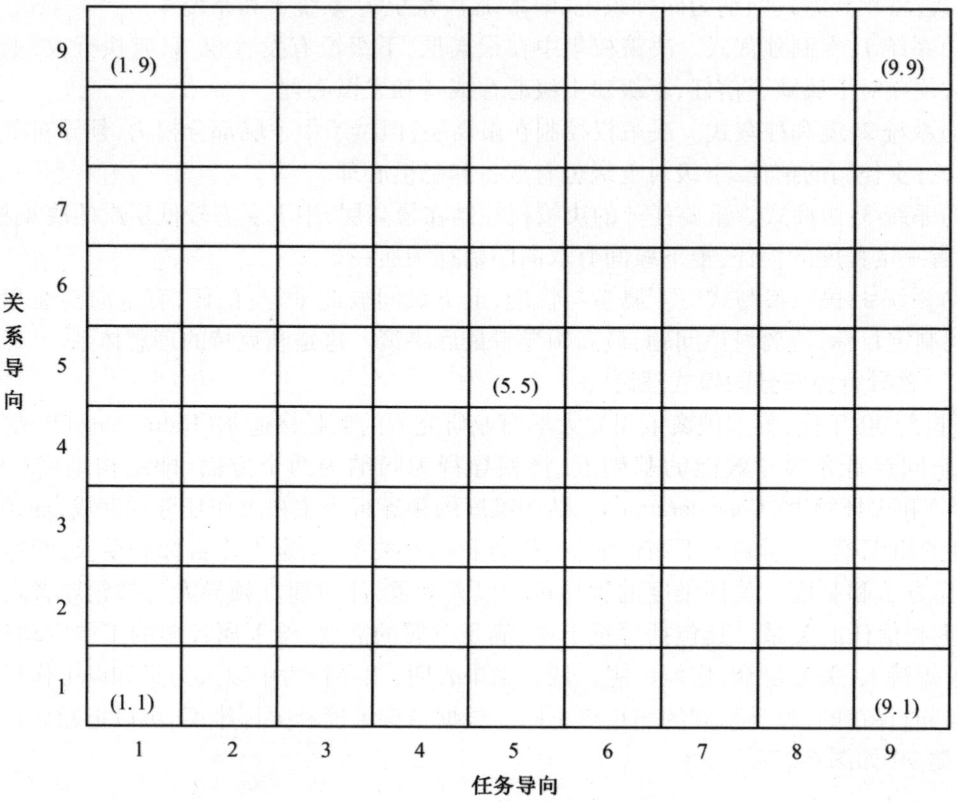

图6-3　管理方格图

(1.9)型:乡村俱乐部型的管理。管理者只注重搞好人际关系,而不注重工作效率,这是一种关系型的领导方式。

(9.1)型:任务型的管理。管理者高度关心生产任务的完成,注重生产效率,只关心生产而不关心人。

(9.9)型:团队型的管理。管理者既关心生产又关心人,通过协调各项活动,提高士气,促进生产。

(5.5)型:中庸型的管理。管理者对人和生产都有适度的关心,维持一般的工作效率与士气。

哪一种领导行为最好呢?布莱克和莫顿认为(9.9)型最佳,也有不少人认为(9.1)型好。其次是(5.5)型。管理方格图理论提供了一种衡量管理者所处领导行为状态的模式,可使管理者较清楚地认识到自己的领导行为,并指出改进的方向。

以上的几种领导行为理论在确定领导行为类型与组织工作绩效之间的一致性关系上,仅获得了有限的成功。之所以不能得出具有普遍意义的结论,是因为不同的情境下研究结果大相径庭。虽然领导行为理论没能找到一种正确的领导风格,但还是为我们理解领导的本质做出了很大的贡献。上述理论把人们的注意力从早期的天赋因素和特质转移到了后天学得的东西,并且提出了更加复杂的领导观。这种更加复杂的领导观促使后来的研究者去考察领导风格、领导能力、领导技巧和具体需要之间的关系。

三、领导权变理论

事实表明，领导素质和领导行为能否促进领导有效性，受环境因素的影响很大。管理者的领导行为不仅取决于他的品质、才能，也取决于他所处的具体环境，如被领导者的素质和工作性质等。有效的领导行为应当随着领导者的特点和环境的变化而变化，这就是领导权变理论。可以表示为如下公式：

$$E = f(L, F, S)$$

式中，E 代表领导的有效性，L 代表领导者，F 代表被领导者，S 代表环境。

（一）费特勒模型

美国管理学家费特勒（Fred Fiedler）从1951年首先开始研究组织绩效和领导态度之间的关系，提出了“有效领导的权变模式”，简称“费特勒模型”。其基本观点是：不存在一种普遍适用于一切情境的最好的领导方式。一种领导方式在某种情况下可能是有效的，但在另一种情况下则可能无效，领导方式的有效性取决于管理者的领导风格与组织环境的匹配。

1. 领导风格的确定

费特勒用一种“最不愿与之共事的同事”（Least Preferred Co-worker）量表测定领导者的领导风格。他认为，一个领导如果对其最不喜欢的同事都能给予较好的评价，那么说明他宽容、体谅，注重人际关系，是以人为主的领导；否则是惯于命令和控制、只关心工作的领导。所以，LPC分数可以说明人的内在倾向和领导风格：LPC分数高的人重视人际关系，LPC分数低的人重视任务。据此可把领导方式分为两大类：以人为主（LPC >64）和以工作为主（LPC <57）。

案例资料

最不愿与之共事的同事（LPC）

想一想跟你共事时最难把工作干好的那个人吧。他可以是现在跟你一起工作的人，也可以是过去和你共事的人，他未必一定是你最不喜欢的人，可却是跟你一起最难把事办成的人。请你描述一下，对你来说他是什么样子的。请使用下列16对意义截然相反的形容词来描述他。每对形容词间分成8个等级，表示除这对形容词所代表的两种极端情况外，其他的一些中间状况。请圈出最能代表你要描述的那个人的真实情况的等级数。

令人愉快的	8 7 6 5 4 3 2 1	令人不愉快的
友好的	8 7 6 5 4 3 2 1	不友好的
随和的	8 7 6 5 4 3 2 1	不随和的
乐于助人的	8 7 6 5 4 3 2 1	使人泄气的
热情的	8 7 6 5 4 3 2 1	冷淡的
轻松的	8 7 6 5 4 3 2 1	紧张的
密切的	8 7 6 5 4 3 2 1	疏远的
温暖人心的	8 7 6 5 4 3 2 1	冷若冰霜的
易合作的	8 7 6 5 4 3 2 1	不好合作的

支持的	8 7 6 5 4 3 2 1	敌意的
有趣的	8 7 6 5 4 3 2 1	讨厌的
和谐的	8 7 6 5 4 3 2 1	爱争执的
自信的	8 7 6 5 4 3 2 1	优柔寡断的
效率高的	8 7 6 5 4 3 2 1	效率低的
兴高采烈的	8 7 6 5 4 3 2 1	低沉阴郁的
开诚布公的	8 7 6 5 4 3 2 1	怀有戒心的

结果：要是你的总分是64分或更高，则说明你可以算是一位把处理好人与人之间放在首位的领导人；总分是57分或更少，则说明你是一位首先重视完成任务的领导人。

2. 组织环境的确定

费特勒提出从以下三个方面确定组织环境因素。

（1）上下级关系（好、不好），指领导者与下属之间相互信任、相互喜欢的程度。领导越受下属的喜爱、尊敬和信任，越能吸引下属追随他，领导者的影响力越大。

（2）任务结构（高、中、低），指下属所从事工作或任务的明确性。如果任务清楚，组织纪律明确，职责分明，有章可循，则任务结构性高。

（3）职位权力（大、小），指组织赋予领导者的权力大小。一个领导者对其下属的雇佣工作分配、报酬和晋升等的直接决定性权力越大，对下属的影响力也越大。

费特勒将这三个环境变量任意组合成八种群体工作情境，对1200个团体进行了调查，得出了在各种不同情况下的最有效的领导方式，其结果如图6-4所示。

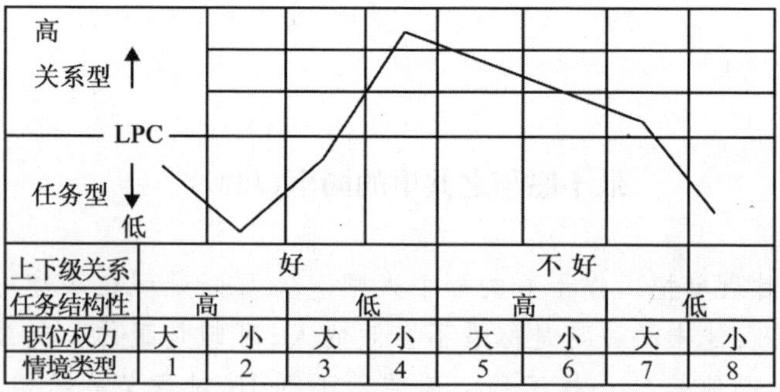

上下级关系	好				不好			
任务结构性	高		低		高		低	
职位权力	大	小	大	小	大	小	大	小
情境类型	1	2	3	4	5	6	7	8

有利←——情境——→不利

图6-4　费特勒模型

3. 结论

结果表明，当情境非常有利或非常不利时，采取工作导向型领导方式是合适的。非常有利的情境是指：上下级关系好；任务十分明确；领导者拥有大量权力。非常不利的情境是指：领导者被下属厌恶；任务不明确；领导者在组织中没有权力。在这两种情况下，以工作任务为重的领导风格是有效的。

情境有利程度适中是介于非常有利和非常不利的两个极端情境的中间情况，此时最有效的领导方式是以人为重的关系导向型。

费特勒的权变理论表明，并不存在一种"绝对最好"的领导方式，领导者必须具有适应性，自行适应变化了的环境。为了得到最有效的领导方式,可以根据环境的具体情况来选用领导者,使管理者的领导风格适应具体的环境情况,也可以改造环境以符合领导者的风格。例如,可以通过改变下属组成来改善上下级关系,或通过详细布置工作内容使工作任务明确化,也可以通过充分授权来加强领导者的职位权力。

(二)成熟—不成熟理论

美国学者克里斯·阿吉里斯(Chris Argyris)研究了领导方式对下属成长的影响,提出"成熟—不成熟理论"。阿吉里斯认为,下属随着年龄的增长,会逐步从不成熟走向成熟,但成熟进程不尽相同。下属由不成熟转变为成熟,主要表现在七个方面:由被动转为主动;由依赖转为独立;由少量的行为转为能做多种行为;由错误而浅薄的兴趣转为较深和较强的兴趣;由只知眼前转为能总结过去、展望未来;由附属地位转为同等或优越的地位;由不明白自我转为能明白自我、控制自我。

阿吉里斯认为,领导方式是否得当对人的成熟进程很有影响。如果把成熟的下属当作不成熟的下属对待,总是指定下属从事具体的、过分简单的或重复性的劳动,使其不必发挥创造性、主动性,会阻碍下属的成熟进程。

反之,如能针对下属不同的成熟程度采取不同的领导方式,对不成熟的人适当加以指点,促其成熟;为较成熟的人创造条件,增加其责任,给予更多的机会,便会加快其成熟进程。

(三)领导生命周期理论

美国管理学家赫塞(Paul Hersey)和布兰查德(Kenneth Blanchard)把领导行为四分图理论和阿吉里斯的成熟—不成熟理论结合起来,提出了一个三维结构的有效领导模型。他认为领导的风格应适应其下属的成熟程度,成功的领导者要根据下属的成熟程度选择合适的领导方式。当下属成熟程度提高时,领导行为也需相应地改变,从以工作为主逐渐转变为以关系为主。

成熟度是指人们完成某一具体任务的能力和愿望的大小。它取决于以下两个方面:

(1)任务成熟度。如果一个人具有无须别人指点就能完成其工作的知识、能力和经验,那么他的工作成熟度较高;反之,则较低。

(2)心理成熟度。心理成熟度是指做事的愿望或动机的大小,如果一个人能自觉地投入而无须外部的激励,则他的心理成熟度较高。

根据以上两个维度,可以把下属的成熟度分为四种类型:

- R1:无能力,且不愿意;
- R2:无能力,但愿意;
- R3:有能力,但不愿意;
- R4:有能力,并愿意。

该理论在原来的以人为主和以工作为主的二维领导模型基础上,增加了下属成熟度这一新的维度,成为由关系行为、任务行为和下属成熟度组成的三维领导模型(如图6-5所示)。横坐标代表任务行为(指领导者和下属为完成任务而形成的交往形式),纵坐标代表关系行为(指领导者给下属以帮助和支持的程度),下方还加上了一个成熟度坐标。

R1、R2、R3、R4分别表示下属的不同成熟度。根据关系行为、任务行为和下属成熟度三个维度,可以把领导方式分为四种类型:命令式(S1)、说服式(S2)、参与式(S3)、授权式(S4),其特点分别如下。

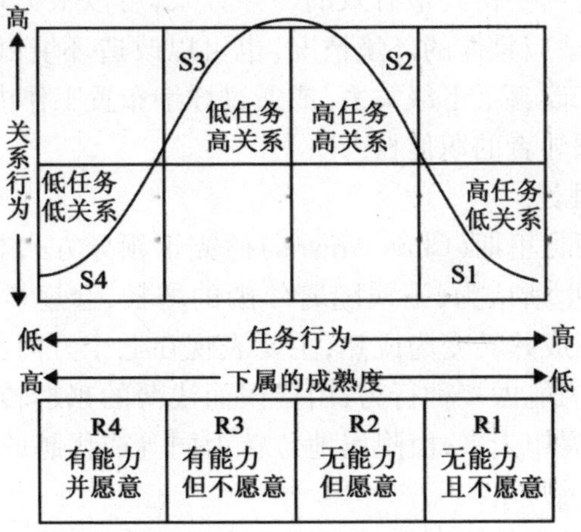

图 6-5　领导的生命周期理论

(1)命令式(S1:高任务—低关系)

适用于下属成熟度低(R1)的情况,领导者具体指点下属应当干什么、如何干和何时干等。

(2)说服式(S2:高任务—高关系)

适用于下属较不成熟(R2)的情况,领导者既注重工作任务的完成,指点下属,也注意与下属进行双向的沟通,鼓励下属的积极性。

(3)参与式(S3:低任务—高关系)

适用于下属较成熟(R3)的情况,领导者与下属共同 参与决策,领导者考虑下属的意见、建议和要求,通过与下属协作与沟通,支持下属完成任务。

(4)授权式(S4:低任务—低关系)

适用于下属高度成熟(R4)的情况,领导者直接授权 由下属独立开展工作,完成任务。

所以,根据领导生命周期理论,当下属从不成熟逐渐走向成熟时,领导行为也应从命令式逐渐转变为授权式。

(四)路径—目标理论

美国管理学家罗伯特·豪斯(Robert House)把动机激发的期望理论与领导行为理论结合起来,于 1971 年提出了路径—目标理论(Path-Goal Theory)。该理论认为,领导者的工作是通过指明实现目标的途径来帮助下属实现他们的目标。领导者应该根据不同的环境因素、下属特征和任务特征来调整自己的领导方式。在不同的情境中,对不同的下属要选用不同的领导风格。领导风格应该适合于下属特征和任务特征。第一,下属特征。当下属对自己才能和能力的知觉上升时,对指导性领导的需要会下降。当下属感到有能力完成自己的工作时,指导性领导行为就变成多余的了。第二,任务特征。任务特征包括下属的任务结构设计、组织的正式权力系统、工作群体,这些特征共同对下属起激励作用。当在明确地具有结构层次的任务严格的团体规范和已经建立权力系统的情境中,领导行为是多余的;反之,不明确的和含糊不清的任务需要领导来组织,高度重复的任务需要领导提供支持来维持下属的动机。在正式权力系统比较弱的工作情境中,领导可以帮助下属将工作规则和工作要求弄清楚。当团体准则较弱且是非支持性时,领导可以帮助建立内聚力和工作责任心。路径—目标理论如图 6-6 所示。

路径—目标理论阐述了如下四种不同类型的领导行为,如表 6-2 所示。

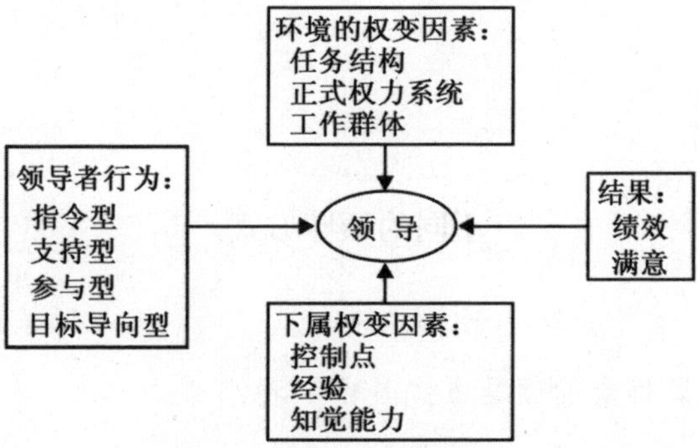

图 6-6　路径—目标理论

表 6-2　领导风格和环境

领导风格	领导行为	环境（下属特征和任务特征）
指令型	确定群体任务目标，明确各自职责，严格管理员工，用正式权力管理	群体的任务是非程序化的，员工期望得到指点
支持型	友好、平易近人，明白下属的兴趣，用奖励支持下属	任务缺乏刺激性，员工希望得到领导的支持、鼓励
参与型	让下属参与决策，分担职责，鼓励协调一致，用非正式权力领导	任务复杂，需要团体协调，员工希望某种指点，员工有所需的工作技能
目标导向型	鼓励下属设置高目标，让下属充分发挥创造性，实行目标管理	员工希望自我控制，员工能自我激励，员工有所需的工作技能

（1）指令型领导（Directive Leadership）

领导对下属明确任务目标和职责，严密监督，通过 奖惩控制下属的行为，减少不确定性。适于的情境是：任务不明确，组织的规章和程序不清晰，或下属对工作不熟悉，下属具有教条、权力主义和外在控制需要。

（2）支持型领导（Supportive Leadership）

领导对下属友好、尊重、平易近人，关心下属的福利和需要，是下属满意的来源。适于的情境是：下属具有强烈归属需要，工作高度程序化，机构层次清晰，枯燥乏味，工作缺乏吸引力。

（3）参与型领导（Participative Leadership）

领导鼓励下属一起参与决策，适于的情境是任务复杂而不明确，需要成员高度协作，或下属有能力完成任务，下属具有独立性并希望得到尊重和自我控制。

（4）目标导向型领导（Achievement-oriented Leadership）

领导为下属设置富有挑战性的目标，信任下属有能力完成目标，鼓励下属将工作做到最好。适于下属履行模棱两可的任务的情境，不适于任务结构性较强和模棱两可程度较低的情境，因为领导者提高了下属达到目标的自信心。

训练与练习

不同的领导方式

指导：

- 作为一名下属，你最推崇的领导方式是哪一种？

- 作为一个领导，哪种领导方式你感觉最得心应手？为什么？

- 在使用哪种领导方式时你感觉最不适应？为什么？

- 你最得心应手的领导方式和你推崇的领导方式之间有多大距离？

总结：

这些问题的思考帮助你了解自己倾向于使用的领导方式，并使你认识到可能需要采用其他领导方式。

第三节　领导艺术

我们从领导理论来看，领导是一门权变的艺术，但不是“权谋”和“权术”，核心是识人用人，因此历来就有“一将无能，累死千军”“得一人而得天下，失一人而失天下”之说。作为一个现代化的管理者，必须懂得领导艺术。

一、领导艺术概述

（一）领导艺术的概念

领导艺术是领导者运用管理理论解决实际领导问题的技能，是领导者在履行领导职责的各种活动中表现出来的具有创造性的技能和技巧，是领导者根据不同环境，结合个人特点对科学领导方法的具体运用，是领导者知识、才能、经验、风格和气质等因素的综合反映。

（二）领导艺术的特征

领导活动的复杂性和多变性，要求领导不仅要掌握科学的领导方法，而且要具有运用领导方法的技能和技巧。对于大量的非程序化管理来说，领导艺术决定着管理成效。领导艺术具有鲜明的特点：实践性、科学性、创造性和灵活性。实践性是领导艺术的本质特征。

1. 实践性

领导艺术是领导者把管理理论在实际领导活动中的具体应用，具有很强的实践性。脱离了实践性的领导艺术是纸上谈兵，毫无价值。

2. 科学性

领导艺术是领导科学的组成部分，艺术性离不开科学性，否则便成为玩弄权术的伎俩；科学性也离不开艺术性，否则不能灵活解决复杂多样的领导难题。领导艺术有主观性，但不能脱离领导活动客观规律的制约，领导者对客观规律的正确运用就体现为领导艺术的科学性。所以，学习与掌握领导科学理论对提高领导艺术有重要意义。

3. 创造性

在现代社会里，领导所面临的问题日益复杂，要求领导者能够充分发挥主观能动作用，综合分析，提出解决问题的创造性设想。领导艺术是领导者在实践中对管理活动规律的创造性应用。

4. 灵活性

领导艺术不是按照规范化的程序去解决问题，而是根据不同的时间、不同的条件，灵活运用已有的经验和知识来认识和处理随机问题，需要领导者审时度势，随机应变。

二、领导者的要求

领导者是一个特殊的群体，必须在工作和生活中率先垂范，做出榜样。领导者的个人素质魅力是非常重要的，领导者的个人素质是领导艺术的基础。

在 21 世纪的复杂环境下，领导者需要有关注世界的宽阔视野，把握全局的战略头脑，勇于开拓的创新精神，统筹协调的组织才能，敏锐果断的决策能力，脚踏实地的工作作风，坚实宽广的文化知识。对于当前我国的情况而言，一个成功的领导者应具备如下基本素质。

1. 思想素质

思想素质包括政治上要坚定；敬业、勤奋，要有强烈的事业心、上进心和责任感；品德要高尚、作风要民主。

2. 知识素养

领导是一门综合性的科学，涉及的知识面广。当代领导者应具备下列基本知识：政治、法律知识，经济和管理知识，社会学、心理学知识，专业知识。

3. 实际能力

（1）决策能力。这是一种综合能力，包括善于判断、善于分析和善于创造。善于判断指在错综复杂的情况下，能判断事物发展的因果关系，具有预见性；善于分析是指能透过现象，把握问题的本质，分清轻重缓急、权衡利弊得失；善于创造是指对新事物敏感，思路开阔，不因循守旧、墨守成规，能提出新的设想。

（2）组织指挥能力。领导者要善于把组织目标与个人利益联系起来，善于影响、带动他人，善于充分调动所有成员的积极性。

（3）社会活动能力。领导者要善于与人交往，善于处理人际关系，与人发展深厚的友谊。

（4）技术能力。领导者应具有某方面的专门知识，并善于把专业技术运用到管理中去。

三、领导者的特点

现代社会的发展对领导者提出了更高的要求，领导者必须努力使自己成为具有以下特点的领导。

（1）知识型领导。领导干部要实现知识现代化，就要善于更新知识，积极吸收人类创造的新知识，摒弃陈旧的思维方式、管理方式和领导方式，迎接新的挑战。掌握的新知识越多，眼界就越开阔，就越有利于做出正确的判断和决策。

(2)学习型领导。“学习型领导”不仅仅是指领导者自己要重视学习、善于学习,更重要的是要领导学习,创建学习型组织。正如美国著名管理学大师赫塞尔(Frances Hesselbein)在《未来的领导》一书中所说:“未来最可靠的竞争优势是克服学习障碍去学会学习,最好的领导就是领导组织学习,使组织里的每个成员都能自觉地获取各种知识,创新能力不断地增强。”

(3)信息型领导。现代科学技术的发展,特别是现代信息技术、网络技术、数字技术、虚拟技术的发展,不仅为领导者提供了大量方便快捷的信息,有利于决策,而且为领导者在实践中充分发挥其主观能动性和创造性提供了条件,也为组织里的每个成员参与各种领导活动创造了条件。信息技术的迅速发展,为利用现代化办公手段使组织内实现知识共享提供了新的途径,而且也为领导运用集体智慧提供了可能。

(4)民主型领导。领导者要严于律己,宽以待人,勤政廉政,以身作则,绝不为自己谋私利;建立透明、公开、公平、民主、效率的领导机制,才能树立领导的威信,赢得群众的信任。

(5)创新型领导。创新是现代领导者做好领导工作的前提,也是实现有效领导的灵魂。现代领导者应对新事物敏感,思路开阔,不因循守旧、墨守成规,而要善于提出新的设想。

四、领导用人艺术

案例资料

鹦鹉的故事

一个人去买鹦鹉,看到一只鹦鹉前标明“此鹦鹉会两门语言,售价200元”。另一只鹦鹉前则标明“此鹦鹉会四门语言,售价400元”。该买哪只呢?两只都毛色光鲜,非常灵活可爱。这人转啊转,拿不定主意。结果突然发现一只老掉了牙的鹦鹉,毛色暗淡散乱,标价800元。这人赶紧将老板叫来问道:“这只鹦鹉是不是会说八门语言?”店主说:“不。”这人非常奇怪:“这只又老又丑,又没有语言能力,为什么会值这个数呢?”店主回答:“因为另外两只鹦鹉叫这只鹦鹉‘老板’。”

(一)激励下属

1.关心员工的需要

领导应该关心下属,一是在思想上帮助下属进步,实现自己的理想。每个下属都有自己的追求目标,如晋升等,领导者应引导下属,帮助其实现目标。二是帮助下属提高工作能力,支持并提供学习机会,使其不断成长。放手让下属干,让他在实践中提高能力。三是在生活上关心下属,当下属有了困难时,要积极地帮助解决,使其放下包袱,轻装上阵。

领导者要通过满足下属的需要来激发他们的工作积极性。首先要了解员工的工作动机及真实需要,从而对不同员工采取不同的激励措施,最大限度地发挥员工的工作积极性。

2.使员工接受远景目标

领导者应能创造远景,使之被员工接受,并转化为员工的奋斗目标,使员工自觉地为实现远景而奋斗。

3.使组织目标转化为个人目标

组织目标必须通过一系列激励机制转化为个人目标,成功的领导者必须让其目标对组织有利,也对下属个人有利,才能使组织的整体利益及个人的积极性完好地结合在一起。

(二)公平待人

公平对待下属是指领导者在客观评价下属的基础上,对工作的安排和利益的分配都能够依据下属的能力和贡献的大小,做到一视同仁,而不以感情作为评价和激励下属的依据。特别是当下属之间发生矛盾的时候,领导者如果不能坚持公平,不仅会加剧下属之间的矛盾,而且领导和下属之间也会产生矛盾。招聘时要坚持招聘标准,不优先录取朋友或亲戚,遵守公平竞争、择优录取的原则,否则会造成员工队伍素质下降,而且造成组织内部裙带关系复杂、人际关系复杂化,增加领导的难度。

(三)容人

1. 容得下才能超过自己的人

美国奥格尔维·马瑟公司(Ogilvy & Mather)总裁戴维·奥格尔维(David Ogilvy)在每一位新任经理就任时都要送去一个套娃。套娃有三层,大娃娃里有个中娃娃,中娃娃里有一个小娃娃,小娃娃里有一张字条,上面写着:"如果我们每个人都只雇佣比我们自己小的人,我们公司将会变成一个矮人国,侏儒成群。但是如果我们每个人都雇佣比我们自己高的人,我们就将成为巨人公司。"公司应创造人尽其才、才尽其用和人才脱颖而出的宽松环境;每一位经理都要有爱才之心、用才之尊。另一方面,要能容得下不悦己甚至反对过自己的人,容得下有缺点和犯过错误的人。

2. 容得下敢提意见的人

唐朝贞观年间的谏议大夫魏征经常对唐太宗的缺点和不足犯颜直谏,多次让唐太宗威仪扫地。他于贞观十三年所上的《十渐不克终疏》中,尖锐地指出唐太宗十个方面的过错和缺点,令唐太宗非常尴尬。可唐太宗一直将魏征作为难得的诤臣善待、重用,甚至于尴尬之后,将《十渐不克终疏》列诸屏风,朝夕瞻视,并作为其当朝执政的座右铭。正因为有魏征之类"敢提意见的人"和唐太宗的雅量,才会有大唐基业的稳固和"贞观之治"的盛世。因此,领导者要干出一番事业,就要用人,也得容得下人。

3. 对待人才不求全责备

人才是宝贵的财富,识才、育才、用才和留才是领导的主要职责。对人才求全责备是许多领导的通病,犯过错误的人才往往不再委以重任,造成人才的浪费。现代领导应该能"容人所短,用人所长",人无完人,无疵不真,世界上没有绝对完美的人,由于主客观因素的限制,决定了任何人只能熟悉或精通某一领域的知识和技能。不要用完美的目光挑剔人,而应分析一个人的所有特点,找到一个人的长处。有才能的人往往有着与众不同的个性和特点,优缺点都比较明显。在某一方面突出的人才往往有其他方面的不足,应充分发挥人才的长处。用人当用人之长处,用在某一方面有特长的人,而不是在各方面都可以的人。

(四)名利协调

1. 给下级让利

在某大公司的年终晚会上,老板刻意表扬了两组营业成绩较佳的员工,并邀请他们的主管上台:第一位主管好像早有准备,一上台便滔滔不绝地畅谈他的经营方法和管理哲学,不断向台下暗示自己在年内为公司所做的贡献,让大家听了心里蛮不是滋味。而第二位主管一上台便多谢自己的下属,并庆幸自己能有一群如此拼搏的下属,最后还一一邀请下属上台接受大家的掌声。

名利协调是领导者与被领导者、上下级之间协调的重要内容。像第一位主管那种独占功劳之人，不但会令下属不满，老板也不会喜欢；第二位主管能与下属分享成果，令下属感觉备受尊重，日后自会继续奋力拼搏。领导者要尽量对被领导者让利，不能只顾自己，要照顾别人的利益。

领导者给下属让利可以激励下属的积极性，表明领导的坦荡无私，使下属更加尊重领导。

2. 承担下属工作失误

领导者应从领导的角度去分析下属工作失误的原因，考虑作为领导者是否存在着工作不到位的问题，这包括决策失误、目标脱离实际、方案是否切实可行以及是否为下属排忧解难等：领导者如果能够认真地从自身进行检查和反思，不仅不会损害领导者的威信，反而会使领导者更有凝聚力和向心力。

（五）学会合作

领导工作的成败，关键在于下属的作用能否得到充分的发挥，领导工作主要是协调与下属等的人际关系。在日常工作中可以看到，好的领导，其下级总是主动积极工作，同级密切配合，上级大力支持，工作开展顺利；差的领导，则下级无用武之地，同级不愿合作，上级感到头痛，工作阻力很大。所以，领导正确掌握合作的艺术非常重要。

一个好的领导者必须能够理解别人和让别人了解，能根据不同的对象采用不同的合作方式，交流信息、协调工作。应在合作中保持积极的心态，尊重他人，平等待人，不以权压人，特别是对已经发生的人际矛盾，要采取主动、宽容和友善的态度，顾全大局，不计较个人恩怨，化解矛盾，追求灵活性和原则性的统一，以达到工作的最大绩效。

对待上级要尊重，做好本职工作，不断做出成绩，使上级满意；主动为上级分忧解难，识大体，顾全局，支持上级的工作。

对待同级要真诚配合，不拆台，发扬风格，淡泊名利，虚心学习，补己之短，属于别人职权之事决不干预，属于自己的责任决不推诿，真正做到“权力不争，责任不让，通力合作”。

对待下级要尊重，属于下级权限范围之内的工作，一般不随便干预和插手，更不代行下属职责之内的工作。对下级要大力支持，充分授权，放手使用。成功的领导不一定什么都能干，而是善于用最能干的人。失败的领导什么事都想自己做，对别人不放心，整天陷入日常事物之中。领导应相信下属，依靠下属，最大限度地发挥下属的积极性和创造性，各项工作才能顺利开展。领导对下属要爱惜、关怀，一视同仁，多为下属排忧解难。领导威信不是靠把别人压下去而取得的，而是靠团结下属而树立的。

训练与练习

站在团队成员的角度看问题

指导：

- 找一个需要你理解团队成员观点的情境，这个情境可能是冲突或者产生了误会的事件。
- 描述这个情境。

- 选择一个时间，给团队成员解释自己观点的机会。
- 运用给予关注的技能来显示你理解他们的观点，注意将这个信息反馈给他们，总结出他们的观点。
- 你将如何运用这种理解来促进信任的建立？（你可以在倾听下属的意见之后，直接和他们讨论下一步怎么做，也可以花费一些时间先思考一下。）
- 你将如何通过理解他们的处境来建立信任？

总结：

建立信任是一个逐步的过程。最关键的一点是对成员关注，站在他们的立场来思考问题。本练习帮助你思考自己团队的信任状况，并思考通过什么方法来建立起信任。

第四节　授权及其控制

一直以来，在人们的心目中，权力总是和政治联系在一起。因此，人们在谈到权力时，通常会在情绪上赋予其负面的含义。但是，在另一方面，权力是存在于任何组织中的一种自然现象，毋庸置疑的是，对权力的拥有确实在很大程度上一直是人们实现工作目标的动力。在公共或民间非营利性组织中，权力更多时候被认为是一种象征。人们经常会将权力与自己的工作区分开来，认为权力是权力，工作是工作，人们很少会花时间去思考自己在工作过程中拥有哪些可以使用的权力。同时，许多领导者在管理过程中，也很少会考虑应该让员工在工作过程中时行使哪些权力。由于授权不明确，经常会发生领导者认为员工自己能够决策的时候，却一定要等领导来决策的情况。

组织规模和人员数量的特点，决定了组织的领导者必须对员工授权。作为一名组织的领导者，授权也是其最基本的管理技能之一。领导者应充分认知权力的含义，并在工作中对与工作有关的权力进行合理的分配，让下属拥有从事工作所需要的足够的权力，并且有效地指导人们合理地运用权力，使授予的权力在行使过程中不致发生使用不当而给组织造成损失。同时避免员工在应该行使权力时却不知道自己的权力在什么情况下发生，也是管理技能中的一个非常有意义的现实问题。

一、权力与授权

案例资料

小王在某组织中非常尊重领导老张，同时也非常害怕他。在小王的心目中，老张不但是非营利组织领域的前辈，有着非常丰富的工作经验，能够指导自己从事非营利组织业务工作，同时，老张还是自己的领导，拥有是否让自己从事喜欢的野外环境调查工作的权力。

上面的小案例反映了人们在工作中经常遇见的情况，有时会对自己的领导既是尊敬，又是害怕。其实，人们遇到这样的情况，主要是权力在作祟。因此，在讨论组织权力和授权的时候，我们无法避免地要明确权力是什么，它有什么特点，以及它是怎么产生的。

（一）权力的概念和特点

权力（power）是指在特定的环境中一个人影响另一个人的能力，并通过这种影响力能够

要求被影响者做自己在其他情况下不会去做的事。由于权力的概念,决定了其具有以下三个方面的特点:

第一,权力的潜在性特点。因为权力无须通过实际来证明它的有效性。权力可以存在但不被使用,所以权力是一种能力或潜力。例如,大家都知道领导者有选拔干部和提高员工工资的权力,但是,领导者并不需要通过不断地选拔干部或提高员工工资来证明自己拥有这方面的权力。

第二,权力的依赖性特点。权力能够让领导者去影响员工的行为,这就决定了员工与领导者之间依赖关系的大小。如果员工对自己组织领导者的依赖关系越强,那么对于领导者来说,他的权力就越大;而相反,如果员工对自己组织领导者的依赖关系很弱,那么,他的上级对其影响力就很小。

第三,权力的自主性特点。员工拥有选择是否愿意被他人影响的权力,即具有自主权的特点,这主要表现在当员工被上级指定去做自己不愿意做的事时,就面临其对自己是否执行或去留的自主权的选择问题。

(二)权力的来源

目前,关于权力的来源问题主要有两种理论:一种是人际性来源理论。这种理论认为组织中的权力问题主要反映在上下级或领导与员工之间的人际关系上,因此,权力的来源是由强制性权力、奖赏性权力、法定性权力、专家性权力和参照性权力五个方面组成的。另一种是结构性来源理论。这种理论认为,组织中的权力主要是上级对下级所拥有的管理权,因此,权力的来源是由知识性权力、资源性权力、决策性权力和网络性权力四个方面的内容所决定的。

(三)授权

1. 授权的概念

授权(accredit),从字面解释上看似乎非常简单,"授"是"给予"的意思,"权"是"权力"的意思,合在一起就是"给予权力"。但在实际管理工作中,授权的概念要比这广泛得多。授权除了给予他人调动资源、分配资源的权力,还包含了人际间的相互影响、对责任的分担、民主的协商和对权力的控制等许多方面的行为内涵。

彼得·德鲁克在《卓有成效的领导者》一书中写道:"好几年来人们都在议论一种管理上的授权委托(Delegation in Management)。不管是企业,还是政府机关、大学或部队,这些机构里 的每位领导者都被告知要当一名合格的'授权委托人'。"按照德鲁克的理解,授权是一个领导者被授权的过程,但在实际工作中,尤其在管理呈扁平状的非营利组织中,经常会发生员工被授权的情况。因此在理解授权时,不能把授权简单地理解为上级行使强制权、奖赏权和法定 权等的固定活动,还应该包括运用职权监督、考察所有员工民主地行使职权的权力活动,即管理所有权力活动效应的过程。由于授权管理过程是结合政治活动、经济活动、文化活动行使权力的一门综合艺术,也是此前各种权力活动的后继过程,所以,它不仅服务于领导者行使权力,而且结合何种非权力因素来共同服务于权力行使,在授权过程中对权力进行管理成为组织行使职权的一项不可或缺的重要内容。

2. 授权的特点

根据目前对授权理论的研究和人们的管理实践,授权在实际管理工作中主要呈现为四个方面的特点。

(1)实质上的制约—保证性特点

授予领导者权力是多元性的，如决策、组织、协调和控制等，而每种权力职能的作用既有共性，又有个性。同样，领导者对权力的管理除了具有领导权力职能的共同属性外，也有其特殊性，这就是其制约—保证性。它一方面制约着下级的执行行为，另一方面又保证着上级组织、领导者的领导行为。在这个过程中，制约是保证的前提，保证是制约的目的。正因为如此，可以说，领导功能的实施正是通过对权力的管理得以展现的。

(2)管理中的相对—绝对性特点

在行使职权的过程中，领导者与员工都应是确定的。领导者对下属进行管理就是管理中权力应用的绝对性的表现。但是，对于在权力的管理过程中，相对行使职能的其他环节而言，则具有不同的特点，即拥有领导权力的领导者也要接受员工的监督，不能随心所欲地滥用权力。这就是领导权力管理的主体具有相对—绝对性的特点。任何领导者都必须尊重这一特点，在使用权力的过程中要自觉接受员工的监督、管理。同时，任何组织的权力管理又具有独立性和自主性，因而可以根据具体问题因地制宜地行使有效职权。

(3)组织上的系统—互动性特点

任何领导组织都是一个大系统，NPO 组织也不例外，所以也就决定了对权力的管理在组织上的系统性，以保证从整体到局部都不偏离组织的系统目标。这种上对下、下对上以及横向之间的管理制约，就构成了权力管理系统的互动性。可以肯定地说，权力管理的有效性在很大程度上取决于权力管理的组织上的系统—互动性特点。

(4)分层次管理的特点

一般说来，确定组织的使命、远景和战略发展规划等权力主要集中于组织的高层决策者，而在决定执行性方案时就需要给员工授权，让他们拥有一定的因地制宜的权力。员工组织规定的框架内，对自己本职范围内的工作有权做出全面规划，并拥有在本职范围内使用人、财、物的权力，以提高工作效率。

二、合理授权的意义和方法

案例资料

周强是某个组织的员工，由于工作出色被提拔为秘书长助理，协助秘书长管理日常工作。但是在具体工作中，周强发现秘书长几乎所有事情都事无巨细地自己去做，然后每天下班前就开始抱怨说：“累死我了。”

周强说：“有些事你可以让我来管啊。”

秘书长回答：“你是助理啊，没有管理经验，出了事不是还由我来承担责任吗？我不放心呀！”周强：“……让我当秘书长助理难道就是为了给我增加一些工资吗？”

从上面这个案例我们可以发现，周强虽然被任命为秘书长助理，但是并没有被真正授权，类似这样的情况在组织中司空见惯。发生这样的情况就要求人们在实际的授权管理过程中，必须注意和了解为什么要授权、怎么授权和授予什么样的权力等多方面的问题。

(一)合理授权的意义

今天的社会是一个知识多元化的社会，一个人已经不可能掌握工作中所需要的所有知识或 技能，组织为了适应社会环境和社会知识的快速变化，就必须吸收具有各种不同知识的人到组织中来工作,同时实现组织的目标;为了能够发挥拥有各种不同知识体系员工的作用,领导者就必须对他们授权,而领导者合理地授权是他们实现工作目标的重要环节。通常,有效和合理的授权具有以下几个方面的意义。

1. 合理的授权能够实现组织的目标

在完成某一目标任务的过程中,每个人都有自己的目标,领导有领导的目标,员工有员工的目标。因此,为了完成目标,各种目标因为岗位和层次上的不同,执行层有执行层的目标,管理层有管理层的目标,而管理层的目标又往往是若干执行层目标的总和,需要以若干执行层目标的实现为前提。当领导者将自己所属的部分权力授予他人,让部分权力和责任 由下属承担时,总目标就被分解为若干子目标;而这时的领导者,其主要工作就是对执行层完成目标状况的监督以及汇总。通过授权,不仅有利于领导者从琐碎的日常事务中解脱出来,也有利于领导者加强宏观控制,增大领导活动的自由度和准确度。所以,领导者应通过合理授权,使自己的主要精力集中在管理上而不是具体事务上,集中在战略规划而不是具体的战术方式上。

2. 合理的授权能够提高团队的合作

团队协同工作从来没有像今天这样普遍为人们所重视。在团队管理和团队协同工作中,最重要的问题之一就是如何对团队成员授权。尤其是一些项目团队,要求团队成员具有不同的知识背景,因此,只有领导者把完成任务的部分权力授权于团队成员共同执行时,才能完成目标任务。通过这种方式,员工们会不断地思考和改进自己的工作,使自己的智慧和能力放大,为了完成任务发挥出各自最大的工作潜能,从而极大地提高工作效能。所有成功的组织都要创造一种氛围,这种氛围能使下属在理性上和情感上都加入工作,授权是促进这种加入的有效方法。善于授权的领导者能够创造一种"团队氛围",使员工们在此氛围中自愿从事富有挑战性的工作。

3. 合理的授权能够激发员工的创造性

从上而下的管理形式使员工们通常处于一种等待任务的状况,等待上级领导分配任务,并且在领导要求的范围内进行机械的、简单的工作,非常被动,不利于员工创造性的发挥。如果在工作过程中,上级能够把一些权力授予员工,让其通过努力最大限度地完成任务目标时,不但可以使员工感受到来自上级的信任,而且还可以通过授权来鼓舞士气,树立信心,减轻员工的心理压力,有利于员工工作积极性的发挥。除此之外,合理授权还可以让员工对于工作任务完成结果承担部分责任,让员工明确自己的责任和权力的关系,并在完成任务过程中享受成功的喜悦和对劳动成果的成就感,学习和积累工作经验。如果领导者不会合理地授权,就会导致下级的积极性受到压抑,工作失去兴趣和主动性。

4. 合理的授权有助于提高领导者的管理能力

处于指挥、监督别人工作位置的领导者,其主要职责是协调人们完成自己的工作目标和任务,领导并控制员工们实现各自目标的工作过程,科学的指挥和合理的调度是今天一个优秀的领导者必须具备的能力。领导者不能只顾着去做具体事务,因为他们自身的力量和能力毕竟有限,他们应当尽可能帮助下属在各自能力限度范围内获得最大成果,指导下属以最有效的方式实现目标。在授权过程中,领导者最应该考虑的问题是:"预期的结果是什么?""如何以最佳方法获取预期的结果?""哪一项任务应当授权哪一个下属去完成?""何时需要检查工作进展,全局工作进展如何?""工作中遇到的问题应如何帮助下属解决?""最后结果如何争取?"等问题,而不是考虑是否要给予下属权力的问题。不愿授权和不会授权的领导者,通常会给自己积压很多的工作决策事务，使自己在日常琐碎的工作细节中越陷越深，甚至成为碌碌无为的"事务主义"者。由于个人的时间和精力有限，最后到不得不"分给别人一点"的地步时，许多重要的工作就会被一拖再拖，而另外一些重要的工作可能根本无暇顾及，使许多需要处理的大事被搁置在一边。

5. 合理的授权有助于组织人才的培养

一个优秀人才的成长需要一个较长时间经验积累的过程，而合理的授权是组织培养人才的重要环节，也是促使员工快速成长的捷径。通过对员工的合理授权，给他们提供充分且大有意义的工作机会，用以刺激他们的工作意识。因此，要求领导者对员工的看法要积极，要有"多给他们一点机会"的态度和胸怀，激发员工们产生极大的工作积极性，主动提高自己的工作能力；通过授权还可以挖掘潜力，让大家的大脑都开动起来，充分发挥自己的聪明和才干。一个不授权于他人的领导者，不但无法充分利用下属的专长，而且无法发现员工们的真才实学。授权可以为领导者发现人才、利用人才和锻炼人才提供有效的途径，可以使组织的工作出现一个朝气蓬勃、生龙活虎的局面。合理的授权，还可以满足员工们对组织的自我归属感，增长才干，使上级领导的思想意图为组织中的全体成员所接受。

（二）授权的方法

在授权管理过程中，授权方法是多种多样的，一般根据工作的重要性、工作内容、岗位等的情况的不同而采取不同的形式。主要的授权方法有以下几种：

1. 口头授权与书面授权

口头授权，是指在领导工作运行中，将某项工作或某一方面的权力和责任口头授予某个员工或团队。口头授权多属临时性授权或随机性授权，这种权力往往随着工作任务的完成被上级收回或自行失效。例如，在一个大型会议中，临时决定某一个员工承担音响的控制管理工作，当这个大型会议结束时，该员工的授权也同时被终止了。相比于口头授权，书面授权重要得多。书面授权是将权力以书面形式授予下属的一种方式。书面授权通常是以文件的形式确定某个员工承担某项管理任务，这种授权比较庄重，时间也比较长，一般有规定的年限，如董事会对组织领导者的任命。

2. 随机授权与计划授权

随机授权是指在管理工作过程中，根据某些随机性的工作需要，将某一方面职权授予员工。这种授权大多根据机遇和需要而定，往往是临时性的、非计划性的。例如，在一个户外环境保护项目中，由于缺乏人手，临时决定由一名具有一定环境保护知识的内勤工作人员担任主要领导者。而计划授权，是按授权的预定程序、步骤和计划，有条不紊地进行授权。这种授权常通过会议讨论，以书面行文的方式进行。一般这类授权大多跟着项目走，例如，在决定投入一个项目时，决定项目负责人，并赋予其完成项目的权利、义务和责任。这种授权的时间也较长，相对稳定，一直要到项目完成时才结束。

3. 个人授权与集体授权

在管理工作过程中，经常有某位领导者自己决定将自己所属的一部分权力授予某个员工或自己的助理，方法可以是口头的也可以是书面的，可以是临时的也可以是长期的，这种授权方法属于个人授权形式。个人授权往往伴随着该领导被调离原岗位，而权力被新领导收回。例如，某个组织的领导让一名员工担任自己的助理。但是，在管理实践中，更多见的则是集体授权，即经过管理决策层集体讨论研究后，将某一方面或某一部分权力授予某人，这种授权多是正规的、行文的，既可以随任命同时授权，也可以在任命后授权，集体授权属常规性授权的一种，时间比较长，并且更加正式。

4. 长期授权与短期授权

任何授权都是有期限的，按授权的时间长短给予的授权，可分为长期授权和短期授权。授权时间的长短，均以工作的需要和具体条件的许可而定。长期授权是指下属对权力的使用期相对长些；短期授权是指下属对权力的使用期相对短些。一般对非营利组织中的秘书长、中心主任等的任命通常属于长期授权，而项目小组负责人的任职通常属于短期授权。

5. 逐级授权与越级授权

按授权者与被授权者之间的关系区分，授权可分为逐级授权与越级授权。逐级授权是指直接上级对直接下级所进行的授权。例如，由组织的最高领导给人力资源部门管理领导授权，授权其管理整个组织的人力资源管理等事项。而越级授权是间接上级对间接下级所进行的授权，如由组织最高领导给人力资源部门的一般员工授权。在授权管理中，授权应该是自上而下逐级进行的，越级授权一般来说是应该避免的，除非发生临时性的紧急情况。越级授权往往会引起被授权者直接上级的不满，也容易使被授权者产生顾虑，影响其放手开展工作。然而，事情总是相对的，越级授权并非绝对不好。在某些紧急情况或非常情况下，越级授权有时也会发生，关键还在于是否有利于迅速解决某些非常紧迫的问题。

三、授权的程序和原则

案例资料

某组织的项目主管小王被领导授权协调与某国外机构的合作事宜。小王按照组织以往的程序开始了自己的工作。由于不同的文化观念，在合作过程中小王经常与对方的项目官员产生一些工作上的矛盾。为了使合作的项目能够顺利进行，小王经过与对方的协商，对合作内容做了一些调整。

项目终于结束了，小王回到单位兴高采烈地向领导报告完成的情况，谁知领导听后非常生气，批评小王在对有关内容修改时为什么不请示，擅自做主。小王也很委屈，认为领导不是授权给我了吗？

这个案例主要是体现在授权过程中领导应该怎样授权、如何把握授予权力的度以及如何对所授权力进行有效控制的问题。在这一节里，将主要讨论这方面的问题。

（一）授权的程序

授权过程实际上是一个非常重要的管理行为。为了有效地授权，并使授予的权力过程具有严肃性和有效性，认真执行程序是授权中非常重要的环节。一般地，授权可以分为分析任务和责任、授予权力和控制监督和评估检查等环节。

1. 分析任务和责任

分析任务和责任是授权的首要环节。任务和责任是内容和实质，权力是形式和表象，授权就是为了让员工承担工作任务和责任。领导应该向被授权者清晰地解释他们所应从事的任务，任务要细分得比较明确，从而避免员工在工作中相互推诿。领导在授权前要广泛掌握信息和收集资料，在为下级明确了工作任务后，还要向下级指明完成任务后应取得哪些预期结果，达到什么预期目标。由此可见,分析任务和责任也绝非简单的事。领导者取得成功的重要因素之一就是要把工作任务细分得合理明确,而这需要了解和认清工作任务的特征和性质,掌握任务发展变化的规律。一般来说,在分配工作任务和责任时,必须明确被授权者应达到的预期目标,应负责从事的活动范围和任务以及检验下属工作的标准三个方面的问题。

德鲁克认为,在分配任务和责任过程中,领导者在授权评估时有三个必要的思考过程:首先,要考虑该任务是否需要做,如果是你和其他任何人都不需要做的任务,那就既不要亲自做也不要授权做;其次,如果被认为是应该或必须授权给他人的工作,那就应该考虑对这部分工作授权,交给别人去做;第三,领导者不能授权他人去做必须要自己完成的任务,这部分工作就必须由自己完成。

2. 授予权力

授予权力不是简单地把工作任务和权力交给他人,允许员工随意决策、任意行事,甚至制定与其工作相关的制度性政策。在授权的时候领导者也必须认真了解,被授权者是否有时间去从事给予的新的工作任务。在授予职权的过程中,领导者应该对自己提出以下几个方面的问题:"我们组织是否有人应该做更多或更重要的工作?""组织中的员工是否在从事至少一项能够提高他们能力的工作?""员工们都是多面手吗?""我应该通过什么样的方法来使他们都成为多面手?""我做的工作是否是别人都无法替代的?",等等。一个成功的领导者在授权时,首先必须要求下属制订一个有效地完成任务达标的方案,并且认真审议、论证并修改其提出的方案,达成共识,最后指出应注意的问题和隐患,提出预防与处置的方法。在支持下属工作的过程中,要使下属明确领导者的意图,再给予人力、物力和财力上的支持。

3. 控制监督和评估检查

权力与责任是对等的,获得权力的同时必须承担责任。正确的授权程序必须包括控制、监督和评估检查程序,坚持请示汇报制度,及时检查监督。如果授了权而没有反馈和控制的话,这种授权便具有相当大的风险性。一般在对授权进行管理时,可以采取的第一种方法是参与所有工作过程,这样可以全面地掌握合作进程,避免产生错误,但要注意的是必须告知被授权者表明自己的参与并非不充分信任他。第二种方法是采取书面报告的形式,要求被授权者提出书面的报告来汇报进程、结果等。这种方法可以鼓励被授权者把想法整理清楚,并让其对任务做全面的说明,但缺陷是可能报告的内容与实际相距甚远,并掩盖一些重要问题。第三种方法是直接汇报。定期与被授权者讨论有关的工作问题。这种方法可以让领导者有机会定期非正式地了解情况,并尽可能早地讨论任何存在的问题,但缺点是有可能使领导更多地卷入项目的具体工作中。第四种方法是采取开放政策,让被授权者在任何时候都可以带着问题来寻求你的帮助。这种方法可以激励被授权者,并形成亲密的关系,使被授权者在协同工作中得到支持,但缺点是被授权者会过分依赖你的意见,缺乏创新精神。第五种方法是通过会议的形式让组织的其他与项目有关的员工经常地对项目进行讨论。这种方法的优点是可以在较广的范围内讨论问题,减少工作中的差错,可以协调团队工作的关系,缺点是会削弱被授权者的工作责任感。

因此,授权首先要建立健全请示汇报制度,以制度约束下属;其次要体谅下属工作中的困难。监督检查不是简单地走过场、下评语,而是为了上下沟通,上下一条心,齐心协力,共同履行职责,完成任务。对下属工作中出现的问题,领导者要敢于承担责任,给下属必要的心理上的支持。

（二）授权的原则

1. 适宜性原则

授权要有度。对员工的授权既不能过轻，也不能过重。过轻，达不到充分激发下属积极性的目的，不利于员工尽职尽责；过重，就会导致管理权失衡，出现无法收拾的局面。当员工的权力过大，超出了合理范围时，制度法规就不能顺利贯彻执行。一般在授权时，领导者必须向被授权者明确所授任务的目标、任务、职责和范围。对被授权者所授的工作量不要超过被授权者能力、体力所能承受的限度。若授权没有明确的目标任务，那么，被授权者就会在工作中摸不着边际，无所适从，无法完成工作任务，严重时甚至会造成混乱。有的权力尽管不大，但也不可以把许多权力同时推给一个员工，导致被授权者顾此失彼，手足无措。在授权时要根据责任大小、任务轻重、业务性质授权，责任大、任务重、工作距离远、专业性强的应该多授权；相反，可以少授权。一般情况下，在授权时不要害怕员工有缺点，因为授权本身是培训和提高员工工作能力的重要方法之一。但是，如果员工过分缺乏自信，就不要把工作交给他了。

2. 可控性原则

授权不仅要适当，还要可以被控制。领导者对于所授予的权力必须具有随时加以控制的能力。正确的授权，不是放任、撒手不管，而是保留某种控制权。这种对所授予权力的控制，把领导者与被授权的员工有机地联系起来。没有可控性的授权是放弃权力。授权的可控性原则主要表现在两个方面：一方面授权的范围、时间由领导灵活掌控；另一方面，虽然授权一般应相对稳定，但也可根据实际需要随时调整，做到能放能收、能扩大能缩小，尤其是对于紧急而重要的任务，领导除了放手让员工去做以外，还应该加强与员工的联系，随时掌握项目的进展情况。在授权时，有工作计划、有安全感、理解工作价值、接受过有关培训、有工作经验、工作负责任和有工作信心的员工应该被优先考虑。

3. 责任性原则

授权的同时明确下属的责任，这就是授权的责任性原则。领导者若能明确地将权力与责任同时授予员工，不仅可以促使员工完成工作任务，而且还可以堵住不负责或滥用权力的漏洞。授权的责任性原则要求领导者在授权时向被授权者交代清楚权限范围，帮助下级正确行使自己的职权，更好地实现领导者授权的目的。领导者授权时，要注意不能授出最终权力和责任。领导者要明确自己的职责范围，凡是属于自己职权范围的事、涉及有关组织的全局性问题，如管理全局的集中指挥权，总的经济预算审批权，决定组织的目标、任务和发展方向等权力，不可轻易交给下属。如果在一项工作中同时向两个或两个以上下属授权时，应该注意使后果责任必须落在一个人身上，让其中领受权力高的那个人承担后果责任。这样可使人们各司其职、各守其位、各负其责。

4. 信任性原则

领导者对于将要被授权的员工一定要有全面的了解和考察，考察其是否有能力承担准备授予的岗位和权力。如果确认其有能力承担工作任务，并且值得信任的话，那么就应该毫不犹豫地将工作所需要的职权授予他。如果发现准备授予权力者有可能具有承担工作任务的能力时，可以以担任助理或其他代理职务的方式试用一段时间，以便继续观察了解后再决定是否可以授权，避免授权后不合适而造成不必要的损失。不要零零碎碎地授权，应一次授予的权力，就一次授予下去。一旦授权，必须遵循“疑人不用，用人不疑”的原则，不能大事小事都干预，事无巨细都过问。授权的信任性原则要求领导者在授权时要注意四个方面的问题：第一，对于工作中的权力,应该放手的必须放手;第二,在布置任务时应该对任务内容明确说明,重要活动应该有书面报告;第三,领导者应该允许被授权者犯错误,因为授权本身就是对员工能力的培养;第四,在完成任务过程中发生问题需要干预的时候,领导可以介入干预,但是不要 擅自收回授权。如果必须要收回授权,那就应该给被授权者一个合理的说法。

5. 低风险性原则

授权本身是存在风险的,但是领导者不可能因为有授权风险就不授权了。为了避免授权风险给组织带来的损害,这就要求领导者对授权的行为要加倍地给予重视。一般来说,在授权给他人从事重要项目时,应该尽可能地预测项目过程中可能遇到的各种问题,并根据工作的重要程度列出所有可能产生的风险。如果有可能,应在事先布置任务时就把风险消除在萌芽状态,并针对可能发生的问题制订有效的应急方案来应对可能发生的问题。在工作任务完成过程中,应注意由授权而引起的任何可能出现的风险,一旦发现,应该针对问题的成因迅速解决问题。一般对于在一个工作任务中连续、多次犯错误的被授权者必须立即更换,面对风险千万不要有任何侥幸心理,因为错误的授权就等于把自己置身于干柴上,只有充分重视授权的风险才可以避免更大的损失。

6. 整体性原则

授权的目的在于让员工承担更多的责任。授权后,领导者要尽力发挥统帅综合才能,协调各方面力量,使各局部的发展更好地服从于整体目标。为此,成功的领导者要把最大限度地向下级授权和保证指挥全局的权力高度集中辩证地结合起来。不能把有关全局的最后决策权、管理全局的集中指挥权、主要部门的人事任免权和财权随意授权下属。否则,领导者就会对整个组织系统失去控制。高明的领导者应坚持“大权独揽,小权分散”的原则,在处理大权与小权、集权与分权的关系上,能真正显示出一个领导者的授权艺术水平的高低。

7. 考评原则

在授权之后,要重视定期对被授权者进行考核,对被授权者的用权情况做出恰如其分的评价,并与其利益结合起来。对被授权者的评价不要急于求成,也不要求全责备,要看完成工作任务的过程情况,是否认真负责,是否全身心地投入,同时更应该重视对工作任务的结果评价。评价不能仅仅从近期的业绩出发,也应该结合远期的业绩进行评价;同时在评价过程中,要重视被授权者本身任务完成的好坏,也应该重视该任务完成过程对组织的影响。对于为了完成自身任务,对组织造成破坏性影响的行为必须予以坚决杜绝。

训练与练习

下达指令

指导:

结合表 6-3 中的内容,考虑一项你将要授权的任务。请思考你将如何对参与任务的人员发出指令。

表 6-3　下达指令

指令	你选择	他们选择
设定目标	□	□
选择方法	□	□
决定其他参与的人员	□	□
设定时间进度表	□	□
决定何时以及如何检查进展情况	□	□

总结：

有几个因素会影响到选择，其中主要的是参与人员的经验。很可能自己会在设定目标和时间进度表的过程中扮演重要的角色，也有可能允许比较有经验的人员来决定如何完成任务。如果具备较多有经验的人员，就可以问问他们计划如何完成任务，并和他们一道来讨论各自的想法。这样，就能够与他们分享自己的想法，并与他们就如何着手完成这项任务达成共识。

本章小结

本章定义了领导和领导在团队中的角色，并对领导的理论进行了详细的讲解，通过对领导理论的介绍，深入分析和论述了领导的艺术，最后对领导授权的意义和方法以及授权的程序和原则进行了介绍。

思考与练习

1. 简述领导的概念，并请思考一个领导者在工作中通常会扮演哪些角色。
2. 简述领导和管理的区别。
3. 简述授权的程序和原则。
4. 简述领导者的要求。
5. 简述领导者的用人艺术。

第七章　团队管理策略

存活下来的物种既不是最强壮的，也不是最聪明的，而是最能适应变化的。

——达尔文

知识目标

理解：目标管理内涵，团队决策方式。

熟知：目标管理内容，达成一致的方法及决策避免的缺陷。

掌握：目标管理原则，选择合适的决策方式及激励理论。

技能目标

学生能够利用所学的知识，应用激励技巧进行团队管理。

素质目标

通过本课程学习，培养学生的团队意识，明确自己的奋斗目标，懂得个人目标与组织目标相一致及合作双赢的道理，进而树立正确的人生观和价值观。

学习方法建议

用所学团队管理理论和方法，在实际工作中应用，理解团队管理的重要性。

第一节 目标管理

有人曾说过:“伟大的目标构成伟大的心灵,伟大的心灵产生惊人的动力,而惊人的动力则可能获得不凡的成就。”不管是基于组织还是个人,目标都有着举足轻重的意义。

1954 年,美国管理学家彼得·德鲁克(Peter Drucker)在《管理的实践》一书中,率先提出了“目标管理和自我控制”的主张。他认为,一个组织的目的和任务,必须要转化为目标。如果一个领域没有特定的目标,那么这个领域必然会被忽视。组织的各级管理人员只有通过目标对下级进行管理,并以目标来衡量每个人贡献的大小,才能确保一个组织的总目标的实现。如果没有一定的目标来指导员工的工作,那么组织的规模越大,人数越多,发生冲突及产生浪费的可能性就越大。所以,让每个员工都根据总目标的要求制订个人目标,并努力达到个人目标,就能使总目标的实现更有把握。

案例资料

一家制药公司决定在整个公司内实施目标管理,根据目标实施和完成情况,一年进行一次绩效评估。事实上,他们之前在为销售部门制定奖金系统时已经采用了这种方法。公司通过对比实际销售额与目标销售额,支付给销售人员相应的奖金。这样,销售人员的实际薪资就包括基本工资和一定比例的个人销售奖金两部分。

销售大幅度提上去了,但是却苦了生产部门,他们很难完成交货计划。于是销售部抱怨生产部不能按时交货。总经理和高级管理层决定为所有部门和个人经理以及关键员工建立一个目标设定流程。为了实施这个新的方法,他们需要用到绩效评估系统。生产部门的目标包括按时交货和库存成本两个部分。

他们请了一家公司咨询指导管理人员设计新的绩效评估系统,并就现有的薪资结构提出改变的建议。他们付给咨询顾问高昂的费用修改基本薪资结构,包括岗位分析和工作描述。他们还请咨询顾问参与制定奖金系统,该系统与年度目标的实现程度密切相连。他们指导经理们如何组织目标设定的讨论和绩效回顾流程。总经理期待着很快能够提高业绩。

然而不幸的是,业绩不但没有上升,反而下滑了。部门间的矛盾加剧,尤其是销售部和生产部。生产部埋怨销售部销售预测准确性太差,而销售部则埋怨生产部无法按时交货。每个部门都指责其他部门的问题。客户满意度下降,利润也在下滑。

该公司虽然决定实施目标管理并设定目标与工资(绩效)挂钩,但是反而导致了矛盾加剧与利润下降。究其原因,是什么呢?

上面的案例就是一个典型的目标管理的案例。在这一节中,我们将主要讨论“什么是目标?”“什么是目标管理?”“目标管理有什么意义?”等方面的问题。

一、目标管理的含义

(一)目标的含义

在管理科学术语中,意图通常用“目标”来表达,目标进而又被分解为“目的”和“靶子”。

所有的组织都是为了其目的而存在的,即向消费者交付他们的产品或服务。为了获得成功,这些组织机构需要开发一些特定的功能,各种功能也是为了其目的而存在。本质上目标分解细化后就成为目的,这有助于具体确定自己所希望实现的工作绩效。

1. 组织的目标

目标包括组织活动的所有目的。在组织的最高层,这些目的一般在"远景规划"或"任务声明书"中做出说明。对于一个组织的各个部分来说,具有任务声明书是基本要求。下面是一些关于企业远景规划和任务说明书的例子,大家可以从中看到不同行业或不同企业的远景规划和长期目标都是按照自身的情况进行设定的。

- 一家本地医疗健康机构:及时有效地向本地居民提供医疗服务,同时取得效益与高质量的护理服务。
- 一位服装零售商:向国内市场提供各式高级服装。
- 一家石油公司:勘探石油和生产开发高品质石油及天然气。
- 一家保险公司所属的客户服务中心:开发客户自身潜力,使客户更加满意。

2. 领导的目标

"我知道我做的这项工作的原因,但我需要做些什么来完成这项工作?我需要确定主要的任务,然后把它们分解成具体的工作……"按照这样的思考方式来进行分析的过程,确确实实是经理们必须要做的。如同组织目的从最高层逐层渗透到最基本组成部分一样,为实现目的而采取的各项活动和任务也同样有这样一个过程。例如在具体的团队活动中,这将意味着把各项活动分解成团队任务和团队成员的个人任务。

团队和个人的目的应遵循并服从于团队领导这一目的。也许我们没有必要将所有目的都分解得如此之细,因为有人认为个人的目的与团队的目的从本质上讲是一致的。虽然具体目的有可能不同,但总的目标是相同的,例如客户服务业务,作为客户服务的领导,其目的就是组织提供客户服务,就是为客户服务业务的改进、增效贡献力量。下面列出了客户服务团队领导的目标:

- 利用新型的信息系统为团队提供支持,向信息系统提供关于产品、服务及客户需求等方面的资料;
- 发展团队,使团队能迅捷、高效处理比较棘手的客户质询;
- 严格遵守切换时间,确保对呼叫者达到要求的反应。

3. 团队的目标

为了获得成功,领导还需要一个团队。团队的存在也是为了实现一定的目的,其目的就在于帮助领导实现客户服务功能的运行。团队成员也是为了某个目的而存在的。在团队领导的目的确定之后,才能制定团队目标。依据客户服务团队领导的目标,该团队的目标是:

- 尝试使用新型客户需求与爱好信息系统来推销我们的产品与服务;
- 及时有效地处理好客户的质询与投诉;
- 在不降低客户服务质量的前提下减少客户占线等待的时间。

(二)目标管理的概念

目标管理是指一种将组织的整体目标转换为团队目标和个人目标,使管理活动围绕和服务于目标,通过分解和执行目标,以圆满实现目标为使命的管理方法。组织管理者应该通过目标对下级进行管理。当确定了组织目标后,领导者对目标进行有效的分解,将组织目标转变成各个部门以及个人的子目标,管理者以子目标的完成情况为依据对下级进行考核、评价和奖惩。目标管理的目的就是通过目标的激励来调动广大员工的积极性,从而保证实现组织目标,其核心是让员工自己当"领导",变"要我干"为"我要干"。

目标管理是计划管理与管理控制相结合的一种具体方法。与一般的计划管理不同的是,目标管理比较重视人的行为因素,是泰勒科学管理与行为科学理论的结合。与传统的计划管理比较,目标管理具有如下特点:

1. 目的性和一致性

目标管理强调组织和员工行为的目的性,重视未来研究和目标体系的设置,主张用目标来统一和指导全体员工的思想和行动,以保证组织的整体性和行动的一致性。

2. 系统性

目标管理无论是从目标体系还是从管理过程看,都是一个完整的系统,具有系统的各种特征。一是目标明确,不仅是把组织在计划期内要完成的任务变成明确的目标,而且还通过目标的有效分解,使下属各部门,甚至职工个人都有具体的目标。二是层次性强,目标分解是从上到下逐级分解的,上级目标指导下级目标,下级目标保证上级目标,不同的目标之间相互衔接,彼此构成层次清晰的目标体系。三是相关性和整体性,整个目标管理过程都以组织总目标为中心,围绕着总目标的实现展开,因此,目标与目标之间、举措与举措之间的相关性和整体性就不言而喻了。

3. 民主性

目标管理强调的是组织内的全体员工都参与,不管是目标的分解还是各种措施的落实,都必须通过上下协商来确定,充分发扬民主,从而使制订的行动方案有很好的群众基础。这不仅能使目标具有合理性,更重要的是还有利于激发广大员工的主人翁精神和参与意识,调动员工的积极性和主动性,形成良好的组织文化氛围。

4. 强调"自我控制"

目标管理的创始人德鲁克主张在目标实现的过程中实行"自我控制"。他认为员工是愿意负责任的,他们愿意在工作中发挥自己的聪明才智和创造性,因而组织管理者应采用"自我控制"的管理来替代压制性的管理。在目标实施过程中,要求组织和员工个人随时对照目标调控自己的行为以实现目标。在绩效考核时,也首先由员工自己进行自我评价,然后由上级及同事进行考评。

5. 激励性

由于目标管理是将目标的制定和实施控制结合在一起,而且还与执行者的利益紧密联系在一起,所以实现目标后的报酬和奖惩制度较为明确,执行者自己可以估计到可得到的报酬和奖励,报酬和奖励具有良好的可预见性。因此,这种方法相对而言就具有很好的激励性。

(三)目标管理的意义

1. 目标管理是对前进方向的管理

目标是一切管理活动的出发点和归宿。有学者认为,无论是组织还是个人,除非先有目标,否则一切事情皆无法成就。对于个人而言,目标是他努力的方向;对于组织而言,有什么样的组织目标,就有什么样的组织。目标是组织共同前进的航标,是组织下一步工作的方向。目标会引导组织管理者和全体员工的想法,而这些想法决定组织的发展方向。目标管理可以排除组织工作的盲目性,促进各成员间的协调。组织可以通过制定总体目标和分目标,使员工知道自己的目标在整个组织目标中的位置。

2. 目标管理能激发员工的潜能

一个人有什么样的目标,就有什么样的人生。许多心理学实验都证明了人类有着无穷的潜能。目标能调节一个人的工作强度,接受目标的难度越大,所花的精力也就越多,这两者是成正比的。人的潜力是巨大的,在有目标的时候,它才会发挥出来。一个有目标的组织通过对目标的有效管理,能够把组织中所有员工的潜能都发挥出来。如果组织没有明确的目标,则整个组织就如同一盘散沙,各自为政,最终会扼杀组织的生命力。

3. 目标管理具有标准和调控作用

目标的标准作用,体现在它的衡量和评价结果尺度方面。目标评价是以活动的结果形式出现的,是评价活动效果的依据和标准。当组织制定了目标后,组织的管理者就可以依据目标来考核员工;而员工也可以依据各自的具体目标激励自己、管理自己,自觉调控自己的工作内容和行为方向。当组织内部的员工都能根据组织的目标不断修正自己的工作方向时,整个组织才可能高效地朝着目标前进。

4. 目标管理能产生凝聚力

目标管理强调"参与管理",是组织内管理者和员工通过共同讨论来确定员工的工作目标,并让员工进行自我控制与评价,以此来激励员工,培养员工的主人翁精神和提高组织凝聚力。当组织的每个成员都明确自己在为同一目标努力时,才能够做到"人皆有位,人称其职"。目标管理能把组织内的所有员工都统一到组织的活动中来,在组织内部形成一股巨大的动力,推动组织的发展。

5. 目标管理是绩效考核的钥匙

目标管理以制定目标为起点,以目标完成情况的考核为终结。工作成果是评定目标完成程度的标准,也是员工考核和业绩评价的依据,是评价管理工作绩效的唯一标志。目标管理鼓励员工在组织目标的前提下完成其具体的目标,使员工与其工作形成密切的关系,让员工在目标的达成中获得满足感。对照既定目标来考评效果,可以为组织的下一个目标管理周期创造更好的条件,以利于设置新目标。根据对达到结果的评价,可采用奖励手段,激励人们为完成更高的目标而努力。在考核员工时,一般以其取得的业绩为依据,激发员工的创造力。

二、目标管理的内容

案例资料

某组织的领导在会议上对新年度的工作目标做了布置,提出在新的一年中,组织将把进一步节约工作成本开支作为重要内容来抓,组织还要把改善员工的服务态度、提高客户的满意程度作为组织形象建设的基本点,因为上述问题对组织来说比较严重。会议上,大家经过认真的讨论,认为组织确实存在着上述问题。但是一段时间过去了,领导和员工都发现存在的问题不但没有得到改进,事实上比以前更为严重。

从上面的案例可以发现,领导虽然在会议上制定了工作目标,大家也都讨论并承认该目标确实是接下来工作的重点,但经过一段时间以后,目标并没有实现。其实,问题主要是由实施整个目标管理的流程不清晰所导致的。本节将讨论目标管理的流程问题。

目标管理的过程其实就是一个沟通的过程。进行目标管理时,管理者为了让员工能真正理解组织的目标,在组织目标的基础上建立其自身的目标,就必须与员工进行沟通,让员工充分理解组织希望达到的结果,当然制定组织目标时还需要从员工那里获得大量的信息。而员工在制定或调整自己的目标时,也需要主动与管理者进行沟通,共同协商。在考核目标绩效时,员工除了做出自我评价之外,还需要与管理者共同商讨以便最后评价结果。因而,这样的沟通往往需要在彼此充分理解和接受的基础上进行。目标管理始终要以目标为中心来开展工作,因此,管理流程可分为计划、制定和分解目标、目标的实施、绩效评估和信息反馈四个阶段。

(一)计划阶段

要在组织中顺利地执行目标管理,必须做好充分的前期准备工作。可以通过以下三种方面来进行。

1. 组织领导者的重视

组织高层领导的重视并不仅仅是他们认识到目标管理的重要性,而是组织领导者本身对目标管理有深刻的理解和认识,在组织的制度上对目标管理予以支持。

2. 统一组织的价值理念

组织的价值理念是一个组织的处事准则、行为准则,是组织生命的核心。不同的组织,其价值理念也是不同的。企业组织只是以赚钱为其价值取向,而非营利组织则不同,它的价值理念更需要被所有员工所认可,需要管理者和员工的充分沟通,达成共识。

3. 增强组织成员的自我管理能力

目标管理理论认为,组织成员是有责任感的,能够自觉地、积极地努力工作,即使他们有失误,只需要给予指导就可以解决。但是如果组织成员的自我管理意识和自我管理能力比较差,那么即使已经规定了努力的方向和目标,他们也仍有可能在工作过程中不能按照目标的要求选择合适的工作方法和手段,不能自觉地向目标方向努力。自我管理能力比较强的员工除了能够根据目标要求自觉努力完成目标任务外,还能够自觉主动地了解合作伙伴,配合合作伙伴,共同完成团队或组织任务目标。

(二)制定和分解目标阶段

目标管理过程中的目标确定与传统的目标确定有所不同。传统的目标流程中,各级管理层和员工之间没有双向的沟通和交流,各级管理层根据自己的理解将信息传递给下级,彼此之间没有沟通,也没有任何的反馈,提出的目标不会修改和调整。具体实施目标的员工对总目标一无所知,也没有任何的计划,只是盲目地去做。而在目标管理流程中,组织的有关管理者能够共同讨论组织当前所取得的成就,对整个组织的状况加以总结,其充分的沟通交流使得组织的上下层管理者均能对组织有更明确的认识,在最大限度上消除信息的不对称现象。管理者与员工共同协商,选择和确定工作目标,并依据所掌握的信息,考虑其他各种影响目标完成的有利和不利因素,运用科学的管理方法和工具加以分析,最后制定恰当的、具有较高可行性的组织和个人目标。由于整个制定过程一直是在不断沟通基础上进行的,因而可以减少很多不必要的错误,具体如图 7-1 和图 7-2 所示。

目标的分解过程是整个目标管理过程的关键。这个过程应遵循全员参与决策的方式,将由上而下与由下而上相结合,对员工充分授权,让组织的员工共同参与目标的选择,并对如何实现目标达成一致意见。其具体的步骤是:

(1)将组织总目标根据整个组织的体系层次和部门逐步展开,直至每一个组织成员。这

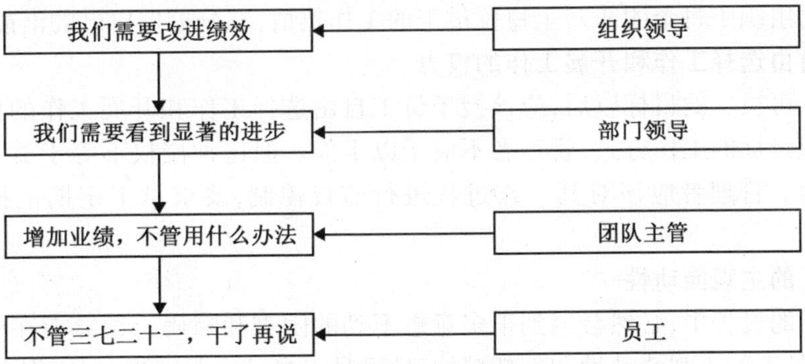

图 7-1 传统目标流程

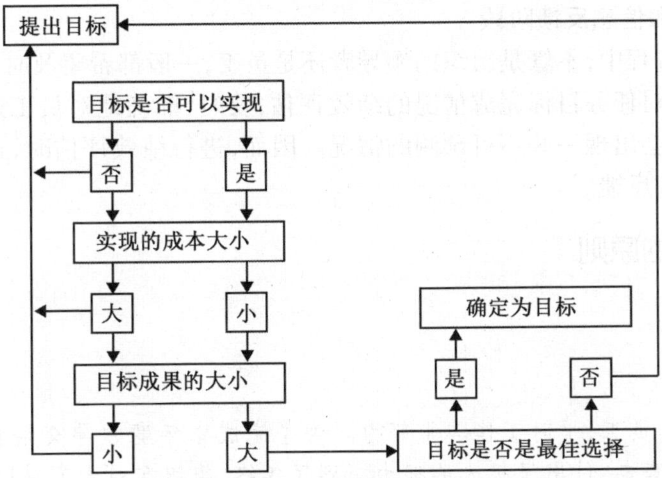

图 7-2 目标管理流程

个展开的过程是一个自上而下的过程，这一过程只是上级给下级的一个初步的指导性目标，不是最终目标。

(2)组织体系中的每个层次、每个部门乃至每个成员都可以根据自己所在的岗位以及岗位的职责要求，并结合初步下达的目标进行思考分析，最终提出自己的目标。自己的目标提出以后必须按层级层层上报，这就是自下而上的过程。

(3)组织将自下而上的目标与下达的目标进行比较，分析两者的差异，并征求下级的意见，再对组织的总目标进行修订，然后再下达，下级各方仍然可以修正，然后再次上报。经过上下多次的反复，最后将组织总目标分解成为一个目标体系，下达给组织相应的层次、部门和组织成员。

(三)目标的实施阶段

在目标管理过程中，组织的管理者希望让员工能自觉地执行目标，这需要做到以下几个方面。

1. 加强员工的自我管理意识

在目标管理过程中，应该强化员工的自我管理意识及自我管理的能力。目标管理的最大优点在于将“要我干”变成“我要干”，让员工在工作过程中，根据目标管理自己，使员工能够控制自己的表现、预测自己的成就，这也意味着应有更强的激励。这样的“自我管理、自我调控”

可以充分地调动组织中每个团队乃至每位员工的工作热情，充分挖掘自己的潜能。

2. 给员工自由选择工作和开展工作的权力

一旦组织认可员工的目标以后，应该授予员工自由选择工作和开展工作的权力。员工有权自由决定完成目标的工作方式，管理者不应予以干涉。但这种授权不等于员工可以在工作过程中为所欲为。管理者应该对其工作过程进行监督控制，要求员工定期汇报工作的进展情况。

3. 发挥员工的主观能动性

在实现目标的过程中，必然会遇到很多意想不到的困难和障碍。领导者在给予帮助的同时，更应该发挥员工的主观能动性和创新精神，鼓励员工自己克服困难，在工作中自我启发、自我成长。

（四）绩效评估和信息反馈阶段

在目标的管理过程中，不管是组织的领导者还是员工，一般都希望及时了解和评估任务目标的完成情况，通过对任务目标完成情况的绩效评估，及时、准确地对员工进行奖惩。在目标实施的过程中，可能会出现一些不可预测的情况。因而，进行绩效评估时，也要根据实际的情况对目标进行调整和反馈。

三、目标管理的原则

案例资料

小陈是某组织的员工，平时工作非常努力。为了完成本年度领导交给自己的筹款项目的任务指标，小陈多方奔走，付出了极大的努力。到了年终，组织在对大家进行考核时，领导和同事们发现，尽管小陈很努力，但还是没有完成任务指标。经过讨论，大家认为，既然实行目标管理了，小陈没有完成筹款项目的任务指标就是工作不合格的表现，所以应该扣除部分年终奖励。小陈很委屈，认为自己已经和领导谈过换一种筹款方式进行筹款，目前组织采取的方法无法为人们所接受，但是领导一直没有听进去。

从上面的案例中可以发现，目标管理的过程会受到许多因素的影响。在这一节中，主要将讨论目标管理的原则、方法和影响目标管理的因素等方面的问题。

1. 目标必须简单明了、内容明确的原则

目标管理要求有具体明确的工作目标，最好可以用量化的方式进行衡量。实际工作中，人们常常会发现领导制定的目标太大，内容过于抽象笼统，没有进行层层分解，也没有可操作的量化指标。

2. 上下级共同参与目标的确定并达成一致意见的原则

上下级共同参与目标的选择和对如何实现目标达成一致意见是目标管理的重要环节。在目标管理中，要求的是全员参与，让每位员工都根据自己的实际情况以及工作职责参与到目标的制定过程中。

3. 要求有明确的任务完成时间的原则

目标管理要求每一个项目的完成都必须有一个简单而明确的时间表。在实际工作中，经常是多重目标并行的，那么就要对每个目标进行很好的分析，充分估计目标的难易度，并按照目标的轻重缓急程度来排序。同时,每个目标有明确的时间进度安排,如按月、按季度,或者按年。缺乏对目标进行时段性的控制,往往会在一段时间过后,目标仍然不能达成。

4. 目标结果反馈和随时调整的原则

目标管理应该将现实目标完成状况反馈给组织中的每一个人,以便使他们可以随时调整自己的行动。若组织提出的目标太过于笼统,没有具体的内容,而且也没有阶段性的目标,员工就不能及时地根据目标要求来检查自己的工作,领导也无法对员工的业绩做出定期的考核。若组织领导自己对目标的达成情况都没有一个清晰的认识,更无法将目标的实现情况反馈给员工。而员工对于目标的种种猜测也使得目标对自己缺乏挑战性,当然也就失去了目标的激励作用,员工在目标实现过程中的积极性、主动性都会受到影响。解决这个问题的方法可以是领导者将长远的战略目标分解成一些短期或中期的目标,然后定期对目标的达成情况进行调查分析,同时反馈给员工,上下级共同讨论协商,根据反馈适当地调整自己的目标。

5. 让员工获得成就感和自豪感的原则

目标管理过程应该让参与人员获得成就感和自豪感。一般来说,如果员工对某项工作产生愉快的积极情绪,他就会不断主动地接近这项工作,甚至于努力创造条件完成工作任务。让员工在目标任务的完成过程中产生成就感和自豪感,能驱动他们接纳目标任务,并主动关注目标的完成结果。尤其对于刚刚加入组织的年轻人而言,工作中有挑战才能激发其潜能,才有利于其经验的积累和自身的成长。单调乏味、没有目标的工作只会让员工丧失工作热情。

6. 目标结果考核的公正性原则

目标结果考核对于员工来说是非常重要和敏感的工作环节。组织的管理者尤其要注意在考核员工时做到客观、公正、不偏激,对事不对人,尤其不能将领导和员工间的私人恩怨带入工作中,否则,会严重打击下属的积极性,影响领导者在整个组织中的威信。德鲁克认为,在对员工进行评定考核时,应充分给予他们信任,实行权限下放,同时在员工中采用民主协商制度,实现员工的自我管理和自我控制。客观公正地对员工的目标任务完成结果进行评价,可以赢得员工的尊重和信任,使整个目标管理过程得以顺利的展开。同时,根据每位员工的目标任务完成情况及成果的大小来评定考核员工,还能够充分发挥员工的积极性、主动性和创造性,因而有人将目标管理称为“管理中的管理”。

训练与练习

目标的匹配

指导:

1. 你的组织如何阐述其目标?

2. 你的客户服务部门的目的是什么?

3. 以上二者有没有很好地结合?

总结:

所有的目的都应该能很好地结合在一起。如果组织向着一个目标努力,而组织里的一个分支却向着另外一个目标努力,组织的目标就会受到损害。组织内的所有目标都应是一致的。

第二节 团队决策

案例资料

有条件的一致同意:僵局这个庞然大物

存在第六种做决定的方法,但是我倾向于只和认可主决策者的管理团队分享。这种方法被称作有条件的一致同意,它可能在团队竭力对某问题达成一致意见时开始起作用。在那一点上,主决策者做出决定并解释其基本原理。你可以把这个过程认为是有咨询特色的一致同意。

有条件的一致同意,其正的一面是团队克服了僵局。反的一面是,当由于主决策者的太快涉入而结束了讨论时,或当他太频繁地使用这种方法时,团队可能觉得在做决定上的演习只不过是单边模式的伪装,不值得以后的参与。

我曾数次与涉及复杂人员和机构决策的管理执行团队使用这种模式,但是我确信团队会理解什么是限制性的一致同意及其如何运作。作为一个外部促进者,我被批准可以在达不成一致同意时把决定权交给主决策者。

我与之共事的一个团队一天中在组织策略等问题上做的许多决定均经由一致同意。团队成员提到他们在顶层执行者必要时能插手和做出单边决定的情况下被鼓励去达成一致同意。那样的一天,他们说,是他们曾经参与的经由一致同意做决定的、最有效率的经历。

另一个管理团队,一个小公司里的团队,承担校准每年业绩总结的任务。目标是确保给每个总结以合适而全面的级别——没有夸张也没有低估。超过50个业绩评估由这个管理团队于一天中总结和决定,仅有一次由会长出面做决定以打破僵局。

这个团队的一致意见是:有条件的一致同意——保持你集中且努力工作以得出结论。

无论何时,促使团队齐心协力帮助完成工作,让他们帮你做日常的决定是这项策略的要求。实际上,作为一个有效的教练式团队领导,就应当经常和员工一起决策。那么,怎样做到这一点呢?

在大多数情况下,人们支持他们参与创造的东西。让人们参与决定对团队有影响的事务给了他们主人翁感。另外,教给员工如何做决定会减少团队的依赖性。这的确是个不错的做法!

而且假如你供职于临时团队(团队成员原属于其他团队,临时召集过来由你派遣),例如一个交叉功能的任务团队或工程团队,你自己做所有的决定必定引起反叛。员工会嘀咕:“你以为你是我们的老板吗?”

本章将介绍团队决策的技巧,以便提出问题时采用一致同意或咨询式的方法来达成决定,他们会知道你的用意及如何与你共事。

一、团队决策方式

团队是工作组，但是并非所有的工作组都是团队。事实上，有很多的工作组不是团队。但是所有的工作组、团队或非团队，都依赖于同种形式的决策过程。

工作组决策的五种主要方式是：

- 单边决策——老板一人决策；
- 单是别人的灌输；
- 投票选举，服从多数意见；
- 一致同意——每个人都同意支持结论；
- 咨询式的过程——一个主决断者辅以组里成员的帮助。

每种决策方式都有其优缺点，都无法以一当十地应付各种局面，因为团队需要集体努力才能成功，所以他们需要定期地使用集体做决定的形式，尤其是一致同意模式和咨询模式。但是向员工展示做决定过程的关键在于：让他们对五种主要方法都熟识，这样当遇到问题需要做某个决定时，他们就会意识到可能用到的方法。

二、达成一致的方法

案例资料

与 E. F. Hutton 达成一致同意

曾经在我们帮助一个团队发展各种团队技能时，团队成员遇到了难题，他们让我去促成一个会议来解决。

这个团队包括管理者共有 12 名成员。其中一个团队成员，我常喜欢称他为“E. F. Hutton”。还记得这家投资公司的广告语是：“当 E. F. Hutton 说话时，人们聆听。”理念是当你有与众不同的、别人渴望的专门技术时，不用呼喊就会引起他们的注意。团队的 E. F. Hutton 是一个颇受其他团队成员尊重的、身怀绝技的人。可是，他也有安静而保留的交流风格，不愿意在大庭广众下大声说话。

在我作为促进者的一天，团队已经做完工作，难题似乎已经得到解答。发言的成员非常兴奋地准备结束讨论，这时，我提醒大家检验是否一致同意——各自投票选举成员并询问他们是否支持决定，还有，如果不支持，解释为什么，并且如果可能的话提供一个替代办法。

随着我在房间里来回走动，检验一致同意时，我收到了 11 个热烈的“是的”的回应。但是会议桌上的第 12 个人，E. F. Hutton 说了这样的话使所有人都吃惊：“并非如此。”他解释了被提议的决定并提出了一个替代办法。下一个五分钟，一场生动的讨论继起，最终团队的决定融合了这位说话温和但颇受尊重的成员的新颖而有价值的输入，稍微做了修改。当我在第二次检验时，就是无异议的了：12 个肯定。

前面已讨论了用“一致同意的方式”作为达成决定的一个工具，它被定义为每个人都同意、支持团队的结论。“达到一致同意”听起来像自然而然的事情,但是,它不是。团队在通往一致同意的路上常常会“脱轨”。实现“达成一致同意”,需要采取必要的步骤。当团队成员能够理解这些必要步骤的作用,“脱轨”也并非必然。这是本节的话题。

你的团队可以通过五步完成“达成一致同意”决定。向他们展示所有的细节,这样下次你要通过一致同意解决问题时,他们就会知道该做什么。

第一步:识别所有的选项域观点。

把所有的选项和观点公布出来,写到公告板上或活动挂图上,但是,要推迟对上述观点的讨论,直到提出所有观点。团队有时会扑向某一个主意或观点,那样容易导致切断深一层观点的提出,由此便偏离了团队决定的方向。

第二步:建立在共同出主意上。

查看你的选项或观点,列表找出共同想法。在找出分歧之前结合共同点,团队会更简单迅捷地支持协定。

第三步:讨论分歧。

无论如何,通过首先识别共同点(见第二步),你通常会开始减少分歧的数量。但是在评价个人选择之前,应先让人们解释其想法。你要让团队成员积极聆听各种观点,以便每个人真正地理解选择。获得这种理解使下一步过程变得容易多了。

第四步:提出替代办法或折中去解决分歧。

解决不一致观点的最好方式是首先倾听和获得一种理解(即第三步),然后询问员工解决分歧的主意,确保每个人在发挥创造性时感到自由。有时一个好的替代办法是两种不同观点的巧妙折中。有时在员工与分歧较量时,询问他们的最好问题是:“你会建议什么?”这样做将推动每个人思考解决方案而不是专注在职位上。

第五步:当你快要得出结论时检验一下一致意见。

随着团队完成前面四个步骤,潜在的结果或决定可能就露面了。但是露面也可能是欺骗性的,因为团队的动态可能愚弄你。有时在团队情况下,许多发言的人确实达成了协议,而安静的人们只是坐在那里,最多微笑着。此时你必须询问每个人“你愿意支持这个决定吗”,而不是问“你同意吗”,就是检验一致同意的时候了。

一致同意并不意味着去寻求每个人对决定或结论的同意,而是寻求每个人的支持。人们有时可能不亲自同意结果,因为它本来就不是自己的选择,但是由于是讨论的一部分,他们愿意附和或支持团队已达成的结论。请求支持与请求同意远远不同。当你拥有每个员工的支持时,你也就拥有了他或她的许诺——这才是真正的一致同意。

在检验一致同意时,每次一个问题都要询问每个员工“你愿意支持……吗”。我设立形成一致同意这部分,通过指导员工,如果支持结论就清楚回答“是”,或竖起大拇指,如果不同意就清楚回答“不”,或倒竖拇指;而且,我坚持他们解释原因和提供一个替代办法(如果能的话)。

检验一致同意让你知道自己是否有真正的支持,并且在需要听取意见时,为你提供了清除反对者的机会。这个机会向老爱唱反调的人敞开了门,让他们诠释其疑问甚至游说改变协议。它强调了寻求意见是一致同意过程的一部分——员工被期待表达任何意见。在解决了问题和每个人都清楚地肯定决定之后,团队就达成了一致同意。

你可能想在运用一致同意模式解决问题之前,要团队练习使用一下。这样做向员工展示了他们一起工作得多好啊，他们多么遵循一致同意的关键步骤啊。你可以整理一个有助于良好讨论的论点，或通过对指导方针的一致同意创建一份清单，遵循它举行有成果的会议。

我成功使用过的游戏包括“迷失月球”“迷失海上”和“搁浅荒岛”。在这些生存型的练习中，员工先各自按重要性排列一系列行为选项。然后团队集体通过一致同意来排列一下。和专家的排序对比之后，团队的分数通常比个人高。那展示了一致同意的力量：三个臭皮匠，顶一个诸葛亮。

三、“达成一致同意”决定过程应避免的缺陷

有时，当团队试图在某问题上达成一致同意时，采取了完全妨碍“达成一致同意”正常步骤的方式，结果破坏了决定。要避免的缺陷是：

(1)跳向多数选票。当团队陷入讨论时，通过投票来放弃和处置分歧毫无用处。少数一方的员工经常走向敌对面。非正式投票可以作为决定人们如何思考问题的临时步骤而起作用，但是，在一个真正的一致同意模式里，你需要立即回到讨论，找出不同点。

(2)达成交易。做一笔交易听起来像这样：“如果在这个问题上你支持我，我将在你以后一些很重要的事情上支持你。”可怜的人们，将支持作为交易，而不是建立在对所做决定的支持上。以后当这种支持不能被回报时，可能造成团队成员彼此仇恨。因此，当你努力达到一致同意时，不要进行这种交易。

(3)使用加赛方法去结束僵局。掷硬币或拉稻草对于解决孩子们的争端是不错的，但是这些策略在一致同意过程中却没有立足之地。问题是：你在与胜者和败者纠缠，而不是与任何人都可以支持的一个决定纠缠。

(4)恫吓一个单独的反对者。当一个员工不支持其他人都支持的决定时，应避免仅为促成一致同意而发动一场对反对者的口诛笔伐。这样做，胁迫了某些反对者而导致争论更多，不能建立支持而只是煽动憎恨。如果团队想不断发展“达成一致同意”决定的技能的话，就要欢迎不同的观点，且让建议者感到安全。

(5)接受平息代替肯定。随着讨论拖延，一些员工可能断定他们的同意能实现早些散会，或者说他们的同意能够避免大家说出分歧而引起冲突。你可以听到他们假心假意地说“那对我很合适”或“无论你们怎样，我都支持”。不要让“息事宁人”心态取代真正肯定的支持，因为，如果你这样做，会产生虚假的一致同意。平息的团队成员有时会在会后不满，转而批评决定——从而最终将破坏“达成一致同意”决定模式。

观念的分歧是自然的、预料之中的。找出来，让每个人都参与探究解决分歧的替代方法，集体研究如何通过讨论达到一致同意。

四、咨询式决策

从咨询的方法到集体做出决定，团队应帮助主决策者（大多是管理者）做出最好的决定。此四步过程的运作是：

第一步：主决策者确定一个基本想法或阐明将要决定出事情。

把要决定的问题给团队做一个简短的背景介绍之后，主决策者宣布其基本想法及理由。在这一点上，主决策者倾向于按基本想法执行，但并不囿于此。这就是求助于团队的原因。有时，主决策者可能还没有形成一个基本想法；或者决定仅涉及几个选项，例如雇用哪个人，为了

不使团队存在偏见，主决策者没有公开表明自己的想法。在那些场合里，主决策者只不过列举相关事情，这样过程就转到了第二步。

如果你的想法已经确定，就不要使用咨询方法。真诚地使用单边模式会更好些，然后你只需解释你的决定即可。

第二步：员工各自提供对问题的解答。

主决策者扮演一个推动者的角色，逐个听取每位员工的意见。把每个人的答案记到公告板上或活动挂图上让大家都看到，这有助于揭示共同观点。员工表明对决策者公开想法的观点，补充建议及提出问题都是受欢迎的，但在第二步中没有必要展开讨论。

第三步：常规的讨论。

你想要在你（主决策者）与员工之间，甚至员工互相之间进行一场启发式讨论，那么作为主决策者，你可以提出其他相关问题，以便他们能更深地探究问题的实质。你可以通过分析他们的观点来检验你的想法。

讨论阶段是过程的最长阶段，因此让它按常规发展吧。按这种方式观察员工，看看他们在想什么。你不必像寻求“达成一致同意”那样寻求他们的支持。这里你在寻求他们的思维亮点，表达理解心意，补充你的想法。

第四步：主决定者表明最终的决定和支持的理由。

当讨论结束时，主决策者做出决定并解释原因。有时也应对做出最后决定适当的拖延，这只不过是主决策者还需要时间去深思。因此，设定宣布和解释此决定的时机很重要，并且应该现场向团队成员一起发布，这样便有利于团队形成向心力及决定的很好执行。

“咨询式”做决定的方式应在员工共事时，而非在其分工时被运用。作为主决策者，如果你认为在讨论结束时不适合做出决定，那么就请你决定好了再返回来，宣布你的决定。这样你能适当地完成第四步。请记住，不要让团队成员长时间等待；也请记住，你不是在寻求一致同意或团队成员的全体买账。取而代之的是，你想要员工的思想输入和理解。使用咨询的方式做最后决定，对在“一致同意方式”里很难达成的、更敏感的问题上特别有用，正如下节所探讨的。

在说明了团队如何使用咨询模式及引导员工应用时，可能会有两个更大的成果。第一，主决策者在第一步提出的基本想法，但是通过4个步骤改变了想法。第二，主办者原来的想法没有变化，但是通过咨询增加了内容，从而做出更好的决定。在这种情形下，从讨论过程中获得的丰富的思想，极大地帮助了决策者。

主决策者愿意听取、接纳团队成员的思想，那将大大取悦员工，将是决定成功执行的关键。

合理采用咨询方式进行决定，一个棘手的问题被搞定了，同时使员工获得了极大的心理满足，他们不必再私下为此无序言论了。

五、选择合适的决策方式

本节前面部分已说明了如何教导团队运用两个集体做决定工具，即一致同意方法和咨询方法。但是团队怎样确定使用哪个更好呢？同样，团队怎样知道，什么时候需要一个正式的决定过程呢？如果你对每个小问题都使用这些共同的决定方法，团队就剩不了多少时间去工作了！在决定是否需要团队参与做决定之前，你要领会一些要素。这是清单：

（1）首先定义问题。你自己要搞清楚什么样的问题需要做决定。当你那样做时，你就会开始发现是否需要团队参与了。

（2）阐明团队成员的角色。当需要团队成员参与决定时，阐明你想要他扮演的角色。有时那意味着与你一起使用一致同意模式或咨询模式去做决定的成员的地位。另外一些时候，你可能想要团队成员仅起顾问的作用，那么你要让员工理解你想要他们扮演的角色而避免混淆和误解。

（3）为你的团队参与设置参数。参数是界线。它们决定了决策问题时团队能走多远，由这样的一些因素来衡量：

• 预算；
• 期限；
• 责任或权力；
• 在你之上的管理目标。

避免误解和大破坏：在你引入它们参与决策过程时，让你的团队知道这个中肯的信息。

• 决定谁做决定的模式。选择权完全是你的。果断而独立地行动对作为团队教练的你来说是合适的。不存在必须遵守的规则，来决定什么时候要求团队成员参与做决定；来决定采用一致同意方法或咨询方法的哪一种；或者什么时候你自己处理问题——单边的和单边加咨询的方法。但是一些因素可能以这样或那样的方式影响你的判断，例如：

• 某个问题直接影响团队日常工作的程度；
• 问题超出团队直接工作水平的范围；
• 在问题之后储备员工支持的重要性。

即使以上列出的因素存在，如果你的心思强烈地被你对问题想做的事情充斥着，就不要使团队参与做决定。解释你想做的，并使团队接受你认为那是最好方法的理由，而非让他们“分享”你已经做出的决定，这样你会进入决策状态的。

如果你在每件小事上都寻求一致同意，团队就会陷入支离破碎的困境。主要涉及你和管理层或团队之外的小事最好由你自己决定。有时你可以征得团队同意，让下属组织去处理那些问题。在这种情况下，你或下属组织，需要将汇报反馈给团队，以便每个人都在环节之中。

训练与练习

指导：

1. 预算

你要准备好团队的年运转预算，递交上去征得同意。是你使团队参与这项工作吗？如果是这样的话，最好选用哪种做决定的模式呢？

我的建议：当你想要团队活跃地参与财政管理和预算执行时，那么让他们涉入形成预算很有意义。提前定义参数，教导员工准备所有可能的相关数据和预算会议的需求工作。

使用咨询模式做决定在预算事务上运转得很好（比有咨询的单边方法更好）。你和员工能够互相听取观点。因为财政事务通常是须做最终命令的棘手问题，而咨询模式能够让你做到这一点。团队知道你是在各种权威中做决定的那个人，但是由于你让他们直接地、集体地参与了过程，他们对你的想法就有了更好的理解。

2. 假期时刻表

你知道所有员工包括你在内,都想在一年中有一些假期。目标是一个假期时刻表,以便人们休假时工作能继续下去。你允许员工参与处理这个问题吗?如果是,最好选用哪种做决定模式呢?

我的建议:因为假期时刻表关系到每一个人,因此有必要请整个团队参与。有关附加条件的问题,首先讲明团队领导认为必要的各项条件。

使用一致同意模式。那种方式使每个人都能够平等地参与形成结果。通过让所有员工互相听取关于假期的需求和渴望,可能制作一个人人都能接受的假期时刻表。这个过程也避免你在运作本该团队自己解决的问题上扮演裁判和公断者的角色。

3. 雇佣

你的团队有一个空职。你想找一个合适而积极贡献的雇员。你使团队参与雇佣过程吗?如果是,最好使用什么做决定模式呢?

我的建议:明确地使你的员工涉入做决定的过程。他们会在两个重要标准上帮忙。第一,他们帮助定义岗位需求——此角色的合适人选所需的重要技能和品质。第二,团队帮助面试和评价高层候选人。

由于团队角色已经确定,咨询的方法在雇佣过程中运转良好。另一方面,通过一致同意做雇佣决定有时很难实现,因为并非每个会见者都以同样的方式看待候选人。作为团队经理和新雇员汇报对象,你需要雇用你认为最好的人。同时,使团队涉入角色形成、面试、对最后决定给予输入,这些都建立了他们的支持且拓展了你做出好决定所收到的输入。通常,让员工会见两个或三个候选者,对管理输入的数量及有效利用时间作用最好。

在会议上,当你启用咨询式方法做雇佣决定时——面试结束后——避免说你倾向于哪位候选人而使团队存在偏见。而应该在每个员工主动提出对候选人的观察后,用问题和你的参与促进一次现场对话。这使你洞察到员工对岗位候选人的看法和想法,且检验了你自己对他们的想法。

4. 业绩问题

你有一个不做自己本职工作,且由于此缺点而与其他员工有冲突的职员。你知道这是一个需要处理的业绩问题。你使团队参与了这个问题吗?如果是,你选用哪种做决定模式呢?

我的建议:去单方面地自己处理这个业绩问题。在其他事情上,处理敏感的人员问题时,你需要注意机密性。那就是为什么处理业绩问题是管理者而非团队成员的角色。集体讨论的一个明显的危险是:你在冒着使雇员出丑和限制可能做出提升其业绩的、建设性的解决方案的风险。

5. 工作分配

团队知道它的目标。但是它现在需要的是一份计划——能讲清下几个月谁将做什么工作以达到哪些目标。需要设定执行工作的角色和责任。你使你的团队参与了角色设定和工作分配吗?如果是,你选用哪种做决定模式呢?

我的建议:在一次会议上使团队齐心协力,特别是在为了形成工作计划时。他们是令工作达到目标的人。因此,应尽所有办法让他们帮忙决定谁将做哪部分和什么时候做。

一致同意做决定模式在这种场合下运作良好。每个人在全局意识下分担工作,而不仅仅是他们各自的那一小块。共同挑选出角色和任务,所有人都同意支持计划,这就成全了一个会被良好贯彻的工作计划。你不必是决定员工将做什么的那个人。但在你的领导者角色里，你要确保所有工作都被分配了。

第三节　团队激励

一、需要与动机

1. 需要的概念

需要是指有机体对某种缺乏状态的感知，包括维持生理过程的物质要素和社会环境中的心理要素。

管理心理学中，需要是指人在缺乏某种东西时的一种主观状态，是对某种客观需求的反应。而为了满足这种客观需求，弥补这种缺失，人就会产生欲望和动机，进而引起并推动个体行动。需要这种心理现象比较复杂，它受自然需求和社会需求的双重制约。

根据人的需要的结构模式可以看出，形成需要必须具备两个条件。一是个体感到缺乏什么东西，有不足之感；二是个体期望得到什么东西，有求足之感。人的需要正是在这两种条件下形成的一种心理现象，而人的一生就是不断地产生需要，满足需要，再产生新的需要的生命运动过程。

2. 动机的概念

动机是推动个体进行活动，并使活动指向某一目标的内部动力。按照心理学的解释，动机是推动人去从事某种活动的内动力，是个人行为的直接原因，是一种内部刺激，因此也被称为内驱力。人的行为总是由一定动机引起的。我们将由动机引发、维持和导向的行为，称为动机性行为。

动机具有多种表现形式，可以表现为愿望、兴趣、意图、信念和理想等形式。而且在许多情况下，人的行为并非仅由一种动机推动，而是由一系列的、呈现出综合性的动机模式和动机系统推动的。

3. 行为模式及相互关系

在日常生活中，人们常把需要、动机、目的的概念等同起来使用。在心理学看来，这三个概念是有区别的。需要是动机产生的原因，动机是推动人去行动的心理动力，而目的则是人的动机所要达到的目标。下面我们结合人的行为模式加以分析这几个概念之间的关系。

一般来说，一个人行动的心理过程是，首先人的需要引发心理的紧张，进而引发某种动机，然后动机作为一种力量推动人采取寻找和达到满足需要的目标。目标达到，需要得到满足，身心即达到平衡。然后，又会有新的需要出现。这个过程周而复始，循环不断，即需要、动机、行为和目标之间的关系是一种引发性、循环性和反馈性的关系，如图 7-3 所示。

所谓引发性，即不满足产生需要，需要产生动机，动机引导行为，行为实现目标，需要得到满足。由此可见，人的行为都是由动机支配的，而动机则是由需要引起的。一般情况下，当人产生某种需要的时候，总会伴随着一种不安定或心理紧张的状态。但在找到了满足某种需要的特定目标时，这种紧张的心理状态就会转化为动机，推动人去从事某种活动，实现目标，满足需要。

所谓循环性，即当旧的需要满足了，又会产生新的需要，这是一个不断循环往复的过程，使

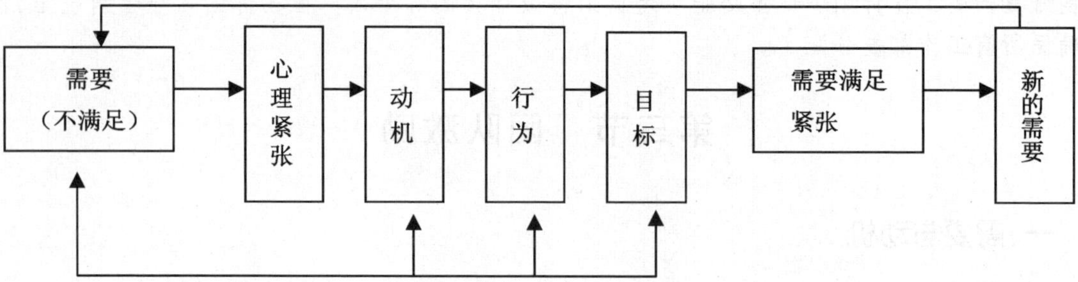

图 7-3　人的行为模式图

人不断向新目标奋进的过程。

所谓反馈性，就是在行为过程中，要将每一步行动结果予以反馈，以判断原来的需要是否实际，动机是否合理，行为是否有效。

二、激励原理

（一）激励的概念和作用

1. 激励的概念

激励是用某种有效手段或方法，调动人的积极性去完成组织目标的过程，即通过设计适当的外部奖酬形式和工作环境，以一定的行为规范和惩罚性措施，借助信息沟通来激发、引导、保持和规范组织成员的行为，以有效地实现组织及其成员个人目标的系统活动。

这个定义包括以下几个方面的内容。

（1）激励的手段

通常，激励是将奖励和惩罚两种手段结合起来使用的。当员工的行为符合组织的期望时，组织就要给予奖励，反之则予以处罚。这也要求组织在制定总体目标时，要考虑员工的需要，尽量找到二者的结合点，并通过激励活动来达到二者的共赢。

美国著名管理学家哈罗德·孔茨等人，曾把激励形象地称为"胡萝卜"和"大棒"，认为"奖励和惩罚仍然是有力的激励因素"，人们通过对绩效优良者给以论功行赏，以调动其积极性，但恐吓形式的"大棒"也必不可少，"害怕失去职务、失去收入、扣发奖金、降级或其他惩罚，过去是而且继续是有力的激励因素"。

（2）影响激励的因素

企业的整个制度环境和文化环境，对激励的效果起着举足轻重的作用。激励不仅仅是一个奖惩制度和具体工作环境的设计问题，而且企业的组织结构、价值观及整个企业文化，都对企业激励发挥着重要作用，仅仅通过外在性奖酬与内在性工作满足感来进行激励的做法是片面的。激励需要建立一个全方位的支持系统。

（3）激励的实质

激励过程的实质是一个信息沟通的过程。组织的不同层次和部门之间、管理者与下属及员工之间都有赖于及时、顺畅的信息沟通，以达到各方面协调，使人们的积极性都能得到充分的激发，提高组织的运行效率和各方面的满意度。

2. 激励的方式

企业对员工的激励都是从满足员工的不同需要出发的，需要的多样性也决定了激励的多样性。下面是几种激励的方式。

(1)目标激励

所谓目标激励,就是通过建立一定的目标来激发人的动机、指导人的行为。员工从事工作都希望取得一定的成就和报酬,所以管理者需要建立适当的目标,从而发挥目标的激励作用,调动员工积极性。

(2)奖罚激励

奖励是通过对人的某种行为给予肯定和表扬,使人继续保持这种行为。与奖励相对应的是惩罚,即对人的某种行为予以否定和批评,使人消除这种行为。奖惩得当,都能调动人的积极性。

(3)竞赛评比激励

通过竞赛评比,可以造成一种压力,形成你追我赶、争当先进的局面。同时,它可以激发人的动机,使动机处于一种活跃态势。

(4)关怀与支持激励

管理者对员工表示关怀或支持,也是一种重要的激励方式。通过关心,可以帮助他们解决问题和困难,激发其对集体组织的热爱,增强其对组织的信任;同样,支持可以表达对员工的尊重,为其创造好的条件,保护员工的积极性。

(5)领导和榜样激励

领导者的模范带头作用能够为员工树立良好的模仿形象,也必然对员工的行为起到激励作用。同样,树立榜样,让员工学有方向、赶有目标,也是一种有效的激励。

除了上述几种主要的激励方式外,还有其他的激励方式,如环境激励、集体荣誉激励等。管理者在实际应用过程中,要灵活掌握。

3. 激励的作用

在传统的管理中,激励的作用根本没有得到足够的认识和利用。管理者们在对员工进行管理时,只是自觉或不自觉地运用到激励手段。但随着人本管理思想的发展和在实践中的应用,人们越来越重视作为组织生命力和创造力源泉的"人"的作用,因此激励成为企业管理者一个必不可少的重要手段,其重要作用表现在以下四个方面。

(1)激励是实现企业目标的需要

企业的目标能否实现取决于员工的绩效,一个员工对企业的价值并不完全取决于他的能力,而主要取决于他的工作动机,也就是他的积极性。员工的工作动机并不是天生就有的,需要管理者对其进行激励来调动。员工努力的程度取决于目标对他的吸引力,在于目标能够在多大程度上满足员工需要,激励就是要让员工产生内在动力,在满足自身需要的同时,为企业做出贡献。

(2)激励是充分发挥各种生产要素效用的需要

企业的生产经营活动是人有意识、有目的的活动。人、劳动对象、劳动工具都是企业的生产要素,在这些要素中,人是最活跃、最根本的因素,其他因素只有跟"人"这个生产要素相结合才会成为现实的生产力,才会发挥各自的效用。因此,没有人的积极性,或者人的积极性不高,再好的装备和技术、再好的原料都难以发挥应有的作用。因此,激励员工是保证企业各项工作正常进行的有力保证。

(3)激励可以提高员工的工作效率和业绩

如何调动人的积极性,一直以来都是古今中外政治家、军事家、思想家、管理学家们十分重视的问题。据美国哈佛大学威廉·詹姆斯的研究,实行计件工资的员工,其能力仅发挥了20% ~30%,若受到充分激励,其能力可能发挥到80% ~90%,工作效率也大大地提高。

舒斯特在1986年出版的《A战略:人与效益的关系》一书中指出:“不少公司把研究和满足职工需要作为主要的经营战略来提高生产率,已取得显著成就。由此而获得生产率的增长,并非10%或20%的小幅度增长,而是200%乃至更大幅度的飞跃。”

管理学家们的研究表明,员工的工作绩效是员工能力和受激励程度的函数,即绩效 = f(能力、激励)。如果在设计激励制度时,把员工创造性、革新精神和主动提高自身素质的意愿作为考虑因素,那么激励对工作绩效的影响就更大了。

(4)有效激励可以吸引和留住优秀人才

知识经济时代的到来,意味着企业间对人才的争夺越来越激烈。一个企业要想吸引和留住优秀人才,尤其是知识型人才,就要具备丰厚的薪酬、丰富的福利待遇、快捷的晋升通道等一套科学、有效的员工激励机制,只有这样才能吸引优秀的知识人才,并留住人才,使他们全心全意为企业贡献才智。

(二)激励的过程

激励的过程,也就是我们常说的调动人的积极性的过程,即通过客观刺激,激发人的动机的心理过程,也是人的需要、动机、目标相互作用、相互联系、彼此制约的过程。

让我们再回顾人的行为模式:当人产生需要而未得到满足时,会产生一种紧张不安的心理,当有能够满足需要的目标时,这种紧张不安的心理就转化为动机,并在动机的驱动下向目标努力。目标达到后,需要得到满足、紧张不安的心理就会消除。随后,又会产生新的需要,引起新的动机和行为。

人们在满足需要时,并非每次都能实现目标,在需要没有得到满足、目标没有实现的情况下,人会产生挫折感,此时,有人可能会积极进取,动机更强;有人可能会动机削弱,消除防范。可见,人的动机心理过程,正是具体激励过程(如图7-4所示)。

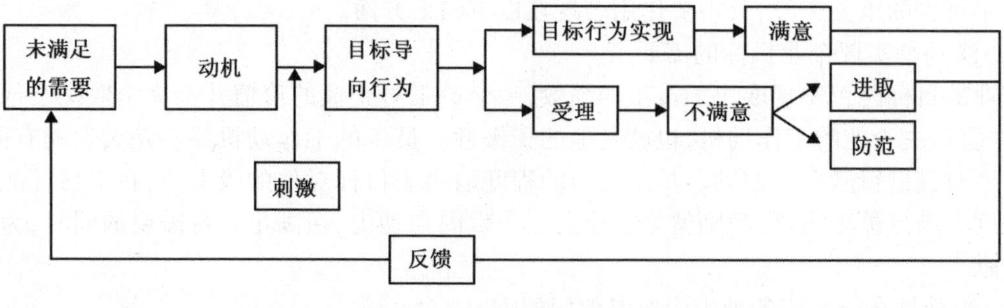

图7-4　激励的过程

在这里,未满足的需要所产生的激励程度叫作激励力。激励力的大小对于行为的结果影响是很大的。例如,单位领导为了鼓励员工,提高员工的工作效率,打算在假日专门为员工组织一次旅游,其结果可能有效,也可能无效,因为有的人并不热衷于旅游,他们更渴望趁假日好好休息,陪伴家人。员工甚至希望能够发奖金,而不是去旅游。这就说明单位的激励不到位,或者说激励与行为没有匹配。

（三）激励理论的分类

激励理论大致可划分为内容型激励理论、过程型激励理论和行为改造型激励理论。

内容型激励理论，着重研究激发人的工作动机的因素。因为理论内容多半围绕如何满足人的需要进行研究，故又称需要理论，以著名的马斯洛的“需求层次理论”和赫兹伯格的“双因素理论”等为主。

过程型激励理论，着重研究从动机的产生到采取行动的心理过程，其中包括弗鲁姆的期望理论和亚当斯的公平理论等。

内容型激励理论、过程型激励理论这两类理论又统称为认知派激励理论，其共同点是从充分考虑人的内在因素，如思想意识、需要、兴趣等研究激励问题。

关于行为改造型激励理论，则是着重研究如何改造和转化人的行为，变消极行为为积极行为的一种理论，主要包括斯金纳的强化理论、挫折理论等。

三、激励理论

关于激励理论的研究，西方的心理学家从不同的研究视角，围绕着人的需求的实现、需求特点的识别、如何根据需求类型和特点的差异采取不同的激励措施，及激励对个体行为的影响等各方面做了研究。这些研究成果，为我们实施有效激励提供了坚实的理论基础。

本部分主要介绍需求层次理论、双因素理论、公平理论、期望激励理论以及强化理论。

（一）马斯洛的需求层次理论

亚伯拉罕·马斯洛是一位人本主义心理学家，他于1943年在《人类动机理论》一文中初步提出这一理论，随后在1954年出版的《动机与人格》一书中做了进一步阐述，并经过不断地补充和修正，使该理论成了西方最有名的激励理论。这个理论最初只是在心理学界影响较大，之后由著名的管理学家麦格雷戈把该理论全面引入管理学中，并引起广泛关注。

1. 马斯洛需求层次理论内容

马斯洛需求层次理论重点研究了人的需求。马斯洛把人的需求分为生理需求、安全需求、社会需求、尊重需求和自我实现需求5个层次（如图7-5所示）。

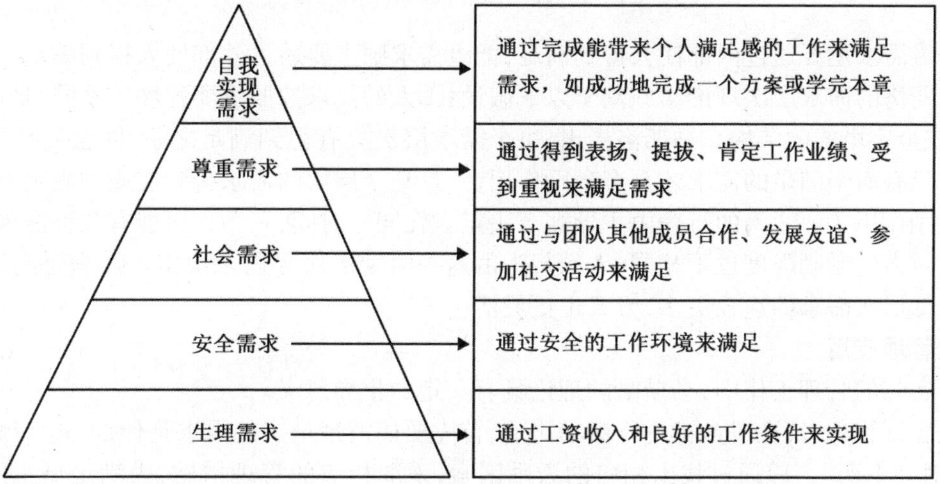

图7-5 如何满足需求

(1)生理需求

这是任何动物都有的需求,对人类来说,包括食物、水、栖身之地、性以及其他方面的身体需求,人类需要这些来维持生存。

(2)安全需求

安全需求是保护自己免受身体和情感伤害,同时保证生理需要得到持续满足的需求。它可以分为两大类:一类是现在的安全需求,如人身安全、职业安全、劳动安全、生活稳定等;另一类是对未来的安全的需求,希望未来的生活得到保障。

(3)社会需求

人们希望在一种被接受的情况下工作,即属于某一个团体以得到关心、爱护、支持、友谊等,而不希望处于孤独无助的境况之中。

(4)尊重需求

尊重需求分为内部需求和外部需求。内部需求包括自尊、自主和成就感等;外部需求包括地位、认可和关注等,即受人尊重。这种需求得到满足就会产生自信和自尊,反之则会导致自卑、软弱和无助。

(5)自我实现的需求

这是最高层次的需求,指的是实现个人的理想、抱负,最大限度地发挥自己的能力,完成与自己能力相称的一切工作的需求,这是一种成为自己要成为的人的内驱力(追求个人能力极限的内驱力)。

对此,马斯洛有过这样的描述:"即使以上需求都得到了满足,我们仍然会产生新的不满,除非自己正从事着合适的工作,如音乐家必须演奏音乐,画家必须绘画,诗人必须写诗,才能让他们感到最大的快乐。"

马斯洛的需求层次论,侧重从满足人的需求角度去有针对性地激励员工。他认为,激励是对具体的社会系统中未满足的需求进行刺激的行为过程。该理论有两个基本出发点:一是人是有需求的动物;二是人的需求是有层次的。他还将这五个层次划分为高和低两个等级,生理需求和安全需求称为较低级的需求,而社会需求、尊重需求和自我实现需求称为较高级的需求。

高级需求主要通过内部使人得到满足,低级需求则主要通过外部使人得到满足。

马斯洛的需求层次理论实施基于以下假设:①人的需求按照重要程度的不同,是逐级上升的,形成金字塔式的结构。马斯洛指出,每个需求层次只有得到满足之后,才会激活下一个目标。②只有尚未满足的需求才具有激励作用,一旦某个层次的需求得到实质的满足,它就不再具有激励作用了。③人的行为由主导需求决定。在同一时间,一个人可能有几种需求,而这几种需求对人的激励强度也不相同,人的行为由这一时期的主导需求决定。④满足高层次需求比满足低层次需求的途径更多,方式也更灵活。

2. 管理应用

在实际的管理工作中,马斯洛的理论具有一定的指导意义。

他告诉管理者,在对员工进行激励之前,首先要搞清楚员工的需求是什么,属于哪个层次,以便"对症下药"。应通过找出相应的激励因素,采取相应的管理措施,去满足员工的这些需求,以引导和控制员工的行为,调动员工的积极性,实现组织的目标。

此外,将马斯洛的观点应用到工作环境中时,应该记住以下两个要点:

（1）我们不能假定每个人都希望通过工作来满足这些需求，并因此做出相应的举动。一些人把工作作为一种谋生的手段，然后用工作以外的方法，比如，通过对兴趣爱好的追求、志愿工作来满足他们的高层次需求。

（2）人们对不同的需求重视程度不一样。比如，对于有些人自信心比其他任何社会需求都重要，而对于另外一些人来说，自我实现可能才是最紧迫的需求。

（二）双因素激励理论

1. 双因素激励理论的内容

这种理论又称为“保健—激励”理论，是由美国心理学家弗雷德里克·赫兹伯格在 20 世纪 50 年代后期提出的，主要研究的是个人与工作的关系。他认为个人对工作的态度在很大程度上决定着任务的成功与失败。

在 50 年代后期，为了研究两者之间的关系，赫兹伯格在匹兹堡地区对 11 个工商机构的 2000名工程师和会计师进行了一项调查。在调查中，他设计了诸多有关工作和个人关系的问题，要求被调查者在具体情况下描述他们在工作中特别满意或特别不满意的方面。

通过调查分析，发现引起人们工作不满意的因素往往是一些外部因素（工作之外的因素），主要与员工的工作条件和环境有关，而满意因素往往和工作本身有关。由此，赫兹伯格提出，导致工作满意的因素和导致工作不满意的因素有着本质的区别，主张区别在于导致满意的因素和导致不满意的因素，进而提出影响人们行为的因素，主要有两类：保健因素和激励因素。

（1）保健因素

保健因素又称为维持因素，是与人们不满情绪有关的因素，如公司政策、个人生活、人际关系、工作关系、管理和监督等，这些都和员工的不满情绪有关。它只能起到保持人的积极性、维持现状的作用。保健因素处理得不好，会引发员工对工作的不满情绪；处理得好，就可以预防和消除这种不满。

但需要指出的是，保健因素并不能对员工起到激励的作用，只能起到维持和保持工作现状的作用。

（2）激励因素

激励因素主要指个人成就、工作本身、晋升、成长等，这些都和员工的满意情绪有关。与激励因素有关的工作处理得好，就能够产生满意情绪；处理得不好，其不利效果顶多是没有满意情绪，但不会导致不满。这两类因素与员工满意程度之间的关系如图 7-6 所示。

赫兹伯格还指出，与传统的看法不同，满意的对立面不是不满意。在这里，赫兹伯格对满意与不满意分别进行了拆解，提出二位连续体的存在，即满意的对立面是没有满意，不满意的对立面是没有不满意，而传统的观点认为满意的对立面是不满意，如图 7-7 所示。

2. 管理应用

根据赫兹伯格的观点，导致员工满意的因素与导致员工不满意的因素是相互独立的；员工对工作感到满意时，倾向于把满意的因素归因于自己；感到不满意时，则倾向于把不满意的因素归因于外部，如工作条件、上司、管理与监督等。因此，该理论的启示是：

（1）在管理中，要调动和维持员工的工作积极性，首先要注意的是保健因素。管理者要消除不满意的因素，安抚员工。在保健因素得到满足后，更重要的是要采取各种激励的方法去激发员工的积极性，增加他们的工作满意感。

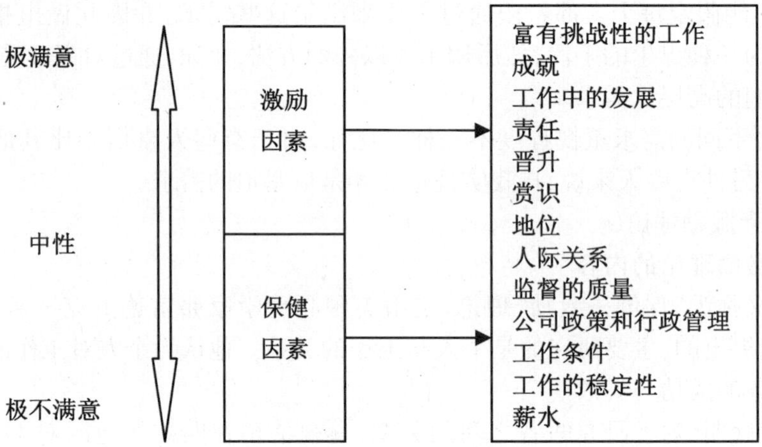

图 7-6　激励因素、保健因素与员工满意程度之间的关系

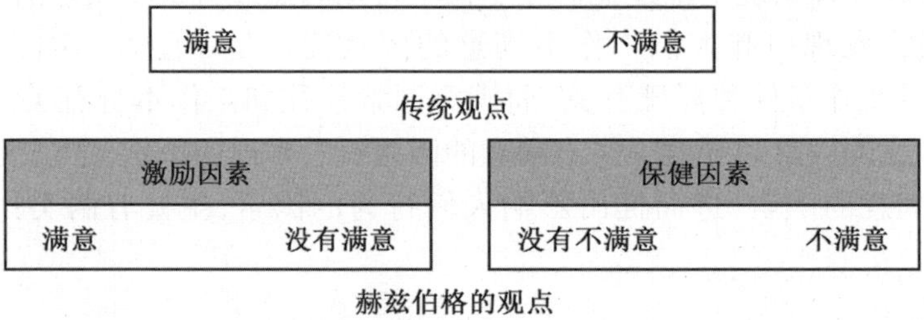

图 7-7　传统观点与赫兹伯格的观点

(2)该理论可以用来指导企业的奖金发放工作。发奖金虽然是一种重要的激励因素，但终究是一种外在因素的报酬，其激励力量是有限的，必须使它与企业的效益、个人的成绩直接挂钩。另外，要保证奖金的激励效果，就应与工作绩效切实挂钩，拉开档次。如果奖金的发放不顾企业经营的好坏，不讲部门与个人成绩的大小，而采取每个职工各拿一份的“平均分配”方法，那么奖金就会沦为纯保健因素，起不到激励作用。

(3)要调动员工的积极性，单纯搞物质刺激是有限的。作为管理者，不能迷信“重奖重罚”，应该注意处理好物质鼓励与精神鼓励的关系，做好人的思想工作。

(三)期望理论

期望理论由美国心理学家维克多·弗鲁姆在 20 世纪 60 年代提出并形成，它是迄今为止在员工激励方面最全面、最广为接受的解释。

期望理论认为，当人们预期某种行为能带给个体某种特定的结果，而且这种结果对个体具有吸引力时，个体就倾向于采用这种行为。

在马斯洛需求理论的基础上，管理专家们开始考虑有什么方法能使人们不断努力去满足他们的需求，使他们关注更高层次的需求，比如：社会需求、自尊和自我实现，考虑人们会采取什么样的行动，并希望通过这些行动得到什么样的结果。

通过试验和调查，他们确信如果人们知道额外的努力将带来他们想要的东西，满足个人的某些期望，他们就会受到激励，并会更努力地工作(如图 7-8 所示)。

某人期望被提拔时：如果更努力地工作将带来提拔的机会，他们就会受到激励，并更加努力地工作；而如果提拔只和参加工作的时间长短有关，与资格有关，他们就不会受到激励而投

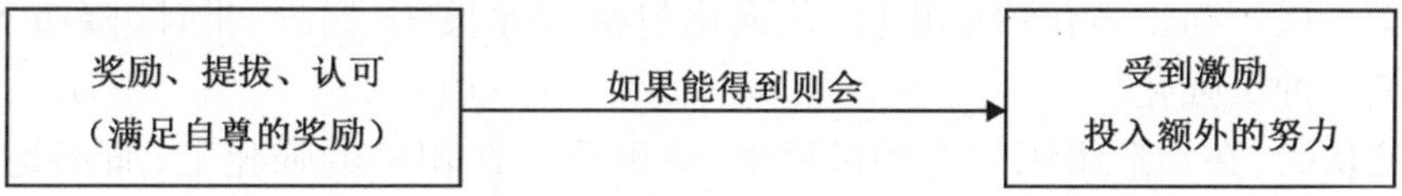

图 7-8　满足与激励

入更多努力。

努力工作并不一定直接带来预期的结果，但这种额外的努力肯定会带来一些实实在在的结果。所以在投入努力和产生最终结果之间存在一个发展的阶段，基本过程如图 7-9 所示。

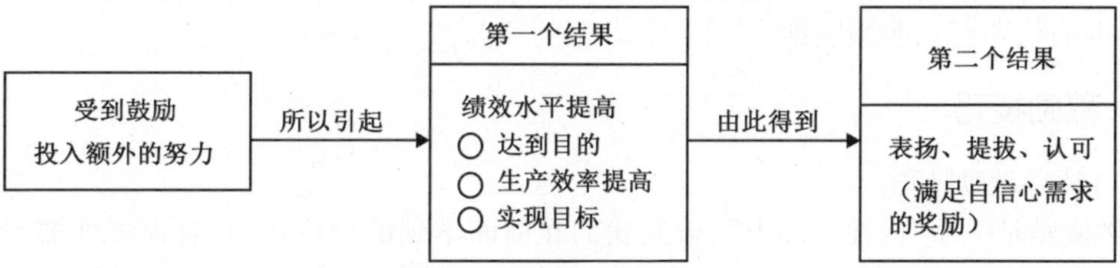

图 7-9　受到激励的结果

奖励能满足人们的需求，将渴望获得奖励和努力工作联系在一起，描述这种联系的理论被称为“期望理论”，1964 年由弗鲁姆首次进行了论述，波特和劳勒在 1968 年对其进行了进一步的完善。

弗鲁姆给出这样的结论：员工在工作中的积极性或努力程度（激励力）是效价与期望值的乘积。用公式表达，即 $M = V \times E$，其中：M 表示激励力，V 表示效价，E 表示期望值。

弗鲁姆的期望理论提供了一个较为具体的激励模式，即一个从员工需要出发到员工需要得到满足的过程，这一过程包括员工对绩效、奖励是否满足的期望。这启示管理者必须尽力发现员工在技能和能力方面与工作需求之间的对称性。为了提高激励，管理者要搞清楚员工个体的需要，界定组织提供的结果，并确保每个员工有能力和条件（时间和设备）得到这些结果。

（四）强化理论

强化理论，又称学习论，由美国心理学家斯金纳最先提出，该理论从环境因素的角度分析人的行为。

斯金纳的强化理论认为，当行为的结果对本身有利时，这种行为就会重复出现；当行为的结果对本身不利时，这种行为就会减弱或消失。这个理论可用公式 R→O→R1 表示。其中，R 是动物或人的无意行为，具有偶然性；O 表示跟随行为而来的结果，这里的结果对动物或个体起到强化作用；R1 表示新的行为，这种行为与 R 的形式相同，但其本质是学习的结果，具有持久性。

此外，强化又可分为正强化和负强化两大类型。

（1）正强化

正强化指奖励那些符合组织目标的行为，以鼓励这些行为得到进一步加强，从而满足组织的需要。正强化的刺激物不仅包含奖金等物质奖励，还包括表扬、晋升、改善工作关系等精神激励。为了使强化达到预期的效果，要注意配合使用各种激励手段。

（2）负强化

负强化指惩罚那些不符合组织目标的行为，以使这些行为削弱直至消失，从而保证组织目标的实现不受干扰。与正强化恰恰相反,负强化包括扣除报酬、罚款、批评、降级等。此外,不实行强化也是一种负强化。

强化理论认为,在塑造组织行为的过程中,应重点放在积极的强化上,而不是消极的惩罚上,因为惩罚往往会对员工的心理造成负面的影响。此外,实践证明,正强化应该以不连续的正强化为主,而连续的负强化更为有效。该理论提示管理者应该通过适当运用及时的奖惩手段,集中改变或修正员工的工作行为。

上述激励理论为我们有效实施激励提供了较好的理论指导,但这些理论都是为了侧重强调员工某一方面而提出的,带有一定程度的片面性。因此,我们在实践操作中,应注意这些理论的适用条件,不可以照搬照抄。

四、激励技巧

(一)领导激励技巧

虽然激励是一个"内在驱动力",但是我们在前面学到的理论认为,有很多外部因素会影响这个内在驱动力。作为一个团队领导,本身就属于这些外部激励因素中的一个,因为领导自己的行为影响团队的激励水平。

团队领导对团队的激励水平有很大的影响,这已经成为一种共识。团队领导应该创造条件满足团队成员的高层次需求。如同赫兹伯格的发现所提示的那样,在工作中强调这些需求将对激励水平有非常重要的影响。它也是一个会受到领导行为影响的需求。

行为是人所说的和所做的事的综合。没有人能够看到个人的心理活动,个人的行为是其他人能够判断你的真实想法和感觉的全部东西。为了确保激励水平得到最大程度的提高,首先应提高领导行为的影响。

1. 从我做起(树立榜样)

作为团队领导可能有很多的特征,意识到自己的所作所为将影响团队的激励水平是非常重要的。如果对工作显示出热情,就可以为团队树立好的榜样,这种热情也就很容易转移到团队中去。如果没有激励,却希望团队成员充满热情是不切实际的。

当然,人的激励水平是呈高低之分的,团队中的员工可能会认识到在完成团队领导任务的某些方面时,没有得到很好的激励,在这种情况下,统观全局是有帮助的,比如思考下面的问题:你为企业做出的贡献是什么,给团队的贡献又是什么?如果感到自己在工作时激励水平很低,那么就需要研究其中的原因,而且为了团队的利益,不要让自己的某些情绪影响到团队。

2. 检查期望

道格拉斯·麦格雷戈相信有两种极端的管理方式,他把它们称作"X 理论"和"Y 理论",信仰"X 理论"的人认为大部分人都是天生懒惰,不愿意工作,必须给他们好处或者说服他们。信仰"Y 理论"的人认为工作就像游戏一样,都是人的天性,他们认为人都想对自己的努力负责,如果他们没有被激励,是因为在企业中存在某些不足之处。

根据道格拉斯·麦格雷戈在专著《企业中的人》中提出的理论,每个人对待工作的期望程度表明自己对团队的根本态度。

经理一般都很相信自己的潜能,并且擅长开发潜能,积极反馈与尊重他人的同时也能获得尊重。他们相信除了金钱需求以外,满足一系列其他需求更为重要——这样的领导当然相信"Y 理论"。换一种方式想想,如果团队领导总感觉团队成员需要被严格监督,认为他们总是想逃避责任，没有发展的潜能，那么在这种情况下的激励会有帮助吗？答案当然是否定的。

在实践中，如果管理者更倾向于"Y 理论"，那么将对团队拥有更高的期望值。

案例资料

在学年开始的时候，校长告诉三位老师他们是学校里最好的老师，将给最聪明的学生上课。校长解释说根据智商测试，这些学生将在一年的时间里，成绩提高 20% ~30%，并让这些老师保守秘密。

事实上，整个过程都是一个实验。学生的智商一般，而老师也是随机挑选的，水平不是特别好也不是特别坏。年末，他们达到了预计的成绩。

这是一个自我实现的预言，当老师相信他们是最好的老师、学生也最聪明时，老师就像对待有巨大潜力的学生那样对待他们，对待学生的这种方式使他们能够实现当初的期望。

在希腊神话中，皮格马利翁是塞浦路斯的国王，他雕刻了一个妇女的雕像，然后陷入对她的爱恋中，应他的祈祷，爱神维纳斯赋予了雕像生命。用"皮格马利翁效应"这个术语来描述这种现象，我们希望在人们当中发现某些东西，结果我们最终发现了这些东西。最重要的一点就是增强信心，真诚期望，高期望值的积极效果并不仅仅发生在学校中，团队经常以十分相似的方法实现团队领导的期望值。

3. 开发支持型的团队环境

无论在家庭生活还是工作生活中，我们都有受到尊重的需求。在工作中，能让我们感受到尊重的信息有：

- 我们尊重你；
- 我们信任你；
- 我们重视你的意见；
- 我们想听听你的看法；
- 我们感谢你做的工作。

人们在受到尊重的时候就能建立自尊，反之将最终失去激励的作用。团队领导的工作方法和内容就是创造一个团队环境，人们在其中确实感到被重视，这就需要团队领导了解团队的每一个人，包括他们喜欢什么工作、他们怎样看待他们的将来、他们从工作中得到了什么、他们有什么问题或困难、在他们的家庭生活中发生了什么，等等。

多花些工夫去发现信息，并解决其中的问题。在适当的时候，表示出重视每个团队成员的信息，在关心团队成员的时候，要做到真正感兴趣，这样才会变得诚挚。

4. 通过管理绩效进行激励

作为一个团队领导，职责之一就是管理团队的绩效。要确定自己的团队与企业中的其他所有部门的努力方向是一致的，团队正在为分内的事而努力。要鼓励和检查团队成员个人的绩效，确保他们知道自己的贡献对于整个企业的成功非常重要；确保他们能够看到他们的目标与总的企业目标相一致；最重要的就是认可所获得的成功。

那么如何通过激励来提高团队的工作绩效呢？这就需要记住并运用期望理论（如图 7-10 所示）：

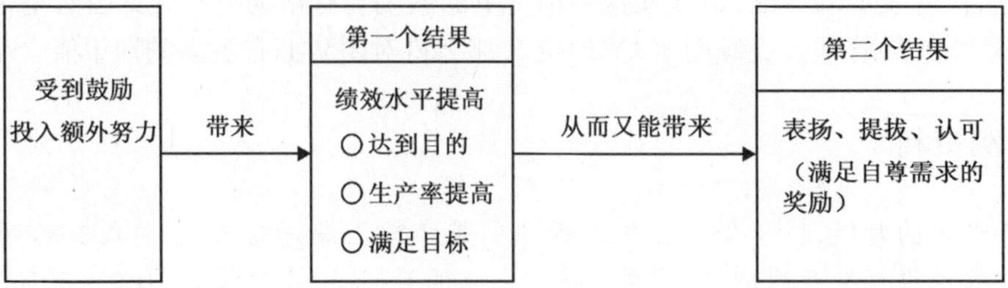

图 7-10　期望理论

结合下面的案例想想绩效和激励的联系。

案例资料

皮先生认识到他的团队需要因已完成的工作得到感谢和赞扬。他建议在每周团队会议挑选出一个人,找出一些好的例子来说明他们完成了什么工作,通过这种方式,他确信每一个人都有了自己"五分钟的名声"。

他这种随意的方法意味着他的团队不能将不断增加的努力同皮先生给予的认可联系起来。他应该同团队成员一起在第一级结果上达成一致,而他却把这一点漏掉了。

(1)第一级结果

第一级结果总是与绩效相联系的,比如:目标、工作目标、一个项目的成功完成,团队成员如果知道实现了与绩效相联系的结果,就为第二阶段的结果铺平了道路,第二阶段结果也就是报酬。因此,每一个团队成员都需要有与绩效相联系的目标。在这个阶段,应当清楚个人的成就如何有助于实现范围更大的企业成功,比如:对于达到客户服务标准的企业来说,做到了这一点其实也就是增加了商业机会并减少了客户投诉。

设定的目标应该是可以测量的,同时也是有时间限定,并且确实很明确的。但是没有办法判断它是否达成了一致或者是否现实——只有明确了这两方面,才能做出判断。在确定目标的时候,要记住不同的人有不同的能力水平。对一个人来说是现实的目标,对其他人来说可能就不现实了。

(2)第二级结果

不论与绩效联系的目标是否实现,都应当经常给出建设性的反馈。我们来看看建设性的反馈有哪些:

- 用好消息开始;
- 关注行为,不批评个人;
- 在事情发生之后,立即或稍后给出反馈;
- 内容明确而不是含糊不清;
- 包括相关的赞扬;
- 认可努力;
- 公平;
- 得到其他人的观点;
- 朝前看;

- 如果有事情要改进,应按行动计划;
- 用鼓励和积极的评论结束。

如果目标已经完成,那么非正式的第二级结果将包括一句简单的"谢谢你",奖励,比如说"做得好""了不起的工作"——如果是在正式场合公开地提到(比如团队汇报会议上),诸如此类非正式的认可的效果将得到强化:更多地参与到解决问题和做出决定的活动中去,一个小小的象征,如休息喝茶时奖励给团队一些小食品或团队认可的奖励,比如评选"每月之星",以及额外的职责、学习新技能的机会,或者完成新任务的机会、功绩被记录在评价文件中,可能还会有奖金等。把取得的结果与取得这些结果的人和具体情况联系起来,将具有非常重要的意义。这可以让自己知道团队成员的价值,以及团队成员的重要性。比如授予"金牌销售"称号就可以作为一种支持或者是一种奖励。要永远满足第二级结果的期望,如果不这样做,团队就会对投入努力来实现与绩效有关目标的意义提出疑问。毕竟,如果努力不能带来什么结果,人们就没有必要去努力了。

5. 鼓励发展

发展就是帮助人们实现他们的潜能,这在孩子身上很容易看到:人们期望他们在体格、社交、情感以及智力等方面得到发展。但是一旦成年人开始了工作,对发展的渴望和期望往往就停止了——他们似乎已经实现了自身的发展,所以现在只不过是关注每天的日常生活而已。

事实上,即使成年人,也希望在发展上获得巨大的个人满足感。实现潜能将极大地推动自尊和自我实现这些人类最基本的需要。因此,发展使人们为自己而自豪,并将新的观点、技能和智慧带入到团队中。发展并不总是向前大步前进。每天的生活提供了各种机会,我们可以选择和利用这些机会来发展我们的看法、意见、技能和知识,当然我们也可能会忽视这些机会。

学习和发展的决心可以归结为一种思想倾向,即人们能主动利用机会进行思维的改善,它和没有兴趣向前发展的思想倾向正好相反。有些人永远对发展充满渴望,其他人则根本就忘记了发展能带来的好处。

如果你积极地鼓励你的团队去寻求发展机会,那么你给他们传达的信息应该是很重视团队成员,让他们注意到有人为了发展他们而去花时间和努力,那么他们就会感到自己受到了重视。由此产生的好处除了自尊之外还有很多额外的收获,比如:个人满足感和成就感。

(二)工作中的激励技巧

很明显,并不是所有的事都由团队领导来决定,我们所在企业的特性以及组织工作的方式和工作本身都会影响激励水平。它们都是人为不能直接控制的事情。不管如何表现,总有一些因素会造成不满,使人们失去工作动力。然而,仍然要处理这些问题,并减少它们对团队激励造成的影响。

1. 工作本身

团队被分派来完成一个具体的工作,即使工作可能有所变化,但是其目的都是要满足企业的需求。无论如何,工作本身对激励水平有很大的影响。

(1)影响激励的因素

①对工作的兴趣

虽然可能有人很愿意把整天时间花在工作上,但这并不意味着工作本身在激励着他们,而可能是他们对其中某项特定的工作很感兴趣,所以问题的关键在于从事这项工作的人到底是怎么想的。

②工作的多样性

在一般情况下,工作种类增多能提高激励水平,然而,同样需要注意从事这项工作的人是怎么想的。

③获得他人认可

无论我们知道我们的工作多么重要,只有当其他人知道我们在做什么并且认可它的价值时,我们才能被激励起来。

④工作的重要性

所有的工作都很重要,否则一个企业不会投入人力、物力来完成它们。关键在于个人是否感觉到工作对企业有多么重要。成员如果认识到工作越重要,激励水平也就越高。

⑤完成工作的方法

如果我们感到这是我们自己的工作,而且我们可以以自己的方式去完成它,那么受到的激励就会非常大。

⑥工作中的改进

在按我们自己的方式完成一项工作时,我们可能会发现有更好的方法来完成它。但是如果没有人愿意听从并采用这种更好的方法的话,那将会令人泄气。

(2)提高激励水平的方法

在这里我们需要强调的是"也许可以……做出改变"。当然,在自己的权力范围内,所能采取的决定和行动总是会受到一些限制的。另外一方面,还可以和一线经理一起讨论那些更长远的变化。

①工作扩展

工作扩展就是通过增加工作范围和任务种类来扩展工作。让一个人完成的工作更多,同时也增加了任务种类,但是如果那只是一些乏味的日常事务的话,那么就不会带来任何成就感。采用工作扩展这个方法,首先应当确定一个中等水平的人即可完成额外增加的职责,否则就不能证明工作扩展是合理的。通常人们并不喜欢工作扩展,职工可能把它看作企业想利用较少的员工完成更多的工作,而且可能自己也会发现它对激励人们并没有发挥什么作用。

②工作轮换

工作轮换是一种在团队中分配工作的简单的方法。它能确保每一个团队成员得到公平的份额,无论是最有趣的工作,还是最没意思的工作。当然,只有团队成员能够有效地完成每个任务,工作轮换才成为可能。同时这也存在减少工作满意度的危险,比如:团队成员只有成功完成特定任务时才会受到激励。

案例资料

一个石油加工厂成立了一个维修组,每一个团队成员负责维修设备的某些零件。比如说一个人负责维修油泵,另一个人则负责阀门,以此类推。

团队领导听到很多关于工作乏味而且单调的抱怨。人们感到他们没有将自己的技能完全发挥出来。在同整个团队和一线经理讨论以后,团队领导计划了一个新的工作制度。

这个新的工作制度下,团队成员的职责不断轮换,他们可以接触到整个工作的各个方面。这样一来,全体团队成员都体验到了多样性的工作,并且更好地理解了工厂的工作方式,而且他们也都感觉到公司的管理层非常重视他们各方面的能力和技能。

这也可能会存在这样的风险:一些团队成员感到受了威胁,因为他们失去了作为专家的地位。团队领导通过强调新方案的好处来避免这个问题,比如:拥有共同的目标,相互对团队中的其他团队成员负责,等等。团队领导采取的第二个方法就是强调和鼓励良好的团队精神。成员体验到工作的多样性,克服了单调与乏味,从而具有比较高的工作积极性。

③工作充实

努力充实人们的工作可能是最有效的方法。假如人们需求层次中的低级需求被满足了,工作充实可以使人们得到社会利益、自尊和自我实现的好处。充实包括:

- 给予人们更多的控制来计划他们的工作;
- 给予人们一个完整的任务;
- 使工作同人们的能力、专门技术和培训相符;
- 同依赖于他们工作的人进行接触。

就像工作扩展和工作轮换一样,工作充实也有优势和潜在的问题,最大的困难可能是有些例行公事的工作不容易使之变得充实,要求人们突发完成大部分日常任务或者通过轮换方式完成日常任务可能更有效。如果只有少数人的工作得到了充实,就表示可能还存在着很多困难。

2. 薪水和利益

对于"薪水和利益是否能够产生激励"这样的问题,毫无疑问答案是肯定的,金钱是产生激励的一个非常重要的因素,除了报酬还有很多因素也能激励员工。一次调查发现,参加调查的年轻人只有三分之一认为薪水是最重要的,而很多人都不会用自由的时间去交换更高的薪水和使人筋疲力尽的工作。根据调查显示,91%的英国工人将减少工作时间或薪水来挽救他们的工作并且帮助其公司在任何不景气的经济条件下进行发展。

根据赫兹伯格的理论,不合理的薪水和利益会让员工产生不满。其他的因素要通过一定的方式来激励员工,而不满会使激励员工的这种方式受到阻碍。如果薪水正在造成不满,而且认识到薪水有不公平,可以做的事包括确认整个待遇——薪水结构、附加福利,如有补贴的食堂、养老金,告知团队全部福利包括的内容,并做到以下几点:

- 理解他们的不满;
- 将问题同生产线管理人员进行交流;
- 使团队能及时知道任何反映;
- 控制最能实施影响的地方。

3. 工作条件

如果员工在薪水方面有意见,可以选择的解决方法就是将团队的意见提供给主管经理,同时,也需要采取一些直接行动来减轻不满。由于工作环境造成不满的可能情况包括:

- 太冷或太热;
- 通风条件恶劣;
- 清洁状况不好;
- 不关注健康和安全,如噪声、照明;
- 福利设施糟糕,如休息场所;
- 工作的空间太小;

● 工具和设备不充足。

案例资料

李经理的部门噪声很大，但是团队成员不想戴听力保护器，他们说戴它会感觉到不舒服。李经理决定必须采取两个行动：

● 告诉他的经理听力保护器并不受欢迎。

● 通过以下的方式向团队成员说明他关心他们的健康：

——解释戴听力保护装置的必要性；

——在有噪声的环境中，他自己总是戴上听力保护器；

——保证每个团队成员总是戴他们的保护器；

——调查研究是否有更舒服的听力保护器并将他的发现反馈给他的团队成员；

——将与经理的讨论结果及时通知团队成员。

一方面你有责任协调，另一方面你需要强调某些规定是为了雇员的自身利益。

在某些数据处理和客户服务中心，因特网和电话银行一直通过密切关心员工的舒适和福利来避免过高的补缺工人数目和缺勤率，主要包括：免费的工作现场按摩、创建休息场所、符合人机工程学的设备、安全训练。

发牢骚并不都是坏事情，有时也会解除心中的不满。发牢骚可以减轻痛苦，也可以使人的不满火上浇油，那么我们需要怎么处理呢？最重要的是倾听。如果不满很明显，需对情况进行解释并且纠正任何误解，仔细考虑是否可以在工作范围内采取行动来减少不满，如果事情不能解决，可以把团队的意见反映给上级管理人员，并全神贯注于建立强大的团队关系。

4. 企业文化

每一个企业都有自己的文化，如果要研究两个企业的年度账目，它们不会显示在这里工作究竟怎样。只有走进企业，花一点时间才能感受到文化。

案例资料

吉小姐以前在一个律师事务所工作，她的工作是做总机话务员。她已经习惯了将她的角色和职责非常明确地进行定义——她适合这个工作，知道别人如何期待她的工作表现。搬到另一城市后，她在一个电话中心找到了工作。她不喜欢新的企业，而且抱怨感到不能很好地适应。她感觉到承担的职责很少，并且按要求只作为团队的一个成员在工作。这里似乎没有界限来确定人们可以做什么和不可以做什么——团队会议对所有的人都非常自由，任何人都可以说他们想说的事情，这不适合她，她考虑离开这里。团队中其他的人则认为这是一个最佳的工作地方。

只有找到相适应的文化，工作起来才可能不会受到个性情趣的影响。

企业文化涉及下面的内容：

● 人们穿着打扮的方式；

● 阶层的严格性（使企业的不同部门之间的直接交流变得不可能）；

● 很容易发表意见并让别人知道；

- 人们怎样被提拔,如资历与能力;
- 政策和程序;
- 工作角色之间的界限;
- 被授予权力的员工是怎样的人。

当企业的文化和个性发生冲突的时候,领导往往会倾听、强调文化、确定团队的支持性、将团队的情绪反映给上级管理人员。

训练与练习

(一)提高激励水平

指导:

1. 在你的团队中挑选两个成员——你对其中一个成员的期望值比另外一个成员高。

2. 对于每个团队成员来说:

- 他们的行为中的什么因素影响了你对他们的期望值,将它记录下来;
- 他们在工作中什么时候会明显感受到激励(和前一章末尾的练习一样),他们认为什么事情能够使他们受到激励。

3. 仔细考虑一下,为提高他们在工作中的激励水平,你能做些什么?你可以:

- 检查你自己的激励水平;
- 重新评价你对团队成员的期望值;
- 重新评价那些能表明你尊重他们的方式;
- 变得更加可信赖;
- 更能信赖/增加他们的职责水平;
- 改进你交流的方式;
- 重点要放在认可更多的具体绩效结果(如第一级结果);
- 重点要放在提供第二级结果——如果是这样,特别要提供什么结果;
- 鼓励团队成员发展;
- 帮助提供发展机会。

4. 确定五个你计划采取的具体行动,并使这些行动符合对目标的要求(SMART)。

总结:

本练习是要求你联系自己的工作实际,思考如何提高团队成员的激励水平。你可以根据上面的列表,也可以按你自己的经验做出适当的行动规划。

(二)团队满意水平

指导:

1. 你认为在你的团队里什么会造成不满?根据团队非正式的发言内容和你的观察进行总结。

2. 你认为什么因素对激励团队有影响?

3. 现在,走到你的团队成员中间询问他们是否满足。你可能更喜欢个别进行或者在团队会议上进行,也可准备一个简要的调查表,或者你向团队成员询问以下的问题(如表 7-1 所示)。

思考你的工作,然后评估一下你是否满意。

表 7-1　你对自己的工作是否满意

问题 / 态度	非常不满意										非常满意
	0	1	2	3	4	5	6	7	8	9	10
工作本身											
企业中的管理											
发展和进步的各种机会											
交流											
工作环境											
薪水和利益											
你所在的团队											

重新考虑你对本练习开始所提问题的回答,团队成员给你的反馈能确认你的观点吗?

总结:

调查团队成员在各个方面是否满意,然后针对不满足因素做出改进,以使成员获得较大激励。

本章小结

通过本章的学习,了解树立目标的重要性,掌握目标管理的过程和方法,深刻理解马斯洛需求层次理论、赫兹伯格期望理论、斯金纳的强化理论等激励理论,同时我们一定了解自我、开发支持型团队环境,用有效的激励手段或方法调动人的积极性,完成组织的目标。

思考与练习

1. 什么是目标管理？目标管理的内容及原则是什么？
2. 什么是激励？激励的作用有哪些？
3. 通常用于员工发展的方法有哪些？
4. 阐述本章提出的各种激励理论的基本内容，指出它们对管理工作的贡献和局限性。

第八章　持续发展的团队

人类几乎是唯一的一种有能力学习别人经验的物种,但值得注意的是相当多的人明显地厌恶这样去学习。

——道格拉斯·亚当斯

知识目标

理解:展望未来,迎接挑战,构成组织文化因素分析,为持续发展而学习。

熟知:组织发展必须明确价值标准及组织战略分析。

掌握:组织文化促进组织发展及在领导支持下的团队学习。

技能目标

学生能够利用所学知识制定团队发展战略与评估方案,并有效地进行培训学习与团队训练。

素质目标

通过课程的学习,学生能够对未来有一个正确的认识,即要想与时俱进,就必须建立终身制学习,完善自身的素质,并且将个人的意识融入团队中,发挥团队的核心作用。

学习方法建议

通过本章的学习,学生可以掌握并在实践中运用多种管理方法,同时对自己或组织有了新的认识,并从中有所感悟。

第一节　组织发展战略

大多数组织都已经认识到,为了生存必须改变和发展自己。于是就出现了如何改变和发展组织这个课题。组织究竟应该如何发展?这个问题不存在统一的标准答案,关键是要根据现有情况制定一个战略,同时还必须留心新的变化,并且在必要的时候灵活地调整自己的战略。

战略是指组织为实现某个大目标而采取的一系列决策。组织在决定整体战略时通常要涉及以下问题:如何增加利润、如何增加市场份额和如何战胜竞争对手。

组织决定战略之前必须首先确定以下两个主要问题:组织的目标是什么?组织现在处在一个什么阶段?然后通过回答下面的问题来确定战略:

- 如何实现目标?
- 如何确定目标是否实现?

一、展望未来,迎接挑战

大多数组织面临的最大挑战就是变化。当今的社会,变化发生的速度越来越快。在过去10年里,人们的生活发生了翻天覆地的变化:

- 电话:移动电话和众多的其他业务改变了人们的交流方式,缩短了信息传递的时间;
- 生活:全天候服务、网上购物、呼叫中心和住房商品化……
- 教育:家教中心、网上学习和多媒体教学……

如果认为变化只是组织某个阶段具有的临时特征,那么这将是一个严重的错误,变化无处不在。作为消费者,我们看到的只是输出的变化,即新服务或新产品的出现。作为员工,我们通常是属于变化发生的一个因素。

在通常情况下,员工看到的组织内部变化都是由外部因素引发的,如表 8-1 所示。

表 8-1　组织变化的原因

组织外部变化	组织内部变化
客户需求,如新产品和新服务	工作程序的变化
市场变化,如全球一体化	对新技术的需求
技术进步,如组织流程发生变化	组织重组
劳动力供应,如输入其他国家或地区更廉价的技术工人	裁员
竞争对手当前的业务状况	
提高利润额的要求	

组织的变化需要时间,如果等到变化的外部征兆变成现实,那么一切都为时已晚。此时竞争对手可能已经抓住机遇,并已经适应了新的挑战。因此,组织必须不断展望未来,审视影响组织的外部因素,决定这些因素变化的方向。

二、明确价值标准

组织要发展,必须考虑未来,规划自己在5年、10年后发展的趋势和情况。组织如果能将眼光放长远去看问题,今后的发展方向就会更加明确。只有将眼光放长远的组织才能提出相应的战略,也就是我们通常所说的有关组织使命、组织目的或目标的一些决策。

战略的含义不应该仅仅拘泥于利润,其应有更丰富的内涵,必须能够说明组织的终极追求。如果是私营企业,你可以在陈述上补充说,组织制定此目标的目的是盈利,同时在竞争中处于领先地位。

许多组织都拥有一套约束自身行为的价值标准或行为理念。这些价值标准或行为理念就是我们所说的价值观。下面是一个关于价值观陈述的例子:

TESCO(英国最主要的超市零售商):我们的两种价值标准推动了我们开展业务的整体方式:

1. 尽量争取客户

- 比任何组织更了解客户;
- 精神饱满、标新立异和客户至上;
- 用我们的实力向客户提供最大的价值;
- 关心员工就等于关心客户。

2. 像我们希望别人对待自己那样对待别人

- 相互信任和尊重;
- 尽我们的所能;
- 相互支持,赞扬多于批评;
- 多问少说,信息共享;
- 热爱工作,鼓励成功,善于从经验中学习。

如果把组织想象成一支射向目标(即使命、目的)的箭,那么要想使这支箭能够准确命中目标,箭的形状就非常关键,组织的价值观就好比是这样的一支箭的形状。组织的价值标准或信念将规划出组织的愿景,实际上就是在塑造箭的形状,价值标准或信念还有助于组织界定自己员工的行为规范。

许多成功的公司都确保自己的价值理念能够被整个组织所分享并付诸实施。尽管价值观将由员工来付诸实施,但是所有的利益相关者都可以得益于此,即用以巩固利益相关者与组织关系的价值标准。比如,TESCO的价值标准"像我们希望别人对待自己那样对待别人"界定了对待客户、供应商、利益相关者与员工的方式。

美国国税局的一项调查显示了被调查的组织对价值标准在巩固本组织与利益相关者之间的关系中发挥作用的认可程度,如表8-2所示。

表8-2 认可程度表

项目	非常重要	相当重要
员工	65%	32%
客户	70%	18%
供应商	23%	44%
投资人	30%	35%
团体	56%	32%

要阐释价值标准很容易,但是具体实施价值标准却困难得多。组织有时只是口头承诺价值标准,这使得价值标准变得毫无意义。例如,某组织声称自己很重视员工,而实际上该组织

制定的与员工相关的政策和程序却没有体现出这一点,很明显员工并没有得到重视。显然这样的价值标准是毫无意义的。通过下面的介绍,思考你所在的组织是否能够坚持自己的价值标准。

作为消费者或员工,你是否遇到过组织的价值标准与其实施情况不符的情况?

实际上,价值标准可能在许多时候没有得到很好的贯彻与实施,这个问题值得深思。价值标准应该有助于制定组织战略。但是,在制定战略之前,我们必须回答下一个问题,即"我们目前处于哪个阶段"。

三、组织战略分析

研究组织目前所处阶段是一个搜集信息的过程,这个过程也可以称为"战略分析",它包括对组织内外所发生事件的分析研究。组织只有在了解宏观情况的基础上才能够着手制定战略。

组织在回答该问题时必须考虑自身的优势与劣势、组织外部发生的所有事情。

1. 优势与劣势

正如每个人都有优点和缺点,组织也一样有优势与劣势,如表 8-3 所示。

表 8-3 优势与劣势

组织内部的不同领域	优势的例子	劣势的例子
战略	明确的战略可以激励所有的人	缺乏创造性思维,总是选择低风险的战略
员工及其技能	有一支稳定的队伍,注重员工培训	人员更替频繁
产品和服务	家喻户晓,信誉好	没有开发新产品和提供新服务
财务	运营利润	为了给新项目筹措资金,债务累累
资源	新的办公地点,有效的信息系统	过时的软件系统
体制	以客户为导向,强调团队合作	僵化的等级制度,不适于变化

一般来讲,处在团队中的人都应该对团队的状态比较了解,团队成员和接近团队的人都会对团队的优势和劣势有所了解。所以组织真正了解当前状况的最佳方式是让每个团队中的人分析自身的优势和劣势,然后将结果汇总起来。因此,要想使该流程运作起来,组织各级人员间必须存在有效的沟通渠道。

从个人角度来看,你只有发现并认同自己团队的优势和劣势,才能够掌握团队的情况。

2. 组织外部因素

我们知道万事万物都在变化,组织必须跟上变化的脚步,才能够获得持续发展。但是变化是不确定的,没有人能够准确说出未来会发生什么变化,我们必须根据下面的信息来制定决策:客户需要什么、竞争对手在做什么、外部环境存在哪些机遇和威胁。

3. 客户的需要

顾客就是上帝。没有客户(或者说没有足够的客户)就没有生意。许多组织之所以成功,其根本原因就在于它们愿意花费大量的精力与客户联络,发现客户的实际需要并培养客户的忠诚度。

组织与客户的联络方式包括下面几种:

- 面谈;

• 客户抽样调查；

• 问卷调查；

• 征求意见和投诉。

通常，客户的期望值会不断增加。只有充分了解客户的需要，才能够决定：

• 组织应该提供什么；

• 所提供的服务和产品的标准。

客户的需要决定了组织的决策和行为方式，组织中应该有专门收集客户信息的部门。

毫无疑问，一线员工与客户的联系最为密切，他们是组织与客户之间的纽带。因此，需要他们掌握大量宝贵的信息，了解客户在想什么。调查显示，客户抛弃某个组织最主要的两个原因是员工对客户态度冷漠，以及组织不能以客户要求的方式交付产品或服务。

4. 竞争对手在做什么

组织有必要搞清楚竞争对手都在做什么，并且要确保自己提供的产品或服务是与众不同的、更好的。比如：

• 提供一些有特色的产品或服务（有时是指我们所谓的特色产品）。例如，美国微软公司生产的“视窗”操作系统。

• 提供一些持续低价位的产品或服务，使自己的商品以低价格战胜竞争对手。

• 向已定位的市场提供额外的产品或服务——通常是更加昂贵的产品或服务，用以满足少数群体的需要。例如，专为 50 岁以上的人群提供特殊的产品或服务。

我们可以用三角形的三个顶点来说明这三个战略。美国专门从事战略研究的迈克尔 · 波特教授强调说，成功的组织接近于三角形三个顶点中的任何一个顶点，而最不利的位置就是“三角形的中央”，如图 8-1 所示。

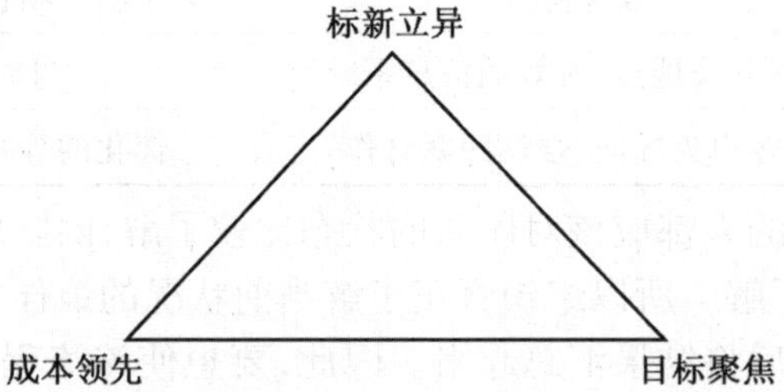

图 8-1　组织的位置

图 8-1 说明了波特所提出的竞争优势的理论，这个理论强调了在竞争的时候，必须避免陷于“夹在中间”的不利地位。一个组织可以采取三角形顶点中的任意一种策略。

迈克尔 · 波特还提出了“五力模型”，用来分析某个行业的竞争状态，其中最明显的竞争状态是中央的现存企业之间的竞争，如图 8-2 所示。

波特还明确指出，组织在考虑竞争时应该将周围的四种力考虑在内。比如：

(1) 供应商是否可以抬高成本

如果供应商是独一无二的或者数量极少，那么他们就可以抬高成本，从而最终降低组织利润。比如，如果生产石油的公司提高了石油价格，那么石油加工行业除了付款之外别无选择；很少有产品能够与 Microsoft Windows 相抗衡，因此，微软公司在产品定价方面拥有绝对优势。

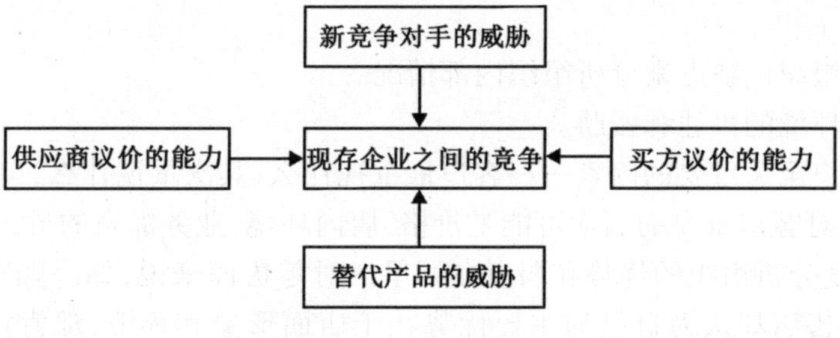

图 8-2　五力模型图

(2)“新竞争对手”是不是很容易或很可能出现

如果是的话,它们就构成了一种威胁。例如,现在许多连锁超市都增设了金融服务项目,这对原先的金融服务机构就是一种冲击。

(3)替代产品是否有可能构成威胁

例如对于邮政业务而言,电子邮件已经成了替代产品。

(4)买方是否具有讨价还价的能力

“买方”一词指的是客户。客户是否具有讨价还价的能力取决于客户的类型。如果客户是由大量个体组成的,那么他们的讨价还价的能力就非常差。如果客户是由屈指可数的几家大买主组成的,那么他们可以向供应商施加相当大的压力,促使其降低价格。例如,农产品的价格本来已经非常低,但超市强大的购买力又迫使农民不得不继续降低价格。

5. 机遇与威胁

外部环境产生的变化超出了组织的控制范围。对任何一家组织而言,这些变化可能包括:机遇——有利于组织朝既定目标迈进的事件;威胁——有可能导致组织出现问题的事件,组织必须警惕威胁,捕捉机遇。

6. PESTLE 分析法

有一种系统化的方法,不仅能够分析外部环境,而且能够识别一切对组织有冲击作用的力量,这就是调查组织外部影响因素的方法,即人们所说的 PESTLE 分析法,它是以下列各因素的英文单词的第一个字母命名的。这些因素包括:

政治因素(Political):国家和地方性政策。比如一个组织必须遵守各种法律和法规。

经济因素(Economic):通货膨胀、新市场的开放等会对组织产生巨大的影响。

社会因素(Social):老年人数量不断增加、生活方式的变化等都对各种产业会有影响。

技术因素(Technology):电子通信、因特网、电脑技术的发展会对组织产生影响。

法律因素(Legal):劳动就业法等直接对组织产生影响。例如,最低工资制对组织必然产生影响。

生态环境因素(Environment):全球变暖(能量消耗)、可持续性发展的政策等对组织提出更高的要求。

PESTLE 分析通常采用“头脑风暴”的方法,参与人员将自己的所有想法都提出来——不管这些想法多么令人难以置信。然后再分析这些想法的可行性,逐个对其进行研究,判断它们是重要的机遇还是威胁。

7. SWOT 分析

搜集到所有信息后,必须对其加以全面分析。最常用的方法之一是 SWOT 分析法,可遵循下面的步骤：

- 通过判断组织优缺点来分析组织内部情况。
- 识别外部环境的机遇和威胁。
- 确定对客户至关重要的因素——客户最重视什么，其次重视什么，以此类推。例如，对一家零售店来说，对客户重要的因素可能是价格、店内环境、业务娴熟的员工等。

从客户的角度分析组织的优势和弱点在哪里。对零售商来说，如果顾客认为价格是最关键性的因素，而零售店却认为自己的主要优势在于店面形象和环境，那肯定不能满足顾客的要求。

要提出这样一个问题："机遇和威胁成为现实的可能性多大，它们的潜在影响是什么？"例如：如果一家零售店了解到两年内一家类似的商店要在邻近地区开张，那么这无疑是一个威胁，它的潜在影响就是造成销售额下降。

可以利用问题的答案拟定战略，具体包括下列问题：

- 如何利用优点来创造机遇？
- 如果机遇非常诱人，那么是否需要对某些缺点做出改正？
- 对成功构成最大威胁的是什么？
- 是否可以用优点来对抗威胁？

搜集信息并非是一次性的活动，组织要建立持续搜集和分析信息的系统，这样就能够在制定新战略或决定坚持旧策略时有现成的信息可供利用，时刻警惕新的机遇或威胁。

四、发展战略制定与评估

组织在制定战略时，必须找到由当前阶段通往预期目标的途径，这就涉及制定决策。

（一）制定决策

组织首先针对自己的整体业务制定决策，也就是说，组织要制定公司整体战略，首先必须决定如何增加利润，如何增加市场份额，如何战胜竞争对手。

根据搜集的信息，组织可以制定自己的战略。虽然组织各不相同，但是所有组织的战略一般都包括：

- 组织的潜在客户是谁（组织会瞄准现有市场或移向新市场）；
- 组织提供的服务和产品会是什么（它们与以往的差异是什么，是否需要开发新的产品和服务，现有的产品和服务是否仍然有生命力）。

伊格诺·安索夫（Ignr Ansoff）设计了一套框架，将组织针对产品或服务选定的四大主要战略加以归类。这就是所谓的 Ansoff 矩阵。表 8-4 帮助你掌握 Ansoff 矩阵这个概念。

表 8-4　Ansoff 矩阵

服务、产品市场	现有市场	新市场
现有服务、产品	市场渗透 该战略相当保守，让更多客户使用现有的产品和服务	市场开发 该战略涉及寻找新市场，新型客户
新服务、产品	产品开发 该战略是向现有客户提供新服务和新产品	多元化经营 该战略风险性最大，指开发新的产品和服务，并且将它们销售到新市场

组织通常被划分成若干个部门，例如营业单位或运营公司。每一个部门都可以利用类似

组织制定战略的方法来制定各自的战略，但是部门之间必须互相配合。

箭头代表信息沟通渠道。从图 8-3 中可以看出，组织战略为部门战略规定了方向。每个部门都会将有关自己部门的优势和劣势、客户详情以及外部环境等信息，输入到组织战略所开发搜集的信息中。部门之间也必须保持沟通，以确保它们的战略有利于组织战略的制定和使命的最终完成。

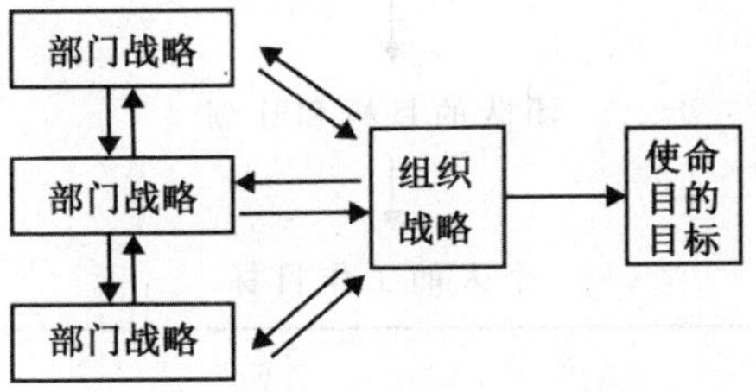

图 8-3　组织内部的战略

部门下属的运营单位在制定战略时也需要完全遵循上述流程。

组织的战略需要分解为各部门的战略，部门战略又需要分解为团队战略和个人战略。这个战略分解的过程如图 8-4 所示，其后的练习要求你根据组织的战略来分析你所在的团队目标。

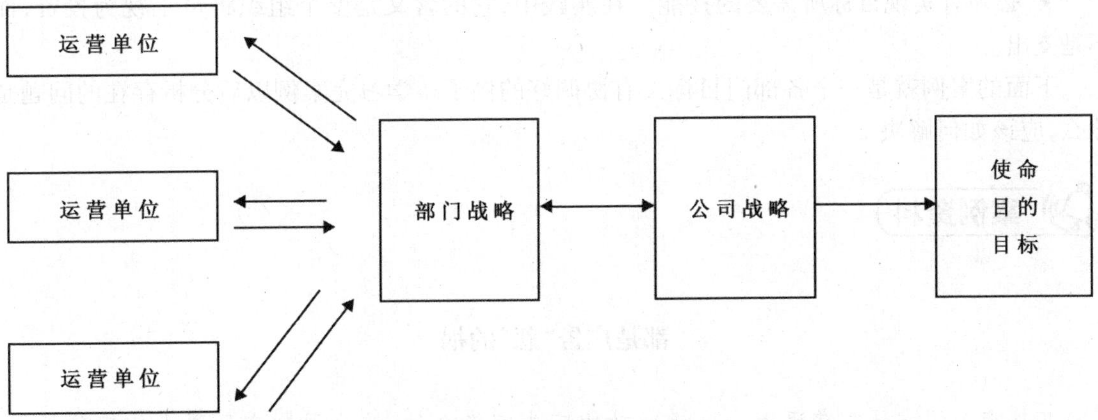

图 8-4　部门下属的运营单位战略

组织中的每个部门都必须找到自己的定位，并朝着同一方向推进，实现共同的目标，这就是所谓的协调。团队的目标必须同组织目标一致，必须能够为组织目标的实现贡献力量。

所有目标都必须遵从以下要求：

明确——必须实现具体内容；

可测——有测量的标准和依据；

同意——必须征得实际操作者的同意；

现实——不超出约束条件；

时限——有明确期限。

理论听起来很简单，实际上，分目标是否能够恰到好处地为实现总目标服务，并且使它们具有关联性是非常困难的。例如：

- 公司政策必须能够支持价值观。举例来说，如果制定的价值标准与奖励突出业绩有

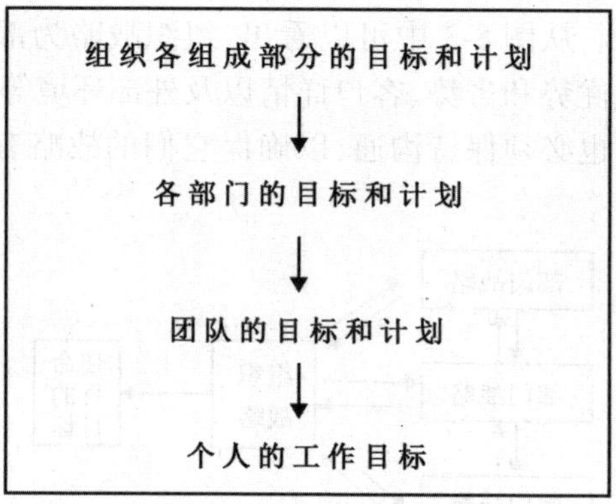

图 8-5　目的和计划的分解

关,那么晋升就必须严格地以业绩为基础。

• 员工必须共同设计有效的流程。例如,由跨部门合作来保证流程自始至终都奏效。分目标必须对总目标起推动作用,即目标必须在各级之间公开交流。

• 有足够的资源支持各项战略和计划。这要求各级的预算必须有效。

• 必须有实现目标所需要的技能。在实践中,它的含义是整个组织将员工视为投资,而不是支出。

下面的案例就是一个各部门目标没有协调好的例子。学习完案例以后分析存在的问题是什么,应该如何解决。

案例资料

都是广告"惹"的祸

某快递公司发展非常迅速。一场成功的广告宣传之后,该公司制定了更大的销售目标。但是,公司发现自己的计算机系统无法应对更多业务的需求,各仓储中心的现行系统和流程也疲于应付。抱怨之声不绝于耳,公司缺少保证业务平稳运行的团队领导。尽管薪水很有竞争力,但员工们还是纷纷离开了公司。

案例中该公司没有计划好如何应对广告所造成的业务增长。很明显,各部门之间的沟通比较差,并没有制订统一的计划。旨在增加客户的组织目标并没有转化为业务层面的计划。

(二)战略目标评估

过去评估组织成功与否的传统做法就是看获利多少。但是,这种做法存在以下主要弊端:

• 财务成果一经公布,无论多么不尽如人意,我们都无能为力;

• 不同利益相关者对成功的界定各不相同。

——客户:快速高效的服务

——利益相关者;利润多多益善

——员工:发展的机会以及相当不错的工作条件和薪水

现在组织变得更善于评估自己当前的业务：

- 实时评估——组织通过评估来随时监测事情的进展，这是发现错误马上挽救的最佳方式。
- 全方位评估——因为组织意识到，任何事情都不是孤立发生的，如果一个领域出现错误，那么它必然会波及其他领域。换言之，各单位之间的协调性很重要。注意，必须在计划编制阶段就决定应该评估哪些方面，以便将其融合到计划中去。

组织在判断自己是否达到目标的时候，必须非常慎重，这涉及一系列的标准及评估过程。评估过程不但能够判断组织是否达到了目标，更重要的是，评估是事关组织战略的大事。

（三）评估的内容

评估是一个非常复杂和系统的过程，主要涉及：

- 为项目设定标准；
- 为了判断是否达到标准，确定必须搜集什么信息；
- 决定如何搜集和利用信息（何时搜集信息、信息的确切内容、执行人、何时审查信息、必须通知何人）。

下面讨论在评估过程中应该考虑的几个问题：

1. 客户为先

组织必须保证客户满意，必须能够向客户提供他们期望的服务或产品，这样客户才不会转而投向竞争对手。以客户为先是设定评估标准时必须考虑的基本方面。下面的案例讨论了以客户为先设计评估标准的问题。

案例资料

以客户为先

某航空公司认为吸引乘客的一个主要手段是提供高质量的机上食品。于是，他们指定标准，并提供了高质量的食品。对顾客满意度的调查结果也显示出乘客对食品非常满意。但令他们不理解的是乘客却越来越少。

该公司并没有向乘客征询最吸引乘客的服务是什么，只是想当然地认为顾客强调食品。如果乘客并没有将机上食品的质量看作自己选择航空公司时的关键因素，那么由此得出结论、制定食品标准并且评估乘客对食品的满意度只是一种浪费时间的行为，不会得到关于失去顾客的原因的任何信息。这样的评估标准是没有意义的。

因此，在制定标准之前，你必须明确客户最关心的是什么。也就是说，客户是否满意、客户最关心的问题是什么应该由客户说了算，而不能由组织凭空妄加推测。

按客户要求制定服务标准，如：

根据市场调查，某银行获知，来分行咨询的客户希望：

- 能够即刻与客户服务人员交谈，而不是预约到另一天；
- 客户服务人员必须具备足够的知识来解答他们的疑问；
- 能够受到礼貌接待。

首先将上述要求转化成下列标准：

- 如果客户要求同客户服务人员见面，他们必须在 15 分钟内得到接待；
- 客户服务人员必须能够提供各方面的服务，只有遇到无法解决的问题时才与上级协商；
- 客户服务人员必须始终礼貌客气。

标准一经确定，组织就必须根据掌握的现有资源的情况为每个标准设定目标，仍以“客户为先”的案例为例讨论：

- 95% 的客户要求在 15 分钟之内得到受理；
- 80% 的客户自始至终都是由同一个助理接待；
- 所有客户都要对客户服务助理的表现表示满意。

上述客户要求的标准分属两种不同的类型：

- 硬标准——可以直接计量的标准；
- 软标准——由于软标准是基于客户感受的，所以无法设定量化标准。

下面的练习要求你思考硬标准和软标准的区别，并思考如何搜集信息才能够确定是否达到标准。

组织可以联系客户代表，并且征求他们的意见。另外，团队领导可以“静坐”观察客户服务人员的表现，做出判断。

2. 员工满意

组织在实现目标的过程中最重要的是使客户满意，但客户满意同员工满意是紧密联系的问题，如果自己的员工怨气非常大，很难想象他们能够使客户满意。下面的练习要求你思考员工满意的重要性。

促成组织达到客户满意标准的主要利益的满意度，如图 8-6 所示。

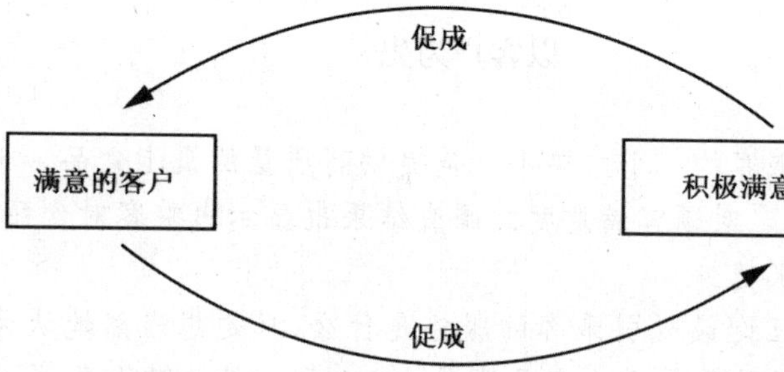

图 8-6　满意客户和满意员工之间的关系

只有员工积极主动，才会有客户的满意，如果我们具备可行的激励和满足员工的措施，那么这必然有利于提高客户满意度。组织应该主动在大家公认的有利于提高员工福利和积极性方面设立标准，而不应该一味等待，以致出现客户不满意时才回头解决员工积极性的问题。

以下是一些有利于提高员工主动性的因素：

- 鼓励学习和不断地进步；
- 提供大量的支持；
- 鼓励自我评估。

你可能考虑过利用绩效评估系统进行评估。此外,你还可以直接询问员工对上述各方面的满意程度,以监测员工的满意情况。许多组织定期实施员工满意度调查,来获取该方面的信息。

以满足客户期望值为目标同样可以作为组织必须实现的标准。例如:

- 信息系统向员工提供所需信息的能力;
- 供应商交付服务和产品的可靠性。

标准的设定有许多途径,立足点必须落在满足客户期望上面。

3. 财务评估标准

财务评估至关重要,它是评判组织的最终依据。举个例子,投资回报率是最重要的财务评估手段之一,它决定着投资者的回报。通过每月和每季度对投资回报率的定期监测和审查,组织就可以确定是否实现了预期的目标。

4. 综合评估——平衡记分卡

许多组织正在用"平衡记分卡"的方法来监测和评估。这种技术可以使组织获得更加全面的信息。

罗伯特·卡普兰博士和大卫·诺顿博士于20世纪90年代发明了平衡记分卡。平衡记分卡提倡以下四个领域的评估:

- 财务成果;
- 令客户满意度;
- 向客户交付服务和产品的流程;
- 学习和发展,其中包括组织对员工培训、发展和学习所持的态度。

卡普兰和诺顿认为,上述四个领域都是相互关联的,因此为了识别错误出现的第一迹象,必须对这些领域进行评估,如图8-7所示。

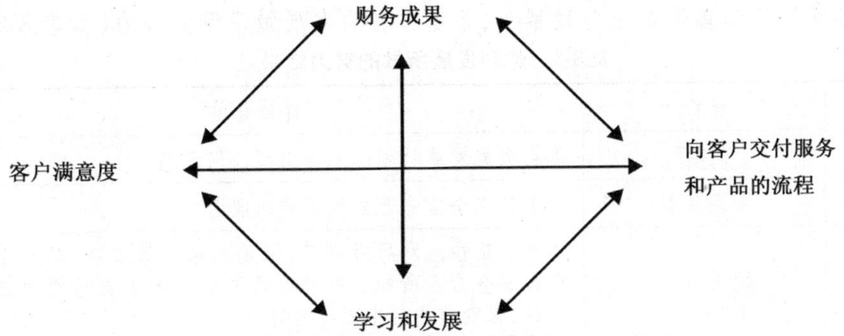

图8-7　平衡记分卡的四个领域

下面的练习要求你在前面所学内容的基础上,思考怎样才能够达到目标和怎样知道目标是否达到的问题。

训练与练习

你对发展所做的努力

指导:

对于下面的问题(证明你对发展所做的努力),

如果你的答案是"经常",那么给自己记3分。

如果你的答案是"有时",那么给自己记2分。

如果你的答案是"很少",那么给自己记1分。

如果你的答案是"从不",那么给自己记0分。

问题:

- 我相信,如果我们所有人共同努力,那么团队就一定能够得到改善和发展;
- 我告诉团队成员项目的进程,并且向他们提供尽可能多的信息;
- 我很诚实,对团队成员毫无保留;
- 我向团队成员说明我能为他们提供哪些帮助;
- 我鼓励团队成员提出问题;
- 我诚实地回答问题;
- 有错误时勇于承认;
- 就团队成员本身和团队的工作,我征求团队成员的意见、想法,了解他们所关心的事;
- 我尽量避免事先做出决定,不会让我的偏见妨碍我的判断分析;
- 在进行讨论、制定决策和解决问题时,我参与到整个团队中去总结。

将上述各问题的回答及对应分数累加,了解自己为发展做了哪些努力(如表8-5所示)。

表8-5　你对发展所做的努力结果

得分	评价	详细总结
30~26	好极了	你在实施发展计划时不会出现任何问题
25~20	令人信服	看来你完全信守开放和发展的理念
19~11	缺乏自信	你可能正在为发展做准备,但是如果你做说明,那么上述信息就不会为人所知。你可能需要管理者为自己提供更多的支持,否则需要付出更多的努力
10~5	非常不稳定	你需要更多的支持来控制局势。与自己的同事或主管经理进行讨论,可能是个好主意
4~0	完全不足以令人相信	要么是你还没有把握全局,不了解诸多针对你的约束和限制;要么就是你并不适合现在的工作。你必须仔细考虑自己的工作态度以及工作中存在的限制条件,尽快改变现状

第二节　组织文化促进组织发展

组织文化是指贯穿组织上下的信念、观点、价值标准和习惯。在本节中,我们要研究组织文化的组成部分,组织文化的作用与功能,以及个人对组织文化的影响力。只要人们合作过一段时间,他们就会形成自己感觉舒适的工作方式。换句话说,这些人已经发展了属于这个团体的文化。组织中的每个人都以自己独特的方式工作,我们可以将文化总结为“我们在组织里做事的方式”。比如,一些组织的文化可能是员工准时收工,其他组织可能是员工在必要时要加班;一些组织的员工可能严格遵守工作分工,其他组织的员工或许要求援助当前最迫切的工作。这些都是已经确立但尚未成文的行为准则。每个组织都有文化。在组织文化的范围内,团队可以发展自己的子文化,但是它们的运作不可以凌驾于组织整体文化之上。

一、组织文化构成因素分析

只要深入到组织之中,花费一点时间,就可以领略到组织文化。组织文化是在无意识的情况下形成的。当用其他组织来进行对比的时候,就可以非常明显地感受到本组织的文化氛围。可以使用下面几个关键的因素来分析组织文化的构成内容。这些因素往往融合在一起,构成了整体文化。

构成组织文化的几种因素:

1. 常规行事方式

常规行事方式是指员工习惯和已经接受的行为方式。例如,所遵循的程序、已接受的行为方式(比如,是否容许提出建议)。

2. 传闻和话题

传闻和话题是指已经发生的、人们正在谈论的,甚至要告诉新员工的事情。这些事情可能是积极的,比方说,团队如何克服一切不利的条件,设法交付了某些货物或服务;也可能是消极的,比方说,管理人员如何错误地处理了某件事情。

3. 表征和符号

表征和符号是指可直接观察到的代表组织的事物,如徽标、办公楼的等级、组织得到的所有奖励。

4. 激励约束系统

激励约束系统是指组织评估绩效和奖励员工的方法。比如:工作干得出色就能得到回报吗? 为了监测绩效,组织要搜集哪些信息? 在工作中,每位员工必须遵守的规章制度是什么? 组织允许员工在运作方式上有多大程度的机动性和创新性?

5. 权力结构

权力结构包括提升员工的方式、管理风格、组织各部分之间的合作、高级管理人员如何施加影响等因素。

6. 组织结构

组织结构包括组织内部的等级结构,报告流程的运作方式,管理级别的数量,团队之间的相互影响。组织的不同部门发展了不同的文化。比方说,组织总部的文化可能与组织设在商业街的零售商店的文化截然不同;某组织的出版分部可能与它的销售网络或财务部门的文化相差甚远。这说明组织文化的某些因素在不同的部门之间是有差别的。

查尔斯·汉迪在《认识组织》(1993)一书中详细说明了四种文化类型:

1. 权力文化

此种类型的文化取决于强有力的领导。员工必须完全适应领导,根据领导的指示执行任务。他们要明确“老板”对自己抱有怎样的期望。在小组织中,一个人往往就可以控制整个组织。在组织中,领导应亲自任命代表自己管理组织的人员。汉迪把具有权力文化的组织比作蜘蛛网。“老板”是发展的关键。做得好,自身发展得就快。

2. 角色文化

角色文化是指角色的重要性远远超出个人。逻辑、理智和客观的系统支配着行为。具有角色文化的组织体制往往具备详细的工作描述、程序手册、明确的职责、等级性的职业发展道路。人们常常把角色文化称作官僚作风。有些政府组织从传统上一直具有角色文化。汉迪将此类结构视为“希腊神殿”。

3. 任务文化

在任务文化中,工作高于一切。任务文化的关键是集中最出色、最具创造性的人员来共同实现组织目标,合作精神极为重要。项目一经完成,项目团队成员就各奔东西。通常,必须迅速应对变化的组织采用任务文化,因为他们没有时间来固定角色。汉迪把基于任务的文化结构比作矩阵网络。

4. 个人文化

个人文化主要关注的是个人。一群专业人士常常集合在一起发展和提高自己的个人目标。汉迪将这种结构视为群星荟萃——成员是独立的,他们集合在一起的唯一目的就是实现个人利益。如果你识别出自己的组织具有一种或两种文化类型的特点,那么你也不必感到惊讶。

二、组织文化的作用与功能

组织文化是指为了控制组织内行为、工作态度、价值观以及关系而设定的规范,它具有多种功能与作用,主要表现在:

(1)起着分界线的作用,使组织独具特色,使不同的组织相互区别开来。

(2)它表达了组织成员对组织的一种认同感。

(3)使组织成员不仅仅注重自我利益,更考虑到组织利益。

(4)它有助于增强社会系统的稳定性。文化是一种社会“黏合剂”,它通过为组织成员提供言行举止的标准,而把整个组织聚合起来。

(5)它能够引导和塑造员工的态度与行为。

通过对课本知识的比较研究,将组织文化的功能归纳为以下五种:

(一)凝聚功能

组织文化总可以向人们展示某种信仰与态度,它影响着组织成员的处世哲学和世界观,也影响着人们的思维方式。因此,在某一特定的组织内,人们总是为自己所信奉的哲学所驱使,它起到了“黏合剂”的作用。良好的组织文化同时意味着良好的组织气氛,它能够激发组织成员的士气,并且产生本职工作的自豪感、使命感、归属感,从而使组织产生强大的向心力和凝聚力。

（二）导向功能

组织文化一旦形成，就产生一种定势，这种定势就自然而然地把职工引导到组织目标上来。组织提倡什么、抑制什么、摒弃什么，职工的注意力也就转向什么。当组织文化在整个组织内成为一种强文化时，其对员工的影响力也就越大，其职工的转向也就越自然。比如，日本松下集团，充分注意了组织文化的导向作用，使员工自觉地把组织文化作为组织前进之舵，引导着组织不断向确定的方向发展。

（三）约束功能

组织文化的约束功能是通过职工自身感受而产生的认同心理过程来实现的。它不同于外部的强制机制，如此处不准吸烟、上班不许脱岗等，这种强制性的机制是组织管理的基本法则。而组织文化则是通过内省过程，产生自律意识，自觉遵守那些成文的规定，如法规、厂纪等。自律意识要比强制机制的效果好得多，因为强制会在心理上与员工产生对抗，这种对抗或多或少就要使强制措施打折扣。员工应自觉地接受文化的规范和约束，并按价值观的指导进行自我管理和控制。

（四）激励功能

组织文化以理解人、尊重人、合理满足人们的各种需要为手段，以调动广大员工的积极性、创造性为目的。所以，组织文化从前提到目的都是激励人、鼓舞人。通过组织文化建设，创造良好、安定的工作环境和和谐的人际关系，从而激发职工的积极性和创造性。组织文化的激励已不仅仅是一种手段，而且是一种艺术，它的着眼点不仅在于眼前的作用，而更着眼于人创造文化、文化塑造人的因果循环。

（五）辐射功能

组织文化不仅对组织内部产生强烈的影响，通过自己的产品，通过组织职工的传播，也会把自己组织的经营理念、组织精神和组织形象昭示于社会，有的还会对社会产生强烈的影响。如20世纪50年代鞍钢的孟泰、60年代大庆的“铁人”王进喜、90年代的李素丽等，都对社会产生了巨大的影响，这就是组织文化的辐射功能。

训练与练习

描述组织文化

指导：

本练习要求你描述本组织的文化。假设你正在与一位对你的组织一无所知的朋友谈论自己的组织，描述一下你的团队做些什么，包括：

- 团队成员如何着装；
- 他们如何庆祝生日；
- 他们对彼此的业余生活了解多少；
- 对晋升的态度；
- 对整个组织的态度；
- 关于守时的规则；

- 他们承受压力时的表现；
- 他们犯错误时的表现。

现在，回顾一下你的记录。你要强调下列事情：

- 几乎完全是由团队的个性直接造成的；
- 几乎完全是由组织的文化直接造成的；
- 两种原因合力造成的。

如果你对每个方面都拿不准的话，可以参考其他团队是如何理解的。文化方面的问题在其他团队往往很相似，而由个性和行为方式引发的问题就不会完全相同。

总结：

通过以上的练习，你会对团队及组织的文化有更深入的认识。

第三节　团队学习

一、为持续发展而学习

发展包含内容广泛的各种活动。学习是至关重要的一个因素，但它还不是发展的全部，发展比学习所包含的内容更广泛、更深入。它将学习推向更高的层次，并将学习运用到实际中去。

从小到大，我们学习了很多知识，包括在学校里学到的知识、在工作中学到的知识，等等。但是只有掌握了知识，并与实际相结合，才能称为发展。

案例资料

两年前，为了更好地学习使用计算机，我参加了一个计算机技术培训班。在那之前我买了一台电脑，主要用它来收发电子邮件，偶尔我也会用它来完成一些工作。通过培训，我学会了常规的操作方法，但是从来没有尝试过任何新的操作技巧和使用方法。

我14岁的女儿正在学校学IT课程，我让她用我的电脑。她一次上机几个小时，有时玩玩游戏，但更多的时候是在兴致勃勃地摆弄计算机图片，或写家庭作业。和这个年龄的其他孩子一样，她也经常打电话。我曾经听见她与同学间的几句对话是有关IT的，但我却根本听不懂。

我终于明白，IT培训对我来说只是学习，而对我女儿来说，IT培训却是发展。

此处的发展专指能够把课堂或培训中所学习的知识应用起来，提高工作绩效。如果仅仅学习而不应用就不能称为发展。

推动团队的发展是团队领导的目标之一。作为团队领导，希望团队成员学以致用，这是一般的规律。成员必须使学习保持活力，而不应该将学习停留在教室或将它束之高阁，甚至遗忘。要做到这一点，首先就必须对学习进行计划，然后实施，最后做出总结。

不管是从学员的角度还是从团队的角度，发展是为了让学习取得全面成功。可能有些学习比较特殊，但是，不管什么样的学习，每一次的学习都是构成个人成长或整个团队获得技能和知识的组成部分。

1. 团队学习的意义

作为团队领导，既要管理团队的绩效目标，又要对团队成员进行评估和检查，这些工作都

是他必须要做的事情,其核心就是对团队的培训和发展进行管理(或者是提供培训和发展)。领导对团队成员发展所负的责任包括:

- 管理团队成员的绩效;
- 确定绩效差距;
- 与团队成员共同确定目标;
- 决定和安排训练方案;
- 亲自训练和培养团队成员;
- 将培训委托给其他团队成员;
- 评估训练或发展活动;
- 评价发展的有效性;
- 评估投入的有效性。

如果你的工作包括上面这些要素,说明你确实在行使领导的职能。如果你成功而且有条理地完成了这些工作,那么你就是个优秀的领导。然而,即便你很优秀,你在技能、方法、计划和结构等方面仍然有需要改进的地方。

领导积极参与团队学习活动,并对团队的培训和发展进行管理将有利于:

- 团队成员发展,并较容易取得良好的效果;
- 在领导与成员、成员与成员之间建立良好关系;
- 提高团队的整体实力;
- 激励团队成员,鼓励他们成长和发展;
- 鼓励成员积极发挥主动性;
- 从长远的角度看,有利于团队领导充分利用时间,着重处理重要事务。

2. 学习的贡献

(1)现在的贡献

作为团队领导,在努力使团队成员的发展符合他们个人需要的同时,也应当确保他们的发展与实现组织以及团队的整体目标相关联。所有人在团队中培养的能力必须服务于组织的商业目标,并为此目标做出他们应有的贡献。

根据组织的商业目标,了解组织在短期到中期——通常是一个财政年度里想要达到的目标。根据组织的目标,可以确定团队或部门的绩效目标,也就是团队需要实现哪些目标,从而为实现商业目标做出贡献。团队领导可以根据团队目标帮助个人制定各自的目标,从而(个人目标可以视为绩效目标、私人目标或其他)保障团队目标的实现(如图 8-8 所示)。

在绩效评估活动中,团队领导应对大目标或者个体目标进行分析,找出期望达到的绩效和实际绩效之间的差距。根据这些结果以及非正式场合所得到的各种需求信息,我们可以明确个人训练或发展的需求,以便弥补这个差距,实现目标。这是个典型的例子,反映出整个程序的运作方式,虽然在不同的组织中程序的运作方式会有些差别,但原理是一样的。

(2)将来的贡献

除了商业目标或组织目标,一个机构可能还会有长期战略性的远景目标。这个目标为未来确定了方向并且帮助团队领导确定发展要求。战略重点可能会放在客户服务、不断提高生产率或快速反应等目标上。个人在设定自己的发展目标时也应当考虑远景目标,因为发展是一个不断持续的过程,它将一直延伸到未来。

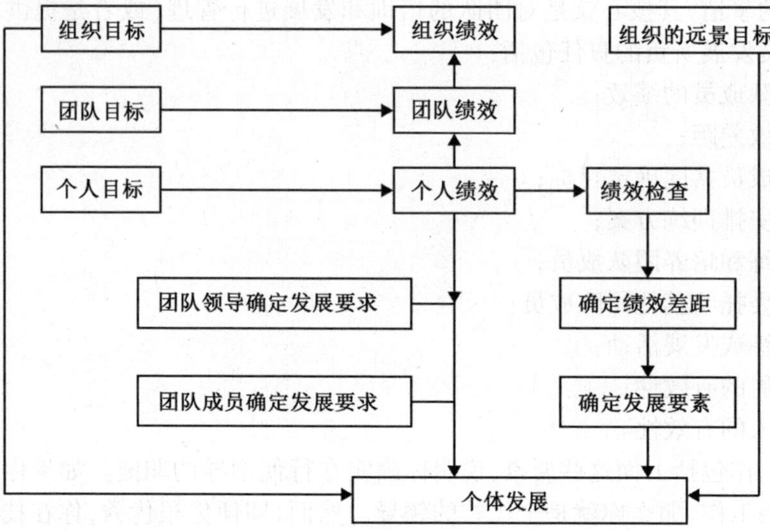

图 8-8　组织战略目标、绩效与个体发展的关系

案例资料

培训与战略目标的关系

我在一家电信公司的财务部工作,去年被提升为团队领导。也就在那个时候我开始了解为什么一个公司要有商业目标,为什么公司的战略方向如此重要。在那之前,我根本不关心公司的其他事务,不理会"顾客第一"之类的事情,只埋头做我自己的事,把填写发票和处理文件看作自己的全部工作。像这样的财会人员还不止我一个。我们总把顾客的询问或与其他部门的交流看作是对我们自身工作的干扰,觉得那是非常麻烦的事情。

而现在,我明白了所有的电信公司都在为拉客户而激烈地竞争。我开始小心翼翼地同客户沟通,并终于理解了为什么客户服务是公司和团队工作的重中之重。我们要想保持盈利,唯一的方法就是稳定客户并且使他们高兴。尽管这个道理显而易见,但是我过去可从来没有真正将客户服务看成是我工作的一部分。

于是,我下决心要让我的团队成员也明白这一切。我把他们召集在一起,共同讨论这件事。这样做确实很有必要,让他们参与到其中就是一种胜利。然后我让每个团队成员都接受客户服务训练,我们每天都对训练工作给予支持并进行讨论。最初有些团队成员不能理解对恶意顾客也必须保持礼貌的做法,但是现在情况却在不断好转。

组织战略与发展目标决定了组织与团队的发展需要,从而决定了培训的内容。

二、领导支持下的团队学习

团队领导作为指导者所扮演的角色,特别是"支持"的真正含义,以及促进和鼓励团队成员去学习。

1. **领导团队的发展**

作为团队领导,支持团队学习所扮演的角色是多种多样的:导师、教练、教师、培训师,还有最重要的——鼓励者。团队领导不仅要制定并掌握有效的发展方法,而且必须使它成为团队工作的组成部分。

首先,要让团队成员明白他们所做的事情、所想的事情以及做事的方式都具有实际价值,不论以任何方式询问团队成员"为什么要做出贡献",他们都会回答说"因为这很重要"。如果一个人干好干坏都没有关系的话,那么人们就不会付出努力。显然,个人绩效确实关系重大,而且人们需要直接感受这种重要性。

团队领导的支持角色包括帮助团队成员发展自己的技能和知识,同时促进企业的目标和团队目标的实现。要想具备这种能力,必须:

- 让团队成员了解自己的重要性;
- 经常与他们沟通,并参与到他们中去;
- 鼓励团队成员。

(1)树立典范

关于团队发展,采用"华而不实""夸夸其谈"的方法是没有意义的,只有通过实实在在的行动来证明团队领导对团队发展所做的努力,才是根本的做法。必须为人坦率,才能不断成长。

(2)发展团队

如果对个人的发展十分了解,并且把学习和发展当作团队工作的一部分,那么团队也会随着个人的发展一起发展。问题的关键是必须把个人的发展整合为一项团队活动,而不仅仅是将零碎的个人工作集中在一起。可以通过协调、计划和组织来完成这个任务,此外,还可以通过在团队中营造下述氛围来实现该目标(如图 8-9 所示):

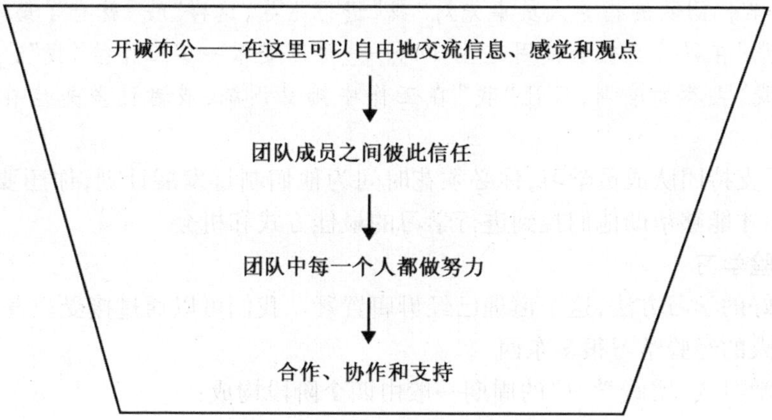
开诚布公——在这里可以自由地交流信息、感觉和观点
团队成员之间彼此信任
团队中每一个人都做努力
合作、协作和支持

图 8-9　有助于发展的团队气氛

2. 支持个人发展

案例资料

一次培训经历

我参加过一次关于资源采购的培训,课程结束了却没什么收获。我认为课程和培训师都没有问题,只是对我而言培训内容的理论性太强了。我的同事罗先生和我一起参加了这个培训班,他却认为这个课程很棒。因为我们的领导认为团队成员有必要了解资源采购,所以派我的同事罗先生去参加培训。而我根本没有这方面的经验,因此无法将资源采购与培训的场景联系起来。

罗先生在回公司的火车上仔细地给我讲解培训的内容,如果不是这样,我到现在还是一塌糊涂,并不是那个课程一无是处,是我需要课前的准备,还有课后的帮助和解释。如果我事先知道一些资源采购方面的知识,培训效果会更好。

"我"可能在以下几方面存在问题:

- 没有制订发展计划;
- 没有事先进行准备,比如进行预习、归纳提纲、讨论议程;
- 课程的时间安排不利;
- 课程理论性太强,对"我"来说可能太高深了一点。

如果你是"我"的团队领导,你会尝试去做:

- 设定环境并且为学习制订计划,让"我"能够观察或观摩别人的工作;
- 由来自其他团队的指导人员事先对"我"进行指导,这样"我"就有了第一手的经验;
- 确保"我"在以后有机会使用这些知识——可以委派一些工作给"我";
- 不派"我"去参加培训,只让"我"在工作中接受训练,或者让罗先生在培训结束后对"我"进行指导。

因此,为了支持团队成员学习,你必须花时间为他们制订发展计划,你还要了解员工的学习方式,这样你才能够帮助他们找到进行学习的最佳方式和机会。

3. 支持经验学习

实践是最好的学习方法,这个道理已经毋庸置疑。我们可以通过接受教育、观察以及吸取书本知识和别人的经验学习很多东西。

从经验中学习或"实践学习"的周期一般由四个阶段构成:

- 获得经验:做事情;
- 反思:思考和讨论;
- 理论化:从思考中得出结论,建立模型;
- 应用:为行动制订计划并设法应用理论。

任何一个单独的阶段都不能实现完整的经验学习过程,但每一个阶段都会将这个过程深化,并进入下一个阶段,而且每个阶段都同样重要。经验学习可以从四个阶段中的任何一个开始。不同的人会选择在不同阶段开始,而且环境也会影响人们决定开始学习的阶段。只要同等对待四个阶段,选择哪个阶段为开端都不会给学习的质量带来差别。

思考和讨论对于学习是至关重要的。学习不但需要投入时间进行思考,还需要积极地提出问题并进行讨论。思考可以帮助我们:

- 承认感觉和直觉的重要性;
- 由表及里;
- 回顾和交流。

知识必须付诸实践,工作的成功需要大家共同努力。

无论团队领导是否参与,都需要为培训制订一个计划,即使脱产培训活动也不例外。如果没有这个计划,将无法督导、审查或进行评估活动——致使成员对活动的进程一无所知。

学习计划可能会包含以下内容:

- 学习目标,便于在学习结束时审查学员取得的进步。
- 学习目标如何对团队和企业的目标起到促进作用(哪些目标与公司和企业的目标相关)。
- 学员现有的能力和经验水平。
- 学员的动机、自信心以及首选的学习方式。
- 确切而言,学员通过学习要实现什么,或者要提高什么。
- 培训的开始日期,确定培训在什么时候开始。
- 结束日期,便于确定审查日期。
- 审查日期,便于审查学员的进步,而且如果有必要的话,可以设定更深层次的学习目标。

三、培训学习与实际训练

通常,因为时间不足,团队领导和管理人员无法充分利用团队内部资源。但是我们有必要重申,在工作中花时间培训和学习是非常有效的时间投资。只要让系统良性运转起来,其他事情将会变得很容易。

团队中总有一些人能够帮助和辅导其他人,还有一些人希望利用辅导机会发展成为一个培训师或者教练,进行一些诸如训练、远程教学辅导等活动来帮助他人,这些活动能够让他们实现自身的价值,并且展示对他人的发展所投入的关心和努力。

在职学习受到的认可程度取决于系统的完善程度,必须对各个环节精雕细琢,并让每个成员都明确目标所在。

表 8-6 给出了最常用的学习方法的纲要,这将有利于完成后面的学习。

表 8-6 各种学习方式的总结

技术	适用于	受益者
委托培训	整个项目或全部任务 额外的责任 新的任务	该项目的负责人或发起人 愿意承担更多任务的人 希望得到晋升的人
训练	整个项目或全部任务	有潜力和能力但没有经验的人 从未从事过某项工作的人 愿意承担更多责任的人 想巩固现有技能的人 理论丰富却没有实践经验的人
工作观摩、伙伴工作	有针对的活动、任务介绍日复一日的活动	团队新成员 难以胜任某项工作的人 有必要了解个人、团队或部门工作方式的人
岗位互换	在较长的时间里熟悉新的角色	积极主动、能将全新的观念和技能带回自己的工作场所、愿意学习新技能的团队成员
在职培训	某项实际的任务或操作程序具体的任务	新的团队成员从未从事过某项工作的人
团队培训（脱产现场培训，以小组为单位）	信息，解决问题和新的操作过程、政策	整个团队（如果每位成员的培训要求相同）
脱产培训	新知识、新信息、新技能	对主题不了解的人 有能力进行学习，并且乐于传递知识的人

（一）培训

1. 脱产培训课程

除了利用培训部和人力资源部具备的训练和学习资源外，还可以使用外部资源，如由大学或培训机构提供的课程。脱产培训课程是获取知识的好方法，一般包括：

- 由教师引导的培训；
- 研讨会；
- 基于计算机的培训项目；
- 开放式或远程学习项目；
- 示范、演示。

脱产培训虽然有很多优点，但也有缺点，脱产培训要让员工放下手中的工作，这对于很多企业是很大的困难；组织培训要花大量时间，脱产培训的费用很高，这些因素都导致无法大量采用这种方法。

让团队成员去参加脱产培训班并不是满足他们需求的最佳方法。如前所述，培训课程可能很昂贵，组织培训可能要占用大量的时间，而且可能会导致工作中断。除此之外，培训课程的设计一般不会针对某一特定成员，甚至也不会针对某种业务。

当然，脱产培训课程也并非完全不可取，可以借鉴以往的经验（来自自身或他人的经验）对脱产培训加以改进和完善。

2. 在职学习（在职发展）

在职发展的方法非常有效，它将实际工作直接联系起来，可以满足随时出现的特定工作要求，具体方法包括：

- 工作观摩——观察具有丰富经验的同事进行工作的方法；
- 岗位轮换——通过同其他人交换工作岗位进行学习；
- 训练——在任务或项目中实施一对一的引导和支持；
- “伙伴工作”，或者叫同行指导——介于工作观摩和训练之间。在具有丰富经验的同事身边通过观察、提问和实验来进行学习。

在职学习的优点包括：

- 可以针对团队和学员的具体要求；
- 减少对工作的干扰（但不会消除）；
- 成本较低；
- 可以处理随时出现的问题；
- 所学知识与实际联系紧密；
- 有利于建立合作和信任的关系；
- 有助于学员、教练和培训师实现自己的价值；
- 在职学习占用个人更多的时间；
- 效果取决于教练、培训师的技能和知识；
- 对工作进展有影响；
- 人们还不完全承认工作学习属于真正的学习。

（二）训练

除了对活动进行恰当的计划、组织、审查和评估之外，还需要进行实际的训练，最有效的训练方法就是一对一的强化训练。

在这里，我们将训练和在职培训的区别归纳如下，如表 8-7 所示。

表 8-7　训练与在职培训的区别

训练	在职培训
属于发展活动： • 用于整个工作、项目和新的职责培训，如编制一个报告、分配资源、管理工程等 • 培训的目标是针对发展技能、发展思考能力、解决问题的方法、构建和提高绩效，将知识转化到实际工作中 • 督导和支持活动贯穿于整个课程之中 • 训练的方式有听讲、公开提问、互动式的探讨、指导、反馈和提出建议	属于学习活动： • 用于目的明确、短期的实用技能或技术和程序的培训，比如计算机软件 • 目标是针对技能和具有清晰结构的程序进行培训。提供明确的指导、帮助理解，树立自信心 • 一般只讲授一次（授课之后是工作场所里的督导和检查） • 方式有解释、示范和有指导的实践，还有反馈

训练可以定义为“从别人的经验中学习和发现，从而发展自己的技能，同时通过目标明确的讨论来获得支持”。

对于训练活动来说，下面是实施要点：

- 让他们自己去发现，而不是告诉他们要做什么和如何做；
- 人们相互交流“实际”经验而不是去模仿经验；
- 对讨论和提问进行指导；
- 在学习的全过程中不间断地进行鼓励和支持。

总而言之,训练的目标是让学习者在相对安全的环境中通过实践得到知识,从而发展思考问题和解决问题的能力。

训练的整个过程可以概括为五个步骤,一般情况下按照这五个步骤开始训练工作。在拥有了足够的自信心和经验的时候还可以对它进行调整。这里的指导原则可以在开始的时候提供帮助,但是在这个组织内究竟如何工作,最终还要取决于个人(教练)。

1. 计划和建立

作为教练,要为学员组织和计划好每一件事,使他们通过努力能够完成工作。教练应该围绕关键特点调整教学风格,从而顾及不同的环境和个人的具体情况,比如,有些人可能需要更多的鼓励和指导,而其他的人可能更愿意在上课期间自己单独学习。无论哪种,都是教练职责的一部分。

在每次培训之前,教练都必须做许多准备工作。他需要对整个培训活动进行统筹计划与安排授课,要考虑的事项和准备的材料如下:

- 发展目标;
- 需要培训的活动或项目;
- 与团队和商业目标符合的程度;
- 项目的目标和结果(要同发展目标区别开来,发展目标必须征得学习者的同意);
- 项目完成日期;
- 个人的时间安排;
- 学习者的时间安排;
- 授权(需要知道移交的工作职责);
- 利用资源和信息的途径;
- 工作地点;
- 有益的或者必要的接触,以及接触的方法。

另外,教练还需要为学员安排课程(大概 15 ~ 30 分钟)。大多数人一次能够集中精力大约 20 分钟,所以需要将学习分散成为一系列的短课。

2. 简要介绍(亦称作“开场白”)

教练既要正确了解自己的目标,还要了解学习者要达到的目标。课程开始的简要介绍要提出培训方案、所采用的方法和相互关系。最好拟个提纲,做好记录。

要做的事情还包括讨论各种方法和选择什么时候开始、如何开始。这需要在提出问题之后,让学习者自己提出建议。这时候,倾听的技巧就非常重要了,记住目前所采用的方法并不是唯一的方法,还可以多想想别的可能性。学习者一定会犯错误,出现错误并不是“错”,教练应该充分给予理解。

案例资料

事实胜于说教

我让小马负责制订一份团队的值班表,他热情很高。出于考查的目的,我问他打算怎么做。"重新安排"——他简单描述了一下他的想法,但只字不提团队成员的要求与喜好。我决定不直接指出他的错误,而让事实告诉他应该怎么做。值班表下发以后,成员们议论纷纷。小简不能在下午4 ~7点工作,因为她要在这个时间接小孩,索先生也不能在周六来值班……我与小马重新讨论了这个值班表,小马最后认识到在制作值班表的时候,必须询问每个人的意见和大家充分沟通。

3. 回顾和反思

让学员们自己去发展,对于出现的情况用不着大惊小怪,更不要束缚他们的风格或者总是忧心忡忡,因为这种心态会互相传染。帮助他们而不是妨碍他们,对此,尽管教练有着绝对控制权,但建议最好不要过多地干扰他们。

4. 督导和检查

有些教练将训练项目分解为多个任务或阶段,每个阶段完成后进行检查,而另一些教练则在每天开始或结束的时候用10分钟时间来改进和提高。具体采用什么方法取决于项目内容和进行训练的方法。

不管是正式还是非正式的检查,都应当包括以下内容:

- 检查进展,自上次检查后所取得的成绩和遇到的问题;
- 讨论克服困难、解决问题的方案;
- 对授课进行总结,明确行动的意义;
- 制定更高的行动目标,确定下次授课的日期。

非正式检查可以在任何时间、任何地点进行,而且检查也会采纳个人对项目和人员的看法。

5. 审查和评估

审查和评估对于任何学习或发展活动都是至关重要的。审查的重点就是取得的成就,审查包括:

- 发展目标实现了多少;
- 是否满足了项目的目标;
- 是否满足了测量标准(学习者是否能够做他应做的事);
- 学到和发现了什么;
- 学习过程是否条理清晰、内容易懂并且和组织目标相关;
- 哪些完成得较好;
- 哪些较差,还需进一步提高;
- 如何进一步改进;
- 是否需要制订更深入的培训和训练计划;
- 学习者将如何在工作场所应用学到的知识;

在两周到一个月以后,对知识应用于实践的有效性进行最后的审查和评估。

训练与练习

经验总结

指导:

- 回想你在离岗培训和在职培训中曾经得到的最好的培训经验是什么——不必是正式的培训活动,任何一个时期较长、有实践参与的学习都可以。它究竟有什么优点?

- 回想你曾经有过的最糟糕的培训经验,你不喜欢它哪一点?

- 根据这些经验,为自己编制一个个人清单:说明做什么,不做什么?(如表 8-8 所示)

表 8-8 培训经验总结

做	不做

总结:

从这些经验中你可以发现,作为学习的推动者而非"教书匠",需要应用的技能有:

- 积极的倾听;
- 公开的提问,鼓励学习者多想、多交谈;
- 给予及时的反馈和赞扬;
- 不断总结和思考。

请注意反馈和赞扬十分重要,人们总是不习惯给别人充分的正面反馈、赞扬和鼓励;实际上,积极的反馈与赞扬在很多时候可以使人上进。

本章小结

本章首先介绍了组织发展的战略,阐述了利益相关者及其各自的角色和利益,介绍组织战略目标、绩效与个体发展的关系。然后分别从组织的优势劣势、外部状况、客户需求、竞争对手、机遇与威胁等方面来分析组织的现状,中间穿插介绍了五种力的模型、PESTLE 分析法、SWOT 分析法。然后从人与文化和组织战略的实施讲述了组织文化的作用与功能,用实际训练和练习引导学员学会如何影响组织的文化。最后介绍了团队学习对团队发展的重要性。

思考与练习

1. 什么是战略？影响组织战略因素是什么？
2. 请思考利益相关者是否包括所有的人。
3. 简述波特的“五力模型”分析、PESTLE 分析方法及其各种因素的特点。
4. 什么是组织文化？它的功能与作用是什么？
5. 训练与在职训练的区别有哪些？

参考文献

[1]孙成志,刘明霞.管理学[M].大连:东北财经大学出版社,2011.
[2]李品媛.管理学原理[M].大连:东北财经大学出版社,2012.
[3]博润森.卓有成效的目标管理[M]. 北京:中国商业出版社,2006.
[4]熊超群,梅志国.目标管理与绩效考核实务/赛艾诺管理咨询丛书[M].广州:广东经济出版社,2004.
[5]郝雨风,李朝霞.大客户团队与目标管理/大客户管理丛书[M].北京:中国经济出版社,2005.
[6]贝克特尔.目标管理:如何实施有效的业务评估[M].马晓红,高巍,庞锦,译.沈阳:辽宁教育出版社,2003.
[7]王礼平.如何进行目标管理:职业经理人十万个怎么办[M].北京:北京大学出版社,2004.
[8]德鲁克.管理的实践[M].齐若兰,译.北京:机械工业出版社,2006.
[9]洛塔尔·塞韦特.时间管理[M].王波,译.北京:中信出版社,2004.
[10]德鲁克.卓有成效的管理者/德鲁克管理经典系列(中英文双语典藏版)[M].许是祥,译.北京:机械工业出版社,2005.
[11]蒂施.韦伯团队的理论;合作铸就成功[M].吴娟,译.北京:北京师范大学出版社,2006.
[12]Karen Holems Leech.个人与团队管理[M].天向互动教育中心,编译.北京:中央广播电视大学出版社,清华大学出版社,2003.
[13]宋渊洋.提高团队绩效[J].经营管理者,2006(3).
[14]彼得·圣吉.第五项修炼:学习型组织的艺术与实务[M].郭进隆,译.上海:三联书店出版,2001.
[15]罗伯特·赫勒.团队管理[M].沈晓莺,译.上海:上海科技出版社,2000.
[16]马蒂,布龙斯坦.团队管理[M].巢建欧,巢剑非,译.北京:机械工业出版社,2006.
[17]张国才.团队建设与领导[M].厦门:厦门大学出版社,2005.
[18]理查德·格里格,菲利普津巴多.心理学与生活[M].王垒,译.北京:人民邮电出版社,2003.
[19]张晨辉.新编实用管理心理学[M].北京:清华大学出版社,2007.
[20]程正方.现代管理心理学实用案例精粹[M].杭州:浙江教育出版社,2003.
[21]周菲.管理心理学[M].北京:清华大学出版社,2005.
[22]赵慧军.现代管理心理学[M].北京:首都经济贸易大学出版社,2006.
[23]李靖.管理心理学[M].北京:科学出版社,2006.
[24]孙喜林.管理心理学[M].大连:东北财经大学出版社,2006.
[25]阎星,之珩,泉水.星座,真的能划定命运吗?[J].青少年科技博览(中学版),

2006(9).
[26]斯蒂芬,P.罗宾斯.组织行为学精要[M].8版.北京:电子工业出版社,2006.
[27]许芳.组织行为学原理与实务[M].北京:清华大学出版社,2007.
[28]蒂姆,彼得森.人的行为与组织管理/当代管理与心理学应用系列[M].钟谷兰,译.北京:中国轻工业出版社,2004.
[29]侯公林.组织管理技能[M].北京:北京大学出版社,2007.
[30]库泽斯,波斯纳.领导力[M].李丽林,杨振东,译.北京:电子工业出版社,2004.
[31]王利平.管理学原理[M].北京:中国人民大学出版社,2006.
[32]崔丽娟,王晓晔,赵鑫.皮格马利翁的象牙雕像:人格和社会心理学的故事[M].上海:人民出版社,2005.
[33]周三多,陈传明,鲁明泓.管理学原理与方法[M].上海:复旦大学出版社,2011.
[34]陈国海.组织行为学[M].北京:清华大学出版社,2013.
[35]陈振明.公共管理学,一种不同于传统行政学的研究途径[M].2版.北京:中国人民大学出版社,2003.
[36]何曜青.小问题,大管理[M].北京:地震出版社,2005.
[37]崔家颖.360度高效沟通技巧[M].北京:机械工业出版社,2009.
[38]韩庆祥.企业行为管理[M].北京:中国经济出版社,2003.